法治政府系列丛书

中国政法大学法治政府研究院 编

中国法治政府奖集萃

PROCEEDINGS OF THE CHINA LAW-BASED GOVERNMENT AWARD

（第一至四届）

社会科学文献出版社
SOCIAL SCIENCES ACADEMIC PRESS (CHINA)

前　言

治，是涉及中国社会发展道路的战略问题。法治即所谓运用法律的思维和方法，实现由管理向治理转化的一项伟大的变革。又到了历史抉择的关口，选择法治、崇尚法治、厉行法治，是中华民族平稳度过历史三峡的不二道路。建设法治政府，是执政党奉行法治的战略定力。

2012年，党的十八大报告提出要全面推进依法行政，切实做到严格规范公正文明执法，并将其作为全面建成小康社会的重要内涵之一。2014年10月十八届四中全会通过《中共中央关于全面推进依法治国若干重大问题的决定》，明确了各级政府必须坚持在党的领导下，加快依法行政体制的完善和法治政府建设。2015年12月底，中共中央、国务院印发了《法治政府建设实施纲要（2015—2020年）》，提出了法治政府建设的总体目标，即经过坚持不懈的努力，到2020年基本建成职能科学、权责法定、执法严明、公开公正、廉洁高效、守法诚信的法治政府。在继往开来的十九大上，习近平总书记更是高瞻远瞩地最终敲定法治政府路线图，即到2035年基本实现法治政府建设，到2050年全面建成法治政府。十八大以来，党中央、国务院全面推进依法治国的一系列重要路线、方针、政策极大地丰富了法治政府建设的认识和实践。当前，依法行政与法治政府建设工作正在不断往纵深推进和发展。

为了贯彻落实党和政府关于法治政府建设的重要精神，总结推进依法行政、建设法治政府的有益经验，客观评价、推广法治政府建设的重要成果，提高行政机关依法行政的能力和水平，中国政法大学法治政府研究院于2010年发起设立"中国法治政府奖"。"中国法治政府奖"是中国第一个由学术机构发起设立，依据科学的评选标准和公开的评选程序对各级机关在依法行政、建设法治政府方面的制度和措施进行评价的奖项。

迄今为止，本项目已成功举办了四届，共收到了全国各参评单位提交的192项申报项目，地域覆盖全国30个省、自治区和直辖市，级别涵盖自国务院部门到乡镇政府等各级机关。"中国法治政府奖"组委会组织了来自全国人大常委会法工委、国务院法制办、最高人民法院、最高人民检察院、中国行政管理学会、北京大学、中国人民大学、中国社会科学院法学所、中国政法大学等单位的著名专家和学者组成初评及终评委员会，共推荐了88个入围项目。经过初评、公示、核查和终评程序，共评选出41项"中国法治政府奖"和47项"中国法治政府奖提名奖"。基本实现了博采法治精粹，共襄法治盛举的初衷。

为了促进"中国法治政府奖"的发展与完善，扩大获奖项目的社会影响力，推进中国法治政府建设事业和中国法治文明进步，现将部分获奖单位的项目介绍编入"法治政府系列丛书"，为各级政府在建设法治政府领域取得的重要成果提供宣传平台，为全国各级各地政府互相学习、借鉴法治政府建设中的先进经验提供素材。

形而上者谓之道，形而下者谓之器。法治战略的提出固然振奋人心，法治政府的建设却必须深入毫末。万丈高楼非一砖一木累积而不能成。但纵使岁寒途远，此心不可夺。法治政府建设前路漫漫，未来可期！

目 录

001 / 中国法治政府奖获奖名单

003 / 首届中国法治政府奖获奖名单
005 / 第二届中国法治政府奖获奖名单
008 / 第三届中国法治政府奖获奖名单
011 / 第四届中国法治政府奖获奖名单

015 / 一 法治政府整体推进

017 / 《广州市政府信息公开规定》的制定出台与实施
　　　　广东省广州市人民政府法制办公室

025 / 《长沙市推进社会管理法治化实施纲要》
　　　　湖南省长沙市人民政府法制办公室

041 / 推进建设法治政府工作机制的制度化、规范化
　　　　——长沙市出台全国首部规范政府法制工作的地方
　　　　政府规章《长沙市政府法制工作规定》
　　　　湖南省长沙市人民政府法制办公室

057 / 杭州市余杭区法治指数的评估及应用
　　　　浙江省杭州市余杭区人民政府

066 / 法治国土建设项目
　　　　国土资源部政策法规司

076 / 构建"县域善治"体系
　　　　——浙江省嘉善县实施全国首个简政优权综合改革
　　　　浙江省嘉善县人民政府

087 / 二　行政决策

089 / 广州市完善重大决策程序规范　推进民主
　　　 科学依法决策
　　　　广东省广州市人民政府法制办公室

101 / 三　行政执法与程序

103 / 福建泉州工商行政指导实践经验
　　　　福建省泉州市工商行政管理局

112 / 农业综合执法
　　　　农业部产业政策与法规司

121 / 杭州公安执法规范化建设
　　　　浙江省杭州市公安局

132 / 合肥市行政处罚群众公议制度
　　　　安徽省合肥市人民政府

140 / 推动相对集中行政许可权，构建法治政府新格局
　　　　——滨海新区行政审批制度改革创新实践
　　　　天津市滨海新区人民政府

151 / 《关于对违法失信上市公司相关责任主体实施
　　　联合惩戒的合作备忘录》
　　　　中国证券监督管理委员会

158 / 四平市"行政执法监督+"工作机制
　　　　吉林省四平市人民政府

166 / 生态综合执法
　　　　福建省三明市大田县生态综合执法局

176 / 北京市城市管理综合行政执法推行
　　　"四公开一监督"权责清单制度
　　　　北京市城市管理综合行政执法局

185 / 四　监督救济与纠纷解决

187 / 全国海关行政复议系统
　　　　中华人民共和国海关总署

193 / 行政复议制度改革
　　　　黑龙江省哈尔滨市人民政府法制办公室

201 / 中共北京市委北京市政府信访办公室创办信
　　　访矛盾分析研究中心
　　　　中共北京市委北京市政府信访办公室

209 / 完善地方政府行政问责体系，建设金山区
　　　探索实施行政问责新机制
　　　　　　上海市金山区人民政府法制办公室

219 / 发挥跨区法院独特优势，大力推进法治政府建设
　　　　　　北京市第四中级人民法院

229 / 公平、公正、公开的全方位行政复议改革
　　　　　　广东省珠海市人民政府法制局

239 / 设立实体复议机构行政复议局
　　　　　　浙江省义乌市人民政府行政复议局

255 / 五　机构改革与职能转变

257 / 简政强镇事权改革
　　　　　　广东省佛山市人民政府

261 / 社区协商：基层治理法治化的新探索
　　　　　　江苏省张家港市人民政府

268 / 全国试点项目《深圳市网络交易合同规则》
　　　　　　广东省深圳市市场和质量监督管理委员会

281 / 六　制度建设

283 / 厦门市行政规范性文件管理机制创新
　　　　　　福建省厦门市法制局

292 / 完善规范性文件合法性审查机制
河北省廊坊市人民政府

299 / 《青海省行政规范性文件制定和备案办法》
青海省人民政府法制办公室

306 / 后 记

中国法治政府奖获奖名单

首届中国法治政府奖获奖名单

首届中国法治政府奖

湖南省人民政府法制办
起草和实施《湖南省行政程序规定》

广东省广州市法制办
《广州市政府信息公开规定》的制定出台与实施

中国证券监督管理委员会法律部
证券期货市场"查审分离"执法体制

山东省日照市人民政府
实施行政诉讼绩效 考核大力推进法治政府建设

中华人民共和国海关总署
全国海关行政复议系统

四川省人民政府法制办
四川省市县政府依法行政评估指标

福建省泉州市工商行政管理局
福建泉州工商行政指导实践经验

辽宁省沈阳市城市管理行政执法局
沈阳市城市管理行政执法勤务区工作模式

首届中国法治政府奖提名奖

国家发展改革委法规司
招标投标法律制度建设

北京市人民政府法制办公室
北京市人民政府行政复议委员会工作

北京市人民政府法制办公室
北京市行政处罚案卷评查工作

广东省广州市法制办
广州市规章制定公众参与办法

陕西省西安市莲湖区人民政府
城市管理标准化执法

浙江省温岭市人民政府
设立镇（街道）法制办公室

河南省郑州市人民政府
创立行政罚款自由裁量阶次制度

第二届中国法治政府奖获奖名单

第二届中国法治政府奖

农业部产业政策与法规司
农业综合执法

江苏省海安县人民政府
行政机关负责人行政诉讼出庭应诉制度

广东省深圳市人民政府法制办公室
《深圳市法治政府建设指标体系（试行）》

海南省人民政府政务服务中心
海南省人民政府政务服务中心依法推行行政审批三集中改革、科学配置行政审批权项目

广东省广州市人民政府法制办公室
广州市完善重大决策程序规范　推进民主科学依法决策

浙江省宁波市人民政府
宁波市行政审批服务标准化建设

上海市人民政府法制办公室
上海首发《上海市依法行政状况白皮书（2004-2009）》

黑龙江省哈尔滨市人民政府法制办公室
行政复议制度改革

西藏自治区林芝县人民政府
"林芝鲁朗国际旅游小镇"建设中的依法征收与和谐拆迁

四川省成都市人民政府法制办公室
行政权力网上公开透明运行

浙江省杭州市公安局
杭州公安执法规范化建设

北京市政府信息公开办公室
北京市政府信息公开综合考评机制

北京市政府法制办公室
制定政府立法工作系列基础性制度

第二届中国法治政府奖提名奖

山东省济宁市人民政府
济宁市行政复议委员会改革

湖南省长沙市人民政府法制办公室
《长沙市推进社会管理法治化实施纲要》

国家税务总局政策法规司
加强和改进税收制度建设

甘肃省人民政府法制办公室
甘肃省依法行政目标责任考核新模式

广东省佛山市人民政府
简政强镇事权改革

广东省广州市人民政府法制办公室
广州市全面规范行政执法自由裁量权

福建省人民政府法制办公室
《福建省市场中介组织管理办法》

福建省厦门市法制局
厦门市行政规范性文件管理机制创新

江苏省苏州市人民政府法制办公室
行政指导—行政管理创新的成功实践

北京市朝阳区人民政府
行政许可案卷评查

四川省眉山市人民政府
创立行政调解制度及工作机制

第三届中国法治政府奖获奖名单

第三届中国法治政府奖

湖南省长沙市人民政府法制办公室
推进建设法治政府工作机制的制度化、规范化——长沙市出台全国首部规范政府法制工作的地方政府规章《长沙市政府法制工作规定》

山东省济宁市人民政府
济宁市行政复议体制改革

中共北京市委北京市政府信访办公室
中共北京市委北京市政府信访办公室创办信访矛盾分析研究中心

陕西省西安市莲湖区人民政府
创新城管执法体制机制，共建执法和服务治理模式

贵州省黔西南布依族苗族自治州人民政府
乡镇法治政府建设新探索

国家卫生和计划生育委员会
加强复议应诉制度建设，推进依法行政

广东省深圳市人民政府
深圳政府法律顾问制度

北京市朝阳区人民政府法制办公室
北京市朝阳区人民政府建立依法行政教育培训中心，创新体制机制，不断提升依法行政工作质量和水平

四川省成都市人民政府法制办公室
成都农村产权纠纷仲裁工作

江苏省苏州市政府法制办
政社互动：运用法治思维和法治方式推进治理体系的现代化

第三届中国法治政府奖提名奖

四川省扶贫和移民工作局
四川省《〈大中型水利水电工程建设征地补偿和移民安置条例〉实施办法》（四川省人民政府令第268号）

四川省宜宾市人民政府法制办公室
依法科学民主决策，加快建设法治政府

江苏省盐城市人民政府法制办公室
开创说理式执法新模式

四川省住房和城乡建设厅
行政执法责任制"六定"

山东省滨州市公共资源交易中心
滨州市公共资源交易管理制度改革

江苏省财政厅
法治财政标准化建设

江西省九江市浔阳区工商行政管理局
浔阳区工商局基层自觉型行政指导模式

四川省巴中市巴州区白庙乡人民政府
党务政务财务全公开 打造法治诚信透明政府

浙江省杭州市余杭区人民政府
杭州市余杭区法治指数的评估及应用

安徽省合肥市人民政府
合肥市行政处罚群众公议制度

四川省成都市金牛区人民政府
旧城改造的"曹家巷自治改造模式"

上海市金山区人民政府法制办公室
完善地方政府行政问责体系，建设金山区探索实施行政问责新机制

河北省廊坊市人民政府
廊坊市社会信用体系建设

广东省广州市人民政府法制办公室
创新决策公众参与 建立公众意见征询委员会制度

第四届中国法治政府奖获奖名单

第四届中国法治政府奖

江苏省张家港市人民政府
社区协商：基层治理法治化的新探索

天津市滨海新区人民政府
推动相对集中行政许可权，构建法治政府新格局——滨海新区行政审批制度改革创新实践

北京市第四中级人民法院
发挥跨区法院独特优势，大力推进法治政府建设

广东省珠海市人民政府法制局
公平公正公开的全方位行政复议综合改革

国土资源部政策法规司
法治国土建设项目

安徽省黄山市人民政府法制办公室
黄山市政府相对集中行使行政复议权改革

上海市人民政府法制办公室
上海市人民政府行政复议委员会案审会制度

甘肃省人民政府法制办公室、甘肃省庆阳市人民政府、庆阳市西峰区人民政府
甘肃省城市管理行政执法指南

内蒙古自治区人民政府法制办公室
推进权责清单建设，加快建设法治政府

中国证券监督管理委员会
《关于对违法失信上市公司相关责任主体实施联合惩戒的合作备忘录》

第四届中国法治政府奖提名奖

浙江省嘉善县人民政府
构建"县域善治"体系——浙江省嘉善县实施全国首个简政优权综合改革

河北省廊坊市人民政府
完善规范性文件合法性审查机制

广东省深圳市市场和质量监督管理委员会
全国试点项目《深圳市网络交易合同规则》

吉林省四平市人民政府
四平市"行政执法监督+"工作机制

浙江省义乌市人民政府行政复议局
设立实体复议机构行政复议局

四川省乐山市人民政府、乐山市中级人民法院
行政与司法良性互动机制

四川省成都市人民政府法制办公室
行政规范性文件合法性审查标准化探索

广东省人民政府法制办公室
建立依法行政考评制度，强化法治政府建设公众参与

福建省三明市大田县生态综合执法局
生态综合执法

天津市人民政府
一支队伍管执法，深化行政执法体制改革

青海省人民政府法制办公室
《青海省行政规范性文件制定和备案办法》

宁夏回族自治区银川市行政审批服务局
"审管分离"新机制，"一局一章"管审批——银川市行政审批权相对集中改革成效卓著

北京市城市管理综合行政执法局
北京市城市管理综合行政执法推行"四公开一监督"权责清单制度

内蒙古自治区阿拉善左旗人民政府
推行"法制秘书"制度，助力法治政府建设

浙江省人民政府法制办公室
浙江省企业权益保护规定

项目介绍

一 法治政府整体推进

《广州市政府信息公开规定》的制定出台与实施

广东省广州市人民政府法制办公室

一 总体介绍

（一）制定背景

广州市政府的政务公开工作起步较早，20世纪80年代末90年代初便已开展，1992年7月9日市政府专门制定了《广州市人民政府公开政务活动试行办法》，各级政府职能部门普遍实行了公开办事制度，对广州市的现代化建设起到了重要推动作用。但是还存在着力度、深度、广度不够，制度化、程序化、法制化水平不高，监督机制不健全，各地区、各部门工作开展不平衡等问题，已不能完全适应我国加入世界贸易组织的新形势和我国民主法制建设新发展的需要。2002年，广州市委、市政府要求各区、县级市政府在2002年上半年全面推行政务公开，市政府及政府机关在2003年初开始推行这项工作。同时，市政府认识到，原1992年《试行办法》已不能适应现实需要，并认为政务公开工作必须纳入法制轨道，作为一项法定制度固定下来，才能得到长久的真正的贯彻落实。为此，基于政务公开的实质是政府信息公开的认识，市政府指示市政府法制办开展相关立法工作。该项目自2002年6月启动，并首次引入专家立法机制，与中山大学有关研究机构进行合作，在借鉴国外立法经验基础上进行制度创新，有效保证了立法效率和立法质量。经市政府常务会议讨论通过后,《广州市政府信息公开规定》(以下简称《规定》)于2002年11月6日公布,自2003年1月1日起施行。

(二)主要内容

《规定》共分七章三十四条。第一章总则,规定立法宗旨、政府信息公开的原则、主体、经费保障等;第二章公开内容,详细规定了公开义务人应主动公开的信息、应对内公开的信息、应依申请公开的信息以及依法不予公开的信息等;第三章公开方式,要求政府信息公开应采取便于公众知晓的形式;第四章公开程序,规定了主动公开、依申请公开以及内部公开政府信息的程序和期限;第五章监督与救济,规定了对政府信息公开行为的监督和考核机制,以及对公开权利人的救济方式;第六章法律责任,规定了公开义务人违反规定的法律责任;第七章附则,规定了对外国人和组织的政府信息公开原则以及施行日期。

《规定》坚持"政府信息公开是公民权利、政府义务"的立法理念,进行了一系列制度创新。例如,明确了"公开为原则,不公开为例外"的原则;首次使用了政府信息公开权利人和义务人的概念,并明确规定权利人包括本国和外国的个人和组织;创设了重大决策预公开制度,要求涉及个人或组织的重大利益或有重大社会影响的事项在做出决定前应公开听取意见;创设了公开权利人申请政府信息公开的程序;创设了政府信息公开的评议考核机制等。

(三)《规定》制定的重要意义

《规定》对于推进广州市政府依法行政、建设法治政府具有重要意义:首先,通过政府信息公开,尤其是通过实施重要决策预公开制度有助于实现市民的知情权,提高广大市民参政、议政和监督能力,为进一步扩大公民有序政治参与提供保障条件;有助于加强政府和市民之间的沟通了解,促进政府决策的科学性、民主性,并使市民充分理解政府各项政策的目的和意图，从而有利于政府决策的贯彻实施。其次，政府信息公开与行政体制改革相辅相成，政府信息公开有助于加强对行政权力的监督，进一步增加政府工作透明度，遏制腐败；有助于推动政府信息化建设，进一步转变政府职能，改进工作作风和工作方式，提高政府工作效能；最终有利于广州市的民主法制建设，打造廉洁、勤政、务实、高效的"阳光政府"。

《规定》是我国第一部关于政府信息公开的地方政府规章，首次明确了政府信息公开的原则、权利人和义务人，并首创重大决策预公开、依申请公开、评议考核等一系列制度，是我国现行宪法框架下确立和实现公民知情权的具体体现。《规定》公布实施后，在全国引起强烈的示范效应和"连锁反应"，为其他地区的地方立法以至国家层面制定全国性的立法提供了实践经验，有力推动了我国政府信息公开进程。

二 广州市政府信息公开的发展情况

（一）健全政务公开的制度机制

广州市历年高度重视政务公开工作。根据国家、省的部署和要求，坚持以公开为常态、不公开为例外，推进行政决策公开、执行公开、管理公开、服务公开、结果公开和重点领域信息公开，努力做到"做到让群众看得见，听得懂，用得着，能监督"。

一是2002年在全国率先制定《广州市政府信息公开规定》，作为我国由地方政府制定的第一部全面、系统规范政务公开行为的政府规章，在全国各地产生了较大的影响，为国家和全国各地进行政务公开立法提供了重要经验。二是在全国率先建立依申请公开政府信息制度规范。2003年，广州市在全国率先开通市政府门户网站网上受理依申请公开政府信息业务。2006年颁布《广州市依申请公开政府信息办法》，全面规范依申请公开政府信息的运作。三是建立健全政务主动公开和依申请公开配套制度。2005年广州市成为全国政务主动公开和依申请公开制度建设试点城市，广州市印发了《关于进一步做好已公开现行文件利用工作的实施意见》《印发广州市行政机关公文类信息公开审核办法的通知》等配套文件，明确了公文公开属性。2008年，广州市结合《中华人民共和国政府信息公开条例》的颁布实施，进一步修订和印发了政府信息公开指南、目录、年度报告及依申请公开政府信息流程、标准文书样本等5个参考文本。四是探索扩大公众参与的决策模式。2010年广州市以政府规章形式出台《广州市重大行政决策程序规定》，明确了实施部门、决策原则、决策范围、决策启动程序、公众参与、专家咨询、风险评估、合法性审查、集体审议、决策后评估、决策监督和责任追究等方面内容。2013年广州市开始试行重大民生决策公众意见征询委员会制度。

近年来，广州市贯彻落实国务院、广东省政府关于政务公开工作的部署要求，不断健全政务公开的制度机制。市、区两级政府均确定了分管政务公开的领导，成立了政务公开领导小组及其办公室，形成了领导牵头、上下联动、各方参与、合力推进的工作体系。市府办公厅每年均根据国家和省的要求，结合本市实际制订年度政务公开工作要点，明确工作任务和责任分工，经市政府审定后印发实施。广州市政务公开工作纳入了"十三五"法治广州建设评价指标体系。

（二）拓展政务公开的深度广度

1. 积极推动政府信息全过程公开

广州市将新闻宣传作为政务公开的重要手段，借助新闻媒体、政府网站等平台，努力提高政府信息公开的效果。2016年市府办公厅组织市政府重要政务活动新闻报道262次，策划24次专题宣传。广州市在全国首创市政府常务会议新闻发布制度，每次会议后，市政府办公厅及时发布新闻通稿介绍议题情况，对于适宜公开的议题，组织新闻资料向媒体发放，进行介绍和解读。部分社会关注、需要宣传的议题，组织举办新闻发布会或媒体集体采访。2016年，广州市发布市政府常务会议新闻通稿38篇，对130个议题情况作介绍，发布议题新闻资料59篇，举办新闻发布会5场。在市政府门户网站开设了"广州市政府常务会议数据库"，每周更新市政府常务会议情况。广州市还建立了市政府部门新闻发布会制度，每月安排两场新闻发布会，由市政府各部门轮流发布工作情况和计划，回应社会热点，逐步成为重要的新闻发布品牌。市政府办公厅发挥组织协调、指导督促作用，促进各区、各部门工作在事前、事中、事后全过程适度公开，如，市法制办编制公布年度重大行政决策事项目录及听证目录，市环保局发布中央环保督察的信息，市水务局定期通报河涌治理信息，市住房和城乡建设委及时发布房地产市场调控政策和监管信息，政府信息公开已逐渐成为工作共识和常态。

2．不断细化财政信息公开

近年来，广州市深化财政预决算公开，积极打造"透明财政"。按照2012年国家、广东省的政府信息公开的部署和要求，广州市市本级103个部门公开了财政预决算及"三公"经费，预算表格细化到"项"级支出科目；2013年，广州市在"三公"公开范围上实现全口径公开，内容更加翔实，增加了部门行政经费支出及财政资金使用绩效说明。同时决算公开范本实现市、区、街（镇）统一。在清华大学发布的《2014年中国市级政府财政透明度研究报告》中，广州市在全国城市排名中位居榜首。

近年来，在市财政局的积极推动下，政府预决算公开范围逐步扩大，公开的细化程度逐步提高。政府预算草案从2012年的26页增加至2017年的316页，部门预算草案也从1330页增加至5953页。2014年广州市实现了五本预算（涵盖政府所有收支）向人大报告并在政府网站公开。2015年增加报告和公开偿还政府性债务情况，以及政府部门举办大型活动情况。2016年增加报告和公开政府性债务、新增债券和置换以及归垫资金等情况，并新增公开《一般公共预算支出（主要商品和服务支出）

预算表》，使市本级各部门运行经费的公开范围，从原来的"三公"经费和会议费扩大到12项行政性经费支出明细预算（媒体称作"十二公"）。在全口径部门预算公开的基础上，实现了公开时间、范本、内容、形式、程序的"五统一"。在中国社科院发布的2016年地市级政府采购透明度评估中，广州市排名第一。在清华大学发布的2016年中国市级政府财政透明度排行榜上位居第二。

3. 大力推进权责清单和行政执法公开

根据全市政务公开工作的部署，广州市编办从2016年开始，组织开展调整完善市政府部门权责清单工作，部门权责清单全部向社会公布，并将根据法律法规和部门职能调整情况，进行动态调整。行政执法方面，广州市法制办牵头在全国率先制定了《广州市行政执法数据公开办法》。2017年3月底，市各级行政执法部门首次向社会公开2016年度的行政处罚、许可、强制、征收、给付、确认等全部行政执法数据。此外，按照国务院的部署，市法制办组织推进实施行政执法公示制度等三项制度，加大执法领域的公开力度。

4. 推进政府数据开放和电子证照建设

广州市由市工业和信息化委牵头，完成政府数据开放门户网站建设和数据资源管理平台建设，于2016年10月试运行。政府数据开放门户网站命名为"广州市政府数据统一开放平台"，首期开放了46个政府部门的328项数据集，开放数据量近2500万条。另外，广州市电子证照系统在2016年10月上线，目前已创建2014种证照目录，有19个部门与该系统进行了制证签发对接，49种证照已开通上线，共签发了约67万张电子证照。下一步将出台《广州市电子证照管理暂行办法》。

（三）逐步完善政务公开的平台

1. 充分发挥政府网站的信息发布功能

市府办公厅与市政务办通力合作，推进政府网站建设，以此为载体公开各类政府信息。在市政府门户网站改版的同时，落实责任做好内容保障。市政府的政务活动新闻当天挂网发布，主动公开的文件在印发两天内挂网发布，并及时纳入《广州市人民政府公报》印发。对房地产市场调控等文件，根据市政府及部门的工作需要，及时挂网发布，同步做好解读，正面引导社会舆论。市政务办持续优化政府门户网站的企业网页和市民网页，企业网页汇聚45个部门的1000多个事项，市民网页汇聚市的432个事项、区的1993个事项，90%以上市、区两级事项实现单点登录和网上申办。在2017年3月举行的第十五届中国政府网站绩效评估中，广州市政府门户网站位列省会城市政府网站第二名。印发年度网站考评方案，设立高于国家标准的广州市政府网站群考评标准。市府办公厅会同市政务办对全市政府网站进行评估抽查，发现问题限期整改，每月通报点评。

2. 大力推进网上办事大厅建设

广州市持续推进网上办事大厅建设。目前，市级网上办事大厅进驻41个市级部门和广州海关，共发布办事项目1239个；11个区和广州开发区的网上办事分厅，共发布办事项目5456个。此外，建成170个街（镇）网上办事站和2630个村（居）网上办事点，基本实现市、区、街（镇）、村（居）四级在网上提供办事服务。大力推进政务服务全流程网上办理，统一网上网下收件受理标准，精简网上申请材料。目前市、区部门可全流程网上办理（不需到现场）的事项达2741项。

3. 推进政府信息依申请公开的便捷化规范化

近年来，广州市受理政府信息公开申请的数量呈逐年上升趋势。2016年，市级政府机关受理公开申请10256件，其中市府办公厅受理公开申请238件。为方便群众提出公开申请，广州市依托市政府门户网站建立了政府信息依申请公开受理系统。该系统2017年3月上线运行，覆盖市政府各部门、各区政府和区属部门、街镇，已成为全市政府机关受理政府信息公开申请的主要渠道，深受群众的欢迎。为促进依申请公开工作的规范化标准化，梳理了16种类型的《政府信息公开申请告知书》，研究制定了模板，在市政府系统推广应用。

（四）及时回应社会关切，主动做好政策解读和舆论引导

对于涉及群众切身利益、社会关注度较高的重要政策文件和规范性文件，市府办公厅督促主办部门在制定过程中充分评估舆论风险，在文件发布的同时，做好说明解读工作。如2016年8月，《广州市既有住宅增设电梯办法》及其技术规程正式印发前，精心组织了专题新闻发布会，会后组织记者集体采访住宅增设电梯示范点。为了提高该文件的解读效果，组织梳理了社会关注的30多个问题，逐项起草了答问材料，向媒体发放。这项政策经媒体充分报道后，社会各界普遍对这一惠民政策的出台表示赞许，也为国内其他城市解决同类问题提供了经验。

《长沙市推进社会管理法治化实施纲要》

湖南省长沙市人民政府法制办公室

2012年12月23日,第二届中国法治政府奖揭晓,长沙市政府法制办公室报送的《长沙市推进社会管理法治化实施纲要》(以下简称《纲要》)位列其中,这也是湖南省唯一入围并获奖的项目。《纲要》提出"用三年左右的时间,按照法治的思维、方法和手段,建立切合长沙实际的社会管理体制和机制"的基本目标,明确了推进社会管理决策程序、社会管理决策执行、民生保障、公共安全管理、流动人口和特殊人群服务管理、资源节约环境保护、社会信用体系建设、虚拟社会管理、社会组织培育发展、矛盾纠纷防范化解等"十个法治化"的主要任务。长沙市社会管理法治化的做法受到了中央及省市的推介:中共中央政法委编发的《政法动态》("深入推进三项重点工作专刊"第58期)刊发《湖南省长沙市加快推进社会管理法治化》一文。长沙市在全省法制办主任、法规处处长在会议上做了《大力推进社会管理法治化,努力建设法治政府》的书面经验交流,在全市社会管理创新工作会议上做了题为《创新工作机制,推进法治建设》的经验交流。《纲要》的实施,进一步建立了切合长沙实际的社会管理体制和机制。

一 社会管理法治化课题提出的背景

近年来,长沙市努力推进法治城市建设,积极加强和创新社会管理,把社会管理法治化作为维护社会和谐稳定的根本性、基础性工作,积累了一定的经验。长沙市的主要做法如下。

1. 以保障公众参与权为重点,创新公众参与机制

长沙市政府认为,政府有效实施社会管理,在重大决策过程中,应当充分保障公众的知情权、参与权、监督权,切实发挥公众在行政决策中的作用。实践中,一是,强化政府社会管理重大决策的信息公开,规范信息公开的时限、内容和形式;二是,强化公众参与社会管理重大决策的平台建设,探索建立了社会管理重大决策的听证制度、专家咨询制度、公开征求意见制度、基层调研制度以及邀请市民代表列席政府会议制度等一系列制度;三是,强化公众参与社会管理的制度保障,构建公众参与制度体系,将是否听取公众意见作为合法性审查的重要内容,强化公众对社会管理重大决策的后评价监督。

2. 以促进社区组织发展为重点,培育发展社会组织

针对长沙市社会组织发展相对滞后、自我管理能力需要大力提高的状况,一是转变政府职能,政府依法、严格、精细履行法定职责,政府工作从重管理转变为重服务,通过转变政府职能,使社会组织自我管理、自我服务的内容更加丰富,具有更大的生存发展空间;二是重点加强城乡社区的建设,使社区组织机构不断健全、管理服务内容不断拓宽、民主自治管理能力不断提高;三是大力培育、引导、规范其他各类社会组织。

3. 以畅通当事人利益诉求表达渠道为重点,建立健全矛盾纠纷化解机制

一是完善多元化纠纷解决机制,畅通了当事人利益诉求渠道。建立健全了投诉、信访工作制度,引导当事人依法寻求行政复议、行政诉讼救济。二是构建了两个法律工作机制:人民调解、行政调解、司法调解"三调联动"的机制,行政机关同司法机关就法律执行中重点问题进行研究、统一法律见解的"行政司法互动"工作机制,维护了当事人的合法权益。

三是建立了社会稳定风险评估与防范体系，有效预防和减少了纷争。

二 社会管理法治化的基本原则

1. 依法管理与大胆创新相结合

依法推进社会管理，相关制度制定、实施不得与法律法规相抵触；在依法管理的前提下，紧密结合长沙实际，进一步强化社会管理机制创新、制度创新和体制创新，健全社会管理规范体系。

2. 权力制约与权利保障相结合

严格执行社会管理中的法律法规与规章制度，规范社会管理中公共权力的运行；引导公众有序参与社会管理，重视和保障公民、法人和其他组织的合法权利。

3. 优化管理与优质服务相结合

主动适应服务型政府建设和公共服务组织建设的要求，科学把握管理与服务的辩证关系，在服务中实施管理，在管理中体现服务。

4. 程序正当与高效便民相结合

规范社会管理行为，确保社会管理行为符合法定的形式、步骤和时限，体现高效、快捷、便民的管理要求。

三 社会管理法治化的基本目标

全力推进社会管理法治化，用三年左右的时间，用法治的思维、方法和手段，初步建立切合长沙实际的社会管理体制和机制。

1. 社会管理工作格局基本完善

政府、社会组织、公民等社会管理主体之间的关系进一步理顺，社会管理各方面资源得到有效整合,"党委领导、政府负责、公众参与、社会协同"的社会管理新格局进一步完善。

2. 社会管理制度体系基本健全

以民生保障、公共安全、流动人口和特殊人群管理、资源环境保护等为重点的社会管理领域制度建设全面推进,社会管理决策程序和执行行为进一步规范,形成基本完善的社会管理制度体系。

3. 社会管理各项制度有效实施

社会管理各项制度和措施在公开、公平、公正的前提下顺利实施,社会矛盾得到及时化解,民生利益得到切实保障,社会公平正义得到有效维护,社会保持和谐稳定,人民安居乐业。

4. 社会管理法治氛围基本形成

重视法制文化建设,通过法治实践和法制宣传教育,领导干部、公务人员以及广大人民群众的法律素养、法治意识进一步提高,全社会遵守法律、崇尚法律、信仰法律的良好氛围基本形成。

四 社会管理法治化的主要任务

1. 推进社会管理决策程序法治化

(1)完善社会管理决策审查机制。全面推行社会管理重大行政决策的合法性审查,有关社会管理的规范性文件、讨论决定重大事项的会议议题、重大政府投资采购合同,事前必须经过本单位法制机构进行合法性审查。部门就社会管理重大事项提请政府作出决策的,必须将相关资料提交政府法制机构进行合法性审查。完善行政机关社会管理决策合法性审查程序,市、区县(市)政府制定社会管理的规范性文件,由政府办公机构统一立项、法制机构统一法律审查;市政府制定规章或者起草法规草案,由市法制办统一组织起草、统一法律审查、统一上会报签;

建立法制机构法律审查、财政审计资金审查、主管部门业务审查相结合的合同审查机制,加强法制机构事前介入指导、事中审查把关、事后监督管理的全程动态合同管理制度。

(2)完善社会管理民主、科学决策机制。制定和实施加强基层调研和联系基层群众的规章制度,切实保障社会管理决策源于群众需要、反映群众要求、服从群众利益。以建立统一的行政决策听证指导组织机构、规范听证组织行为为突破口,明确公众参与范围、意见收集规则、代表产生程序,提高公众参与社会管理决策的法治化水平。完善市政府法制专家库建设,为社会管理法治化实践提供理论支持。继续推行公开征求意见、邀请市民代表列席政府常务会议和市长办公会议,以及意见采纳说明等制度,加快推进公众参与社会管理决策方面的立法。

(3)完善社会管理决策监督机制。全面落实规范性文件统一登记、统一编号、统一公布制度和备案审查制度,深度运用规范性文件数据库,开展规范性文件效力动态管理,强化内部监督。搭建多形式的行政决策公众监督平台,规范公民、法人和其他组织提请规范性文件合法性审查的办理程序,自觉接受外部监督。建立重大行政决策后评估制度,引入公众、专家评价机制,采取跟踪调查、考核等措施,对实施效果予以论证,对重大决策失误进行责任追究。

2. 推进社会管理决策执行法治化

(1)规范行政执法主体和执法程序。全面梳理社会管理行政执法依据,明确行政执法主体,实现社会管理职能精细化界定、管理程序精细化执行、管理责任精细化分担。政府法制机构对"三定方案"进行法律审查,依法界定社会管理执法职责,防止部门职能重叠交叉、政府职能缺位错位越位。完善行政裁量权基准制度,严格规范行政裁量权行使,促进执法公开、公平、公正。加大行政许可、行政强制实施主体的清理,严格规范行政许可、行政处罚、行政强制行为。

(2)创新行政执法体制和执法方式。加强各行政执法机关的工作协调,理顺社会管理执法体制，建立健全综合执法、协作执法和联合执法三大机制，实现各部门联动执法，加大对食品、药品、医疗等社会管理重点领域各类违法行为的查处力度，形成执法合力。建立健全社会管理基层执法机构，加大基层执法力度，推动社会管理执法工作重心下移，逐步加强完善乡镇执法体系。全面贯彻落实《长沙市城市管理条例》，进一步推进城市管理相对集中行政处罚权工作。

（3）加强政府服务机制和平台建设。规范政府服务行为，明确政府服务内容、标准、程序和时限等事项，全面推进政务公开，加快服务型政府建设。完善政府社会管理服务平台，优化网络服务机制，建立和发展社区服务和社会求助"12345"服务平台，建立健全统一的报警服务平台和医疗急救指挥中心系统。建立健全服务承诺制，优化便捷服务机制，进一步落实限时办结制、首问负责制和责任追究制等制度。

（4）强化行政执法监督。进一步加强行政执法行为监督，创新政府法制建设"白皮书"编制和发布形式，完善行政执法案卷评查制度，建立重大行政处罚和重大行政强制决定备案制度。进一步加强社会公众对行政执法工作的监督，完善群众举报投诉违法行政行为制度、行政机关接受人大、政协、司法机关以及新闻媒体监督的制度、互联网民意表达处理制度，加大违法行政行为查处力度。

3．推进民生保障法治化

（1）完善就业保障制度。进一步完善就业指导制度、就业培训制度，加强就业培训，落实职业培训补贴政策，积极指导、引导群众就业。完善城乡公共就业服务体系，重点做好高校毕业生、农村转移劳动力、城镇就业困难人员的帮扶工作。加强劳动保障监察执法力度，加强协调劳动关系三方机制建设，畅通劳动者举报投诉渠道，完善企业职工工资集体协商机制和劳动争议处理机制，切实维护劳动者合法权益。

（2）健全住房保障制度。强化政府在住房保障中的责任，充分调动社会各方面力量，加大以公租房、廉租房等为重点的保障性住房建设力度，建立健全保障性住房公平分配制度，完善保障性住房的申请、审核、退出及监督机制。加快棚户区和农村危房改造，保障群众特别是低收入人群的住房需求。

（3）完善公共教育服务制度。规范校园建设投入、师资力量配置、招生考试管理等行为，促进公共教育资源配置的公开、公平。修改完善相关配套法规规章，有效解决中小学、幼儿园规划建设问题。加强农村和城区薄弱学校建设和改造，全面实施学校标准化工程。落实入学保障机制，保障特殊人群入学。理顺办学体制，促进公办、民办学校的健康协调发展。加强校园安全、校车安全管理。

（4）完善医疗保障制度。加快建设城乡一体化基本医疗保障体系，促进基本公共卫生服务逐步均等化，提高城镇职工、城乡居民医保参保率，缩小城乡居民医疗服务差距。建立完善基本药物保障体系，加强药品监管，确保用药安全。完善医院管理体制、医疗服务价格形成机制和监管机制。健全基层卫生服务体系，加强基层医疗卫生服务体系标准化建设，改革基层医疗卫生机构补偿机制。加强疾病预防控制和规范管理，健全传染病疫情系统和工作网络，建立和完善卫生应急机制。

（5）健全社会保障和社会救助制度。继续推进新型农村和城镇居民社会养老保险制度全覆盖，健全养老保险转移接续办法。探索工伤人员社会化管理，建立进城务工人员优先参加工伤保险机制。扩大失业、生育保险覆盖面。完善被征地农民社会保障资金结算办法，保障被征地农民的合法权益。建立保障标准与物价联动机制，健全最低生活保障制度，完善补贴制度。加强对困难群体的救助，完善救助机制，落实救助责任。开展促进慈善事业发展的地方立法，鼓励民间资本救助社会困难群体。建立计划生育家庭奖励扶助制度。

（6）完善城市交通管理制度。全面实施《长沙市机动车停车场管理办法》，加大开放社区停车场力度，推进社会停车场建设，切实规范停车场管理。落实公交优先政策，加强公交专用道的设置和管理。加大对交通违法行为的整治,加强对高峰时段重要堵点的疏导力度。加大交通执法行为监督,规范交通执法。

4. 推进公共安全管理法治化

(1)完善社会治安防控体系。全力构建"区县(市)—街道(乡镇)—社区(村)—基础网格"社会治安防控体系,建立以户为基础、以基础网格为单元的联防、联控、联调的安全网格防控工作机制。依法打击各类违法犯罪活动,重点加强治安案件易发地区的整治,加大对严重暴力犯罪、涉枪涉爆、抢劫抢夺盗窃、涉黄涉赌涉毒、电信金融诈骗等犯罪活动的防范打击力度。健全社会治安动态管控机制,建立动态管控平台,落实管控措施,有效预防违法犯罪行为的发生。

(2)健全食品药品安全监管机制。严格实施食品药品安全相关法律法规,完善相关配套制度。强化源头治理、促进行业自律、加强执法监管环节,积极开展食品药品安全专项整治,逐步建立起以政府监管为主、行业自律为辅,与社会监督相结合的食品药品安全监管新模式。大力建设食品安全城市,引导各区域、各环节、各行业逐步走向规范。

(3)加强安全生产监管力度。建立健全以综合监管为统领、各级各部门监管为基础的监管体制。强化企业主体责任,全面推进企业安全生产标准化建设。健全安全防范制度,切实加强重点行业、重点企业和重点部位的安全防范措施。建立健全安全生产督导约谈制度和安全生产事故隐患排查治理工作制度。规范安全生产监管行政许可、行政检查、行政处罚、行政强制等执法行为,加大安全监管执法力度。

(4)健全应急管理机制。加强应急管理制度建设,完善自然灾害、事故灾难、公共卫生事件、社会安全事件应急预案。建立综合性的应急联动指挥平台,加快构建实战化的应急联动指挥体系。从源头控制、情报信息、处置预案、舆情导控、保障建设和联动协作等方面入手,形成统一指挥、反应灵敏、协调有序、运转高效的应急管理机制。

5．推进流动人口和特殊人群服务管理法治化

（1）完善流动人口服务管理机制。加强流动人口就业培训、子女入学、医疗卫生、社会保障、权益维护和法律援助等方面的服务制度建设，城镇基本公共服务覆盖到流动人口，切实保障流动人口合法权益。加强人口信息管理制度化，建立以流入地为主、流出地与流入地协同配合的流动人口服务管理机制，完善"以业管人、以房管人、以证管人"的新机制。及时开展流动人口和出租房屋管理方面的地方立法，完善流动人口服务管理责任机制，理清部门职责。

（2）健全特殊人群服务管理机制。建立肇事肇祸精神病人管理制度、精神病人安全风险评估和分级管理制度。建立健全监外服刑人员、刑释解教人员的安置帮教和管控机制。强化问题青少年的帮教矫治工作，探索违法犯罪未成年人的教育挽救工作机制。加强对吸毒人员的帮教和管理，建立强制隔离戒毒、社区戒毒、自愿戒毒、社区康复和药物维持治疗相互衔接机制。加强社区帮教机制建设，充实调整帮教人员，强化帮教、管监工作责任，切实将管控帮教责任落实到基层单位和帮教人员。

6．推进资源节约环境保护法治化

（1）完善资源节约良性循环机制。严格贯彻执行国家节能管理相关法律法规和《长沙市节约能源办法》。探索建立节能市场化机制，支持引进和培育节能服务机构，大力推进合同能源管理。建立水资源管理责任和考核机制，推进阶梯水价制度改革，建立完善水权制度。推进节约集约用地，建立建设项目节约集约用地论证制度，制定节约集约用地评价指标体系、考核办法和奖惩制度，强化节约集约用地的监督检查。

（2）健全环境保护制度和机制。开展保护环境、促进生态经济发展的地方立法。完善生态环境补偿、环境资源交易等政策措施，推进流域生态补偿，完善排污权交易和环境风险管理制度。建立健全环保社会调节机制和绿色消费引导机制，创新开展农村环保自治和社区环保自治。加大资源环境执法力度，推进联合执法。

（3）加强城乡环境卫生的制度化管理。加快城乡环境保护设施一体化建设和环境卫生一体化管理。加大城市环境卫生法律法规的执行力度，维护市容整洁。研究制定农村环境卫生管理的办法，建立农村垃圾处理新模式。

7. 推进社会信用体系建设法治化

（1）完善政府机关诚信制度建设。重点贯彻落实法律法规有关行政机关实施行政许可、行政指导应当坚持诚信原则的规定，制定配套制度，完善行政机关诚信管理。规范行政机关工作程序，促进行政机关及其工作人员严格依法办事，有效预防行政机关随意承诺、不守承诺行为的发生。规范行政机关诚信参与民事活动，严格遵守诚实信用原则。

（2）强化企业诚信制度建设。建立健全企业社会责任和诚信度评价机制，重点加强建设施工、食品、药品生产经营领域企业的信用管理，公开从业主体基本信息、资质信息、业绩信息、信用评价、良好行为记录和不良行为记录信息。加大对失信企业的惩处力度，增大企业失信成本，发挥商会、协会作用，促进企业守信自律。

（3）加强社会组织诚信制度建设。建立社会组织诚信档案，将社会组织公益服务和遵纪守法情况纳入社会诚信管理体系，完善社会组织民主决策、重大事项报告、接受捐赠公示、考核奖惩、财务管理、诚信自律、信息披露等制度。

（4）推进个人诚信制度建设。完善个人诚信记录的管理，逐步推进个人诚信记录在就业、晋职、信贷等领域的应用。充分发挥舆论导向作用，着力宣传建立信用制度、加强信用管理，防范信用风险，建立失信惩戒机制。

8. 推进虚拟社会管理的法治化

（1）加强网络管理配套制度建设。建立健全对经营性上网服务场所规范化经营的监管制度和非经营性上网服务场所的安全管理制度，落实重点联网单位的计算机信息系统安全保护等级制度。建立健全网络舆情引导机制的配套保障制度和网上公开征求意见制度，积极推动网络问政。

（2）规范虚拟社会行为。加快虚拟社会动态防控网络建设，规范行政机关、企事业单位、社区、社会团体等主体的网上办公行为，完善网上办公程序。开展互联网管理及其他相关方面的法律法规宣传，引导虚拟社会各群体健康、诚信上网，履行法律责任、社会责任。加强警网合作、警社合作，建立健全网上有害信息与违法犯罪信息通报协查制度，建立网上公安局、警务室、报警亭、虚拟身份库、虚拟社区数据库。

9. 推进社会组织培育发展的法治化

（1）制定促进社会组织培育发展的相关制度。积极引导、培育、规范、扶持各类社会组织，健全社会组织的分类管理和评估制度，加强规范引导和监督管理。引导社会组织制定活动准则，完善内部治理结构，提高社会组织的自主和自律能力，增强社会组织的社会责任。引导社会组织增强社会服务能力，充分发挥工会、共青团、妇联等社会组织的桥梁纽带作用，协同解决社会问题，维护社会安定团结。

（2）规范城乡社区管理。完善社区管理队伍制度建设，健全社区服务管理信息平台，提升社区自治管理意识和服务功能，规范社区服务管理行为。注重培育、引导和规范社区社会组织，充分发挥其在扩大群众参与、反映群众诉求、创新社会管理等方面的积极作用。充分发挥社区社会服务管理的优势，支持和引导社区为"空巢老人"、"留守儿童"、"困难家庭"等社区内特殊群体提供更多的服务与帮助。

10. 推进社会纠纷防范化解法治化

建立健全重大事项决策社会稳定风险评估配套制度。进一步完善长沙市重大事项决策社会稳定风险评估办法，规范重大事项决策社会稳定风险评估责任主体和工作程序。建立重大事项决策社会稳定风险评估长效管理机制，加强社会稳定工作的档案管理，开展专题调查研究，定期对全市社会稳定整体状况进行分析预测，采取措施，有效防范社会稳定事件的发生。

畅通社会纠纷化解渠道。加强行政复议制度建设,发挥政府法制层级监督的作用。加强行政应诉工作,落实行政执法机关法定代表人出庭应诉制度。加强纠纷调解工作,推动行政调解、人民调解、司法调解"三调联动"制度化发展,推动建立医患纠纷、劳资纠纷、交通事故纠纷等专业性、行业性调解组织。加强信访工作,完善"一健三联"工作机制。完善行政司法互动机制,有效预防化解行政争议。加强法律服务中心建设。

五 社会管理法治化实施情况

1. 文化引领、理念先行,营造社会管理法治化浓厚氛围

长沙市针对不同对象,运用各种手段,开展各种形式的法制宣传活动,打造法治文化,强化法治理念,在全市营造社会管理法治化的浓厚氛围。

一是领导干部尚法、重法,依法执政、依法行政成为基本准则。认真落实党委中心组学法制度、领导干部法制讲座制度和带头讲法制度,做到根本大法反复学、基本法律经常学、专业法律不断学、新颁法律及时学,积极争当尊重法律、学习法律、运用法律、遵守法律、捍卫法律的表率。主要领导多次强调"依法办事,力量无穷;违法办事,寸步难行",通过工作报告、以案说法等方式宣讲法治。党的十八大后,炼红书记专程带队到市政府法制办调研,并主持召开长沙市全面推进依法治市座谈会,炼红书记充分肯定了长沙政府法制工作取得的成绩,并明确要求加快推进法治政府建设。同时市领导高度重视法治政府建设,市政府常务会专题学习《法治湖南建设纲要》、《中华人民共和国立法法》、新《行政诉讼法》等相关知识,专题研究了行政复议规范化建设、行政负责人出庭应诉、政府合同审查管理等工作,使领导干部真正把法治理念、法治精神内化于心。

二是广大干部学法、用法,依法履职、依法服务成为具体行动。全市各级各部门针对自身职能特点及专业法律知识的不同需求，在突出举办专题培训、法制讲座的基础上，充分运用党校、行政学院等干部培训主渠道，把法制教育纳入公职人员初任培训、任职培训和专门业务培训的内容，开展"集中轮训""假日课堂""依法行政沙龙"等学法活动，认真组织开展有针对性的岗位学法活动和业务知识培训和学法考试，加大岗位学法和培训力度，并将学法考试成绩记入个人学习档案，作为上岗执法、提拔任用和年终考核的重要依据。着力规范公职人员的执法行为，促进依法履职、依法服务。此外，深入开展法治文化实践学习活动，先后组织北京大学"法制建设与立法前沿专题研讨班"、中国政法大学"依法行政研修班"、华东政法大学"法治政府专题培训班"、清华大学"法治政府建设专题培训班"、武汉大学"法治政府专题研修班"等一系列高端培训活动，大幅提升行政机关干部的法治意识和对法治文化建设的认同感。

三是人民群众信法、守法，依法诉求、依法维权成为自觉行为。围绕房屋拆迁、食品卫生等关系民生的热点问题，精心组织"法律六进"活动。与湖南教育电视台、湖南移动电视频道组织策划了"与法同行，快乐成长"法律进校园和"关爱母婴健康普法维权社区行"活动。开通了长沙法制网和"12348"法律服务热线，《长沙晚报》推出了《以案说法》专栏，建立了首个高标准城市普法广场，所有城市社区和部分乡村均设立了固定法制宣传栏、法律学校和法律图书室，组建了法制宣传教育志愿者队伍等等，让法律进入千家万户，人民群众信法、守法的意识越来越强，依法参与社会管理的热情高涨，运用行政复议、行政诉讼、依法信访等途径理性表达诉求、依法维护权益的意识和能力进一步增强。

2. 社会协同、公众参与，完善社会管理法治化多元格局

长沙市按照中央决策部署，在社会协同和公众参与上下工夫，初步完善了一个党委领导、政府负责、社会协同、公众参与的社会管理法治化的格局。

一是依托城乡社区,强化基层民主自治。搭建社区管理平台。加强社区基础设施建设,建立涵盖社区居民、社区单位和公共资源的综合信息库,实现了四级信息互联互通;优化社区管理队伍。社区(村)党组织采用"公推直选"、社区居委会采用"海推直选"的选举方式,做到"官由民选"。采取面向社区(村)书记主任定向考录公务员、招聘街道(乡镇)事业编制干部等措施,吸引大批优秀人才投身社区工作。实行村(居)民民主评议和乡镇(街道)目标管理考核相结合,做到了"绩由民评";创新社区管理体制。模式上,每个社区设立党组织、居委会和社区服务中心。主体上,健全党组织领导下的充满活力的基层群众自治机制。决策方式上,多层面、多渠道地构建了市民论坛、村务听证等听民意、集民智的有效平台,实现"策由民定"。

二是提升服务能力,培育发展社会组织。大力培育发展各类社会组织,出台《长沙市民办非企业单位登记管理暂行办法》和《长沙市行业协会管理办法》等扶持政策,对农村专业经济协会和社会组织降低登记门槛、简化许可程序、实行登记备案双轨制,社会组织的服务面不断扩大。认真清理整顿,规范了社会组织的行为。开展了全市行业协会清理整顿工作,264家行业协会与政府职能部门实现"五脱钩"。通过年度检查、重大活动、宣传公告等多种形式,加大了查非打非力度,强化了对社会组织的内部监督、行政监督和社会监督,社会组织公信力得到提升。

三是立足规范有序,拓宽公众参与渠道。强化政府社会管理重大决策的信息公开,规范了信息公开的时限、内容、形式,确保了公众的知情权。率先全国省会城市建立了较为完备的新闻发言人制度。长沙县启动了以"信息公开"和"公众参与"为核心的开放型政府建设。强化公众参与社会管理重大决策的平台建设,推行社会管理重大决策听证、专家咨询、公开征求意见、基层调研等制度,探索邀请市民代表列席政府会议制度。强化公众参与社会管理的制度保障,出台了立法听证、决策咨询、专家咨询论证评估和法制专家库日常管理等制度。社会管理领域相关制度凡涉及重大决策均设置公众参与环节,将是否听取公众意见作为合法性审查的重要内容,强化了公众对社会管理重大决策的后评价监督。

3. 创新机制、丰富手段,夯实社会管理法治化工作基础

长沙市从地方立法、行政执法、矛盾化解等方面加强机制创新,丰富社会管理法治化的手段方式,不断夯实了社会管理法治化的工作基础。

一是创新地方立法机制。进一步健全了立法机制,创新性地采取了第三方参与立法后评估的模式,首次组织对23件现行市政府规章进行全面的立法后评估。率先全国开展地方政府立法听证,不断推进了立法听证的常态化,《长沙市全民健身办法(征求意见稿)》立法听证会首次引入了全程网络直播的模式。近几年来,长沙市根据社会管理、"两型社会"建设的实际需要,颁布了《长沙市城市管理条例》《长沙市城市供水用水管理条例》《长沙市城市市容和环境卫生管理办法》《长沙市餐厨垃圾管理办法》《长沙市行业协会管理办法》《长沙市房屋安全管理条例》《长沙市电梯安全管理办法》《长沙市城市地下管线管理条例》等法规、规章,为社会管理法治化打下了坚实基础。

二是创新行政执法机制。改革行政审批制度,精简、规范了审批行为。对内设机构进行了改革,政府工作部门调整为40个,部分单位的职能、职权和机构进一步优化。在新一轮机构改革中,对20余个单位的"三定"方案进行合法性审查,有效解决了职能交叉重叠、责任不清和事权分离等问题。同时,积极参与新一轮行政审批制度改革,确保市本级行政审批项目由428项精简至179项,精简比例高达58.2%,为把长沙打造成为行政审批项目最少的省会城市做出积极贡献。在市本级行政职权清理规范工作中,承担行政处罚、行政强制等六大项7131项行政职权的审核工作,占全部清理任务的80%,通过进行反复、细致的清理审核,查阅各类法律条文67199条,基本确认行政处罚等六项职权共计2651项,精简率达62.8%。特别是全力推进长沙县行政综合执法改革试点,对行政综合执法进行制度层面的设计,并带队赴国务院法制办汇报衔接,明确

了可操作的指导性政策。2016年4月21日长沙县行政执法局正式挂牌，有效改变"多头执法"格局。大力支持和指导各区县(市)开展改革试点，中央编办、国务院法制办首次明确长沙在芙蓉区开展相对集中行政许可权改革试点。将相对集中行政处罚权向纵深发展，在条件成熟的乡镇逐步推广相对集中处罚权工作，省政府法制办首次明确在浏阳市大瑶镇开展相对集中行政处罚权试点。

三是创新矛盾化解机制。完善多元化纠纷解决机制，建立健全了投诉、信访工作制度，引导当事人依法寻求行政复议、行政诉讼救济。建立了"三调联动"工作机制，率先全国完成了三大调解工作的"八项对接"；构建网络化调解组织体系，建立健全了县、乡、村、组四级排查调解网络，针对重大矛盾纠纷的多发区域（大型医院、重点项目工地），分别设立了调解室和民情室；采取基层化调解工作方式，倡导烛光调解、假日调解、午间调解，采取委托、邀请、聘用等多种形式吸纳社会成员主持调解工作；建立专职化人民调解队伍，建立了一支近1.7万人的人民调解员队伍。同时，建立了行政司法互动工作机制和社会稳定风险评估与防范体系。

推进社会管理法治化、促进社会和谐，是一项复杂、系统、长期的工作和任务，虽然长沙市做了一些有益的探索，积累了一定经验，取得了阶段性成效，但还存在发展不平衡等问题，与科学发展观的要求、与人民群众的期待，尚有一定距离。长沙市政府将以《纲要》为抓手，深刻领会、全面把握新形势对社会管理法治化工作提出的新要求，积极探索社会管理法治化工作的新途径、新方法，推进全市社会管理法治化工作向纵深发展。

推进建设法治政府工作机制的制度化、规范化

——长沙市出台全国首部规范政府法制工作的地方政府规章
《长沙市政府法制工作规定》

湖南省长沙市人民政府法制办公室

2014年11月18日，第三届中国法治政府奖终评暨颁奖典礼在北京举行。长沙市申报的项目从众多申报项目中脱颖而出，以排名第一的成绩荣获中国法治政府奖，并由十一届全国人大常委会副委员长华建敏颁奖。国务院法制办政府法制协调司巡视员青锋致颁奖词"形枉而影曲，形直而影正。只有以规范化、科学化的工作制度划经纬，才有可能保障政府法制工作的'影正而不曲'"。湖南省长沙市人民政府法制办公室以全国首部规范政府法制工作的规章《长沙市政府法制工作规定》（以下简称《规定》），向我们展示了包含五大机制、三新制度、四项保障在内的法制工作的创新蓝本，对法治的追求是政府工作机制改革、创新的不竭动力"，对《规定》给予了高度评价，体现了社会各界对长沙市建设法治政府所取得成绩的高度认可。

一 项目基本情况

1. 项目发起的背景和主体

自1987年4月召开的第一次全国政府法制工作会议首次正式提出"政府法制"的概念以来，中国政府法制工作伴随着社会主义民主与法

制建设的推进，已经走过二十七年的历程。但长期以来，从中央到地方，政府法制机构的职能、职责绝大部分由文件规定而没有法定化，各项具体政府法制工作无统一操作程序。针对这一问题，长沙市政府法制办在全面总结分析全市政府法制工作的成绩和问题的基础上，深刻认识到制定一部政府法制工作当家法的必要性、可行性和迫切性，并从政府法制工作的性质、内容出发，积极探索，大胆创新，率先突破，探索出"政府法制工作新路径"—《长沙市政府法制工作规定》，2012年11月25日，全国首部规范政府法制工作的地方性政府规章《规定》颁布，2013年1月1日起《规定》正式以地方性政府规章的形式出台实施。

2．项目发起的动因

政府法制工作的经验需要总结固化。近年来，长沙市不断推进法治政府建设进程，形成了坚持法制机构主导政府立法工作、法制机构对规范性文件进行合法性审查，推行行政执法案卷评查制度、行政处罚自由裁量权基准制度，开展政府合同审查管理，建设政府法制专家库，推行依法行政考核、政府法制工作评议报告制度等行之有效、影响深远的举措。以地方立法方式总结固化这些经验，对于全面实现法治政府建设目标具有重要意义。

政府法制工作需要形成"长沙样板"。近年来，长沙市政府法制工作措施得力、效果明显，引起各方高度关注。特别是在长沙市首创"政府法制工作新路径"后，国务院法制办、湖南省政府法制办多次听取长沙市"政府法制工作新路径"的情况汇报，并给予大力支持，北京大学等高等院校一批知名法学专家，以及《法制日报》等媒体，对"政府法制工作新路径"非常关心，希望长沙市先行立法，打造"长沙样板"，为全国立法积累经验。

依法行政的推动需要政府法制工作的保障。《湖南省行政程序规定》对依法行政进行了比较全面的综合性法律规范。但是，服务和保障依法行政的"政府法制工作"如何开展，一直由文件而不是通过立法来规定。

这客观上导致政府法制工作可能在某个领域、某些时期、某种情况下被忽视，甚至导致依法行政进程的暂时停滞和倒退。因此，政府法制工作本身的制度化对于服务和保障依法行政具有重要意义。

3. 项目主要内容

2012年11月25日，长沙市人民政府颁布《规定》，并于2013年1月1日正式施行，《规定》是全国首部规范政府法制工作的地方政府规章。《规定》共十章七十二条，在具体内容的设计上，立足长沙实际，强化创新意识，既吸纳以往的成绩，又考虑今后的发展，创设了政府法制工作责任、行政决策法律审查、公众参与和专家论证、政府法制工作评议、依法行政考核等"五大机制"，规范了立法、规范性文件管理、行政执法指导与监督、行政复议应诉、政府合同审查管理等"五项工作"，强化了文化、队伍、经费、智力等"四个保障"，标志着长沙市政府法制工作从事前法律风险防范、事中法律过程控制到事后法律监督保障实现了全方位规范，是法制机构组织立法在地方层面的首次有益尝试，是法制机构的"组织法"、法制工作的"教科书"、法制建设的"指路牌"。

4. 项目实施发展过程

《规定》从论证发起到落地实施，始终凝聚着长沙市政府法制人的智慧与心血，不仅是立法层面的创新，更是法制实务层面的大胆实践。《规定》的颁布出台，大大提高了长沙市政府法制工作的质量、效率，为长沙推进依法行政、建设法治政府注入了强劲动力。

宣传教育有声有色。全市各级、各部门认真组织学习《规定》，并以贯彻落实《规定》为抓手，着力增强全体工作人员依法行政的意识和能力，做到带头学法守法用法，带头依法办事，坚持依法处理经济社会事务和解决各种矛盾；深入开展了法制宣传教育、法制文化研究和舆论引导工作，大力弘扬社会主义法治精神，树立社会主义法治理念，增强了全社会学法尊法守法用法意识，增强了公民依法行使权利、履行义务的意识，努力营造了良好的法治环境。

责任落实力度空前。长沙市将依法行政纳入市委、市政府绩效考核范畴，单独设置考核指标，由市政府法制办对各区县（市）和市直部门的依法行政工作进行考核评定、综合排名，使依法行政真正成为一项硬要求、硬约束。同时，全市各级、各部门把政府法制工作和推进依法行政摆上了重要议事日程，不仅建立健全统筹协调机制，将依法行政与改革发展稳定任务一起部署、一起落实、一起检查、一起考核，而且主要负责人作为第一责任人，对本地区本部门依法行政工作负总责，并亲自抓落实。如今，《规定》的执行，不仅解决了依法、高效开展政府法制工作、推进依法行政、建设法治政府的操作规范问题，而且推动了长沙法治政府建设进程，提升了全面依法治市水平。

法治建设成果丰硕。《规定》出台以来，长沙市政府法制工作配套制度不断完善，《长沙市规范性文件制定规则（试行）》《长沙市政府合同审查与管理办法》《长沙市行政负责人出庭应诉工作办法》《长沙市行政复议听证程序规定》等相继出台；深度参与重大决策，对规范性文件、政府合同、重大行政决策进行法律审查，有效防范行政决策的法律风险；创新举措力度空前，政府法制建设"白皮书"、开门立法、阳光复议、规范性文件效力动态监管等创新举措不断推进；队伍建设不断增强，市、区、县（市）政府法制机构、市直部门法制机构的人员力量、质量和保障均得到持续加强。

二 项目实施的目的和作用

《规定》是长沙市政府法制工作的"当家法"，为创新推进依法行政、建设法治政府创设了制度条件，它的出台实施不仅推动了法治长沙建设进程，而且得到了各级机关和广大群众的认可和支持。当前，结合《规定》在执行过程中面临的新形势、新情况、新问题，长沙市政府法制办以十八届四中全会精神作为推进法治政府建设的思想指南，认真领会有关依法治国、建设法治政府的论述，将法治作为基本的思维方式、工作方式乃至生活方式，以更高的起点、更开阔的视野、更清晰的思路、更有力的措施推进依法行政和法治政府建设，为全市经济社会更好更快发展提供强有力的法治保障。同时，切实将《规定》执行到位，实现政府法制工作的法治化；切实加强全市各级各部门法制工作的人、财、物保障，进一步厘清法制机构的职能职责，把主要负责领导分管政府法制工作作为基本要求来落实；严格落实法制机构人员特别是重点行政职能部门法制人员准入制度；落实法律审查、公众参与、评议考核等政府法制工作机制；建立政府法制人才培养长效机制，畅通法制人才晋升渠道；建立科学的法律顾问制度，借助外脑智力为政府提供法律服务。

长沙市政府法制办是长沙市政府的法律参谋顾问，在推进依法行政、建设法治政府中承担着组织协调、督促指导和考核评价三大职能。随着经济社会形势的深刻变革和政府法制机构职能的不断拓展，面临诸多需要解决的新问题。《规定》的实施，解决了"什么是政府法制工作"的问题。《规定》从制度层面厘清了政府法制工作与政府工作的关系、政府法制工作与依法行政的关系、政府法制工作主体与政府法制办的关系、政府法制工作与法律服务的关系、政府法制工作与政府法制机构职能的关系。解决了"政府如何抓政府法制工作"的问题。《规定》明确了政府抓政府法制工作的五大抓手，即政府法制工作的五大机制：政府法制工作责任机制；行政决策法律审查机制；公众参与和专家论证机制；政府法制工作评议机制；依法行政考核机制。解决了"政府法制机构怎样开展具体工作"的问题。《规定》明确政府法制机构要坚持对政府立法工作的主导地位；坚持确保规范性文件审查质量兼顾工作效率；坚持全面开展与重点突出相结合的执法指导监督工作；坚持规范化推进复议应诉工作；坚持提高管理水平、完善审查程序与降低审查责任风险相结合的政府合同审查管理工作；坚持突出文化保障、人、财、物和智力保障，加强政府法制工作的综合保障工作。

《规定》的实施,有利于把法治塑造成为政府良好形象的"灵魂"。"治国必先要受治于法。"《规定》的实施有利于加强和改进政府法制工作,控制行政权力滥用,确保行政行为合法,不仅能赢得群众的信任和支持,而且有助于政府公信力提高。有利于把法治打造成为全面深化改革的"重器"。改革和法治是实现"中国梦"的"两翼",《规定》的颁布对长沙的法治政府建设进行了顶层设计,绘就了"路线图",明确了"任务书",推动了行政机关提高运用法治思维和法治方式解决各种复杂问题的能力。有利于把法治培育成经济社会发展的"卫士"。李克强总理在答中外记者问时表示,要用法治精神建设现代经济、现代社会、现代政府。《规定》的实施,创新了政府法制工作机制,明确了政府立法和规范性文件管理,规范了行政执法指导与监督,加强了行政复议与行政应诉,强化了政府合同管理,进一步推动了政府法制工作的法治化,为建设全面小康之市、两型引领之市、秀美幸福之市,着力实现产业倍增、收入倍加、城乡品质倍升,共推长沙经济社会发展创造了良好的法治环境,提供了坚实的法制保障。

三 项目创新之处

在《规定》具体内容的设计上,长沙市政府立足长沙实际,强化创新意识,既吸纳以往的成绩,又直面存在的不足,同时还考虑今后的发展。

1. 抓五大机制,构建新框架

长沙市在总结归纳市政府法制专家库、立法听证、专家论证、依法行政讲评、发布政府法制建设"白皮书"等成功做法,建立了工作责任机制、行政决策法律审查机制、公众参与和专家论证机制、政府法制工作评议机制、依法行政考核机制等五大机制,专门设置了"政府法制工作机制"篇章,构建了长沙特色显著、内容构成科学合理的推进政府法制工作机制和体系。

2. 抓关键环节，建立新制度

一方面，"政府法制工作新路径"固化了长沙市政府法制工作中行之有效的工作制度和措施，突出社会广泛参与，建立了立法工作制度；突出全过程管理，建立了规范性文件管理制度；突出源头控制，建立了监督制度。另一方面，针对政府法制工作一些相对滞后、基础相对薄弱的环节进行了强化。例如，创新行政复议应诉工作，明确建立行政负责人出庭应诉制度；加强政府合同管理，明确政府合同概念，建立法律审查、政府合同示范文本、法制机构提前介入等制度，对全市政府合同进行全面的审查管理。

3. 抓工作保障，强化新举措

在开展政府法制工作的过程中，长沙市深刻体会到强有力的保障是政府法制工作持续发展的重要基础。因此，长沙市政府用专门的章节对政府法制工作保障进行了明确，提出强化文化保障，开展法制文化建设；强化队伍保障，明确法制机构进人标准，建立法制工作人员定期交流制度；强化经费保障，设立政府法制工作专项奖；强化智力保障，用好、管好政府法制专家库和法律顾问。

四 项目的特点

"政府法制工作新路径"——《规定》具有以下显著特点。

1. 制度首创性

《规定》于2012年9月19日颁布，2013年1月1日正式施行。经国务院法制办证实，《规定》系全国首部规范政府法制工作的地方政府规章，实现了政府法制工作的制度化、规范化、法治化，打破了政府法制机构的职能职责绝大部分由文件规定而没有法定的制约瓶颈，为政府法制工作的高效开展和快速发展奠定了坚实的基础。

2. 地域特色性

《规定》是多年来长沙市政府法制工作成绩的总结和经验的结晶，具有浓厚的长沙特色，它的出台标志着事前法律风险防范、事中法律过程控制、事后法律监督救济的政府法制工作"长沙模式"正式建立。

3. 实践操作性

《规定》对各项政府法制业务工作进行了具体的、细致的规定，是政府法制机构的工作守则。自2013年以来，全市政府法制工作在《规定》的引领和指导下取得了实实在在的成效，开创了政府法制工作的新篇章。

五 项目成功的原因

政府法制工作立法是一个全新的课题，没有可借鉴的经验和可供参考的文本，长沙市政府知难克难，精心组织，周密部署，迅速行动，《规定》得以顺利颁布实施，主要有以下几方面原因。一是组织协调得以强化。长沙市将《规定》列为2012年市政府立法计划，并纳入对市政府法制办的年度绩效考核。市政府法制办明确《规定》起草工作为一把手工程，由一把手统筹抓、主管领导具体抓，凡是重要的调研活动主要领导都亲自参加，重要的咨询论证主要领导都亲自主持，重要的修改工作主要领导都亲自把关。二是系统力量得以凝聚。市政府法制办成立了专门的起草班子，从每个处室抽调一名副处长以上干部组成起草小组，制定起草任务分解表，建立了处室负责人和起草组成员共同负责的工作责任机制。市政府法制办还多次召开区县（市）政府法制办和部门法制机构负责人座谈会，听取他们的意见建议。三是各方智慧得以汇集。长沙市多次邀请最高人民法院、国务院法制办、省法制办和北京大学、湖南大学、中南大学、湖南师范大学、湘潭大学的知名专家学者进行论证，争取外脑支持。同时，组织起草组成员赴深圳、广州等地考察学习，充分借鉴了外地开展政府法制工作的经验。各方力量与智慧的汇集，确保了"政府法制工作新路径"的科学性、实用性与前瞻性。

六 项目的发展情况

《规定》为政府法制机构推进政府法制工作的法治化提供了鲜活的样板，在全国产生了广泛影响，国务院法制办在《政府法制工作简报》上刊发《长沙市政府法制工作新举措》的文章，向全国推介《规定》，湖南省推进依法行政工作领导小组以文件形式在全省印发《规定》，广州、武汉、杭州、合肥、湘潭、益阳、衡阳等兄弟城市先后到长沙市进行专题考察学习，湖南省岳阳市在《长沙市政府法制工作规定》出台后也制定了《岳阳市政府法制工作规则》。

如今，在全国首部规范政府法制工作的地方政府规章《长沙市政府法制工作规定》的引领和指导下，长沙市"政府法制工作规范化创新"在法治建设层面得到有效运用和实践，通过不断推进法治实践创新，长沙市走出了一条地方政府改革与创新的破题之路，不仅为深入推进依法行政，建加快设法治政府注入了强劲动力，也为政府法制工作的规范、高效发展创建了"长沙范本"、提供了"遵循路径"。长沙法治政府指数连续三年排名全国前十名，在中部区域32个城市中连续两年排名第一，入选地方法治政府建设样板城市，已具有率先全国建成法治政府的潜力。此外，市政府连续7年被省政府评为依法行政先进单位；在全市绩效考核中，市政府法制办领导班子6次被评一类班子，荣获国家、省、市各类荣誉40余项。

（一）以法治化思路强化法治政府顶层设计

创建具有长沙特色的"一纲要一规定一方案"制度体系，打造了法治政府建设的"长沙新样本"。一是率先全国出台首部社会管理法治化实施纲要。制定《长沙市推进社会管理法治化实施纲要》,明确了社会管理"十个法治化"的基本路径。《纲要》得到中央政法委、省政府法制办的大力推介,落实情况被纳入全市综治考核。二是率先全国出台首部规范政府法制工作的地方政府规章。制定《长沙市政府法制工作规定》,为创新开展依法行政、政府法制工作奠定了制度基础。《规定》得到国务院法制办、省依法行政工作领导小组的高度认可,并在全国进行大力推介。三是率先全国出台一系列法治政府建设制度。以建成法治政府为目标,率先制定《关于深入推进依法行政加快建设法治政府的实施方案》《长沙市法治政府建设"十三五"规划(2016—2020年)》、《法治政府建设指标体系》和《长沙市政府立法听证操作指南》、《政府合同审查与管理工作规定》等60多项在全国具有示范意义的法治政府建设制度,为长沙率先在2020年前基本建成法治政府明确了发展方向,开创了地方政府改革与创新的"长沙范本",特别是《方案》的制定得到炼红书记的高度肯定。

(二)以法治化的方式全面深化改革

按照习近平总书记提出的:"凡属重大改革都要于法有据"的要求,全面推进改革层面的法治实践创新。一是以新的理念推进行政职能法定化。在新一轮机构改革中,对20余个单位的"三定"方案进行合法性审查,有效解决了职能交叉重叠、责任不清和事权分离等问题;积极参与新一轮行政审批制度改革,确保市本级行政审批项目由428项精简至179项,精简比例高达58.2%,为把长沙打造成为行政审批项目最少的省会城市做出积极贡献。在市本级行政职权清理规范工作中,承担行政处罚、行政强制等六大项7131项行政职权的审核工作,占全部清理任务的80%,通过进行反复、细致的清理审核,查阅各类法律条文67199条,基本确认行政处罚等六项职权共计2651项,精简率达62.8%。二是以新的要求推进园区行政审批制度改革。2017年以来,长沙市法制办结合园区发展实际和企业需求，按照"下得去、接得住、管得好"的工作思路，从推进赋权强园、推行清单制度、改进审批措施、完善监管机制四个方面入手，进一步深化园区行政审批制度改革，纵深推进"放管服"，但遇到绕不过去的"法律坎"，长沙市法制办发扬"敢于说不，更善于说行"的工作作风，以问题为导向，进行法治化的路径设计与论证，提出在园区开展相对集中许可权试点，创设性的解决园区作为权力承接主体资格和承接依据的法律瓶颈，为园区发展贡献了法律智慧，提供了法治支撑。文浩市长、迎春常务副市长对市政府法制办在园区权力下放工作中的法治创新给予高度肯定。三是以新的模式推进行政执法改革。全力推进长沙县行政综合执法改革试点，对行政综合执法进行制度层面的设计，并带队赴国务院法制办汇报衔接，明确了可操作的指导性政策。2016年4月21日长沙县行政执法局正式挂牌，有效改变"多头执法"格局。大力支持和指导各区县（市）开展改革试点，中央编办、国务院法制办首次明确长沙在芙蓉区开展相对集中行政许可权改革试点。将相对集中行政处罚权向纵深发展，在条件成熟的乡镇逐步推广相对集中处罚权工作，省政府法制办首次明确在浏阳市大瑶镇开展相对集中行政处罚权试点。

（三）以法治化的要求提升城市管理水平

以创建国家中心城市为目标，充分发挥法治对经济社会发展的引领、规范和保障作用。一是以政府立法推动城市管理法治化。紧紧围绕"城乡建设与管理、环境保护、历史文化保护"等领域，加快构建与国家中心城市相匹配的法治框架体系。三年来，出台地方性法规7部、政府规章5部。尤其是围绕城市管理领域的难点问题，出台《长沙市房屋安全管理条例》《长沙市电梯安全管理办法》《长沙市城市桥梁隧道安全管理条例》《长沙市城市地下管线管理条例》等，为建设品质长沙和全国文明城市提供了强有力的立法保障。此外，在全省开创建立政府立法基层联系点的先河，2016年8月为宁乡县沩山乡政府、芙蓉区定王台街道办、开福区伍家岭街道办三个政府立法基层联系点正式授牌。二是以法治思维引领拆违控违工作法治化。2015年以来，全市开展了"史上最大规模的拆违行动"，长沙市法制办努力把优质高效的法律指导落实到拆违控违的各个环节，通过制定出台《全市拆违控违法制工作指导意见》，对全市拆违控违工作总体思路进行法治化的设计，并全程参与化解拆违控违工作的各种难题，得到省市主要领导的充分肯定，特别是炼红书记提出"越是难事越要依法办"的指导思想，强调要用法治思维和法治方式推进拆违控违工作。据统计，市本级办理涉及拆违控违的案件40件，指导内六区政府法制办办理案件125件，优先办理、快审快结了全市近500件涉征案件，依法化解城市管理中的涉法难题。三是以法治方式推动城市建设与管理领域矛盾化解法治化。全力支持农村土地征收、国有土地征收，全面加强区县（市）政府、市直各部门涉诉法律事务的指导，三年来依法审结行政复议案件1537件，办理行政应诉案件432件，代表市政府出庭应诉403次。特别是2017年全面参与轨道交通3号线一期城南东路站棚户区改造、黄兴北路棚户区改造等20余个重大棚改项目，依法化解了涉及棚改征收的150余起疑难案件，并代表市政府出庭应诉165次。此外，积极办理最高院第一巡回法庭受理的再审案件，得到省高院、最高院的认可。

（四）以法治化的路径助推长沙经济转型发展

面对经济发展新常态，充分发挥专业优势和法律智慧，深入推进经济建设中的法治实践创新。一是率先从法律层面探索PPP项目的落地实施和资产证券化的实践创新。充分发挥法治对长沙经济发展的引领作用，重点就政府和社会资本合作模式（PPP模式）具体操作方式、经典成功案例等方面进行系统的专题研究，先后对长沙磁浮工程、长沙国际会展中心、万家丽高架、空港城项目和南北横线、地下综合管廊试点建设等重大PPP项目进行前期介入、优先审查、专人负责、集体讨论，确保了重大PPP项目的落地实施；率先研究我国资产证券化项目的相关政策，对"长沙市城市建设投资开发集团"等部分政府投资公司存量资产证券化项目合同要项以及资产证券化项目的法律与实务进行深入分析，率先探索研究资产证券化在长沙的新实践。二是率先从法律层面服务全市重大项目建设。充分发挥法制机构"智囊团"的作用，积极探索、实施重大项目法律审核把关的新模式，在研究决策重大项目时，针对项目的招标文件、项目协议等进行法律审查，并安排专人全程负责、一盯到底，为项目单位提供了优质高效的法律服务。三年来，深度参与了长沙市畅通城市建设、长沙铁路南北站迁建、轨道交通建设、南郊广场建设、湘府文化公园项目建设等170余个重大项目建设，始终把优质高效的法律服务延伸到重大项目建设的全过程。三是率先从法律层面加强政府合同审查管理创新。通过创新合同审查主办制度、合同审查日志制度、审查报告制度和专家审查制度，全面提升政府合同审查管理工作质量，三年来共审查政府合同441份，涉及金额4647亿元。特别是全面参与重大涉法事务的处置，依法依规处置了金星大道中段（一期）项目结算、长沙国金中心地价之部分费用返还、月湖公园项目遗留问题处理、万达商业地产财税返还纠纷、梅溪湖国际服务和科技创新城开发协议土地开发争议等重大涉法事务，为市政府避免或挽回经济损失22.5亿元。也因此，《长沙市多举措防范政府重大合同法律风险成效明显》在省政府核心内参《政务要情》147期头条刊发，得到省政府的高度认可。

（五）以法治化思维推进依法行政工作

全面推进依法行政指导与监督，切实将公平正义贯穿于依法行政的每一个环节。一是创新"互联网+规范性文件管理"。深度推进"互联网+政务"工作，全面加强全市规范性文件数据库建设，率先全国创新规范性文件动态清理机制，每月发布规范性文件效力动态报告，避免行政管理依据出现"真空"。同时，将政府抽象行政行为纳入法治化的运行轨道，三年来共对163件市政府常务会、市长办公会会议纪要共480余个议题进行合法性审查，对1314件市政府、市政府办公厅规范性文件进行合法性审查，向法定监督机关报备规范性文件579件，审查备案规范性文件881件，审查"三统一"文件1354件。尤其是2016年规范性文件管理处人均审查文件达174件次，2017年上半年，重点对加快发展资本市场的若干意见、促进房地产市场平稳健康发展的若干措施、长沙黄花综合保税区招商引资等127个文件进行深度审查，全过程参与各项改革工作。二是创新政府法律顾问制度。出台《长沙市政府法律顾问管理办法（试行）》，引领和推动全市各级政府和部门法律顾问制度的普遍建立和完善。通过创新政府法律顾问管理方式，搭建法律顾问采购服务平台，规范政府法律顾问服务采购行为，指导9个区县（市）政府普遍建立法律顾问制度，并聘请23名律师担任法律顾问；推动38个市直部门聘请153名律师担任法律顾问；103个区直单位聘请240余名律师担任法律顾问；61个乡镇（街道）聘请130余名律师担任法律顾问，特别是长沙县乡镇法律顾问聘请率达94.4%。三是创新行政执法监督。将法治政府建设全面纳入市委、市政府绩效考核范畴，单独设置考核指标，由市政府法制办对各区县（市）政府、市直部门的依法行政工作实行差异化考核，并对考核结果进行通报，使依法行政真正成为一项硬指标、硬实绩、硬约束；进一步加强全市行政执法队伍管理，严格执行"持证上岗、亮证执法"等制度，2016年组织全市13300多名行政执法人员参加行政执法资格考试，通过严格审核把关，目前行政执法证已发放完毕。此外，以示范单位创建引领全市依法行政，天心区政府、市公安局等7家单位成功创建首批市级依法行政示范单位。推动行政指导案例发布和案卷评查工作，并下发案卷评查情况通报，不断提升执法监督水平。

（六）以法治化的理念推进法治文化建设

继续将"尚法、务实、创新"的长沙政府法制精神落实在每一项具体的政府法制工作中，深入推进法治文化建设。一是将法治文化内化于法制干部的职业精神。广泛开展长沙政府法制精神表述语的征集活动，多次面向政府法制系统和全国知名法学专家以及社会公众征求意见，最终确定"尚法、务实、创新"的长沙政府法制精神和长沙政府法制标志图案，并制作法制文化视觉系统识别手册，强化了政府法制人的职业尊荣感和责任感；深入开展法治文化实践学习活动，先后组织北京大学"法制建设与立法前沿专题研讨班"、中国政法大学"依法行政研修班"、华东政法大学"法治政府专题培训班"、清华大学"法治政府建设专题培训班"、武汉大学"法治政府专题研修班"等一系列高端培训活动，大幅提升行政机关干部的法治意识和对法治文化建设的认同感。二是将法治文化植根于主要领导的关注领域。坚持经常向主要领导汇报法制工作，争取主要领导对法制工作的重视。党的十八大后，炼红书记专程带队到市政府法制办调研，并主持召开长沙市全面推进依法治市座谈会，炼红书记充分肯定了长沙市政府法制工作取得的成绩，并明确要求加快推进法治政府建设。同时市领导高度重视法治政府建设，市政府常务会专题学习《法治湖南建设纲要》、《中华人民共和国立法法》、新《行政诉讼法》等相关知识，专题研究了行政复议规范化建设、行政负责人出庭应诉、政府合同审查管理等工作，使领导干部真正把法治理念、法治精神内化于心。三是将法治文化外化于服务群众的具体行动。专门设立复议窗口和接待室，认真办理涉及群众利益的行政争议案件，先后接待来访群众2000余人次，始终做到了有礼有节、热情服务，做好了法律解释工作。同时精心制作、设计法治文化长廊，推出领导说法、法的起源、法治精神等六大板块，全方位诠释长沙法治文化，通过立体化的视觉展示方式，让机关干部和来访群众对法治精神有了更加直观的感受，在潜移默化中培育法治信仰，弘扬长沙法治精神。

法治是国家治理能力现代化的重要依托，更是长沙建设国家中心城市、实现基本现代化的重要保障。一座以法治作为最重要竞争优势的城市，就是蕴含法治精神、洋溢法治文化、体现法治追求的共同体。长沙要在新一轮改革中赢得更多优势,实现更快发展,关键在于加快法治政府建设,全面提升依法治市水平。"十三五"期间,长沙将坚定不移贯彻依法治国基本方略,强化法治观念和法治思维,全力推进法治政府、法治社会一体建设,推动法治精神全面融入长沙方方面面,着力营造公平公正、竞争有序的发展环境,激发全社会的干事创业活力。法治,让长沙更幸福!

杭州市余杭区法治指数的评估及应用

浙江省杭州市余杭区人民政府

党的十八大指出,法治是治国理政的基本方式,并强调领导干部要提高运用法治思维和法治方式深化改革、推动发展、化解矛盾、维护稳定的能力。十八届三中全会及《决定》明确提出,要"建立科学的法治建设指标体系和考核标准"。十八届四中全会作出了《中共中央关于全面推进依法治国若干重大问题的决定》更是把依法治国基本方略落实到社会管理的各领域、全过程。在全国各地实践中,杭州市余杭区率先践行法治建设,通过法治量化评估体系,已连续十年评估出台"法治指数",提升区域法治化水平,推进区域治理体系和治理能力现代化,成为中国基层法治建设的"试验田",为全国法治建设积累了经验。

一 项目背景

余杭,地处浙江省北部,位于杭嘉湖平原和京杭大运河的南端,素称"鱼米之乡,丝绸之府,花果之地,文化之邦"。在这块拥有悠久历史文化积淀的沃土上,杨乃武与小白菜冤案和近代民主革命家、思想家章太炎的进步思想反映了余杭人民由来已久的民主法治呼声。改革开放以来,随着余杭经济的快速发展,人均GDP突破6000美元,随之而来的是社会矛盾的逐渐凸显,征地拆迁、项目推进中不稳定因素增多,大量外来人口的涌入也给社会管理带来了巨大压力。同时,余杭人民对民主政治、制度文明的诉求不断增强，社会对依法办事、保护权益的要求不断增强，经济主体对依法行政、尊重规则的要求不断增强。基于以上经济、制度、环境和公众法治心理等方面的基础因素，余杭法治建设有了良好的政治环境、经济环境和社会环境，催生了余杭量化评估法治建设的创新实践。

2006年，时任浙江省委书记的习近平提出了建设"法治浙江"的构想，余杭积极响应，在全省率先作出了建设"法治余杭"的战略决策，出台《中共余杭区委关于建设法治余杭的意见》，明确了法治建设总体目标。余杭量化评估的设想和法治指数实践就在这样的时代背景和社会期许下应运而生。为实现法治建设的目标，余杭独辟蹊径，提出用量化的指数来衡量法治建设整体水平的设想，开展了以法治指标对政府工作以及社会法治环境进行量化评估的实践活动——"法治余杭量化评估"，并以"法治指数"作为衡量法治建设水平的有效工具和技术手段。2008年6月15日，中国内地第一个法治指数—余杭法治指数的发布，拉开了量化评估推动法治建设的序幕。

二 项目难点

（一）法治建设的评价标准不够科学、全面

客观地体现本区域的法治化进程，并有力地推进本区的法治建设，是余杭推进法治建设的重要创新课题和应有之义，但法治实施体系、评估体系、考核标准缺乏科学的设计与规划。建立可量化的指标化的评估体系，运用法治评价的"指挥棒"推进社会治理体系的创新，成为法治建设需突破的难点。

（二）法治建设的推进机制不够健全

全面推进依法治理是一个系统工程，是社会治理领域一场广泛而深

刻的革命,作为推进民主法治建设的崭新探索,需要付出长期艰苦努力,经过多年的实践,重点突破法治建设的热点、难点、薄弱点,多方机制保障评估结果的有效利用,做到以评促治,评治并举,是推进余杭法治建设不竭的动力。

(三)法治建设的氛围不够浓厚

一方面,领导干部运用法治思维和法治方式推进改革、化解矛盾的意识和能力相对薄弱,法治要求与传统观念、法治要求与自身利益的冲突,对领导干部适应社会治理体系和治理能力现代化形成了巨大的挑战;另一方面,全民自觉守法、遇事找法、解决问题靠法的氛围尚需进一步形成,迫切需要把法治作为长期基础性工作,推动全社会树立法治意识,人人参与,形成法治余杭共建共享的良好氛围。

三 创新点与做法

(一)国内首创法治量化评估体系

为落实法治余杭建设的九大总体目标任务,余杭独辟蹊径,大胆创新,提出用量化的指数来衡量法治建设水平、评估依法治理状况。2006年,余杭区委、区政府聘请国内10位法学专家组成了"法治余杭"专家委员会,又与浙江大学法学院联合成立课题组,开展法治量化评估体系研究,经过前期充分调研、反复修订完善,于2007年出台"法治余杭"量化考核评估体系。体系主要围绕"党委依法执政、政府依法行政、司法公平正义、权利依法保障、市场规范有序、监督体系健全、民主政治完善、全民素质提升、社会平安和谐"九大目标任务设计了9个一级指标27个二级指标77个三级指标,并依据不同的职能,制定了考评区级部门、镇(街道)、村(社区)三个层面的考核指标。2008年6月

15日，运用法治量化评估体系评估出台的中国内地第一个法治指数在余杭发布。

（二）引入第三方机构评估"法治指数"

2014年，李克强总理提出"要用第三方评估促进政府管理方式改革创新"。要求有关部门逐步尝试，将更多社会化专业力量引入第三方评估，进一步加强对政策落实的监督、推动，不断提高政府的公信力。2015年，在国务院常务会议上，李克强总理总结道，采取第三方评估办法，目的在于掌握更真实的"一手材料"，以便抓落实更有针对性，而余杭的"法治指数"评估恰好做到了这一点。

余杭每年委托第三方评估机构——中国法治研究院实施年度法治指数的评估工作。评估主要分五个步骤。第一步是数据收集。主要包括量化评估体系中各项可量化的法律数据和余杭区社会法律实践的背景数据资料、犯罪及治安处罚案件、权利救济案件等方面数据。第二步是群众满意度调查。通过实地调查、电话访问和网上调查三种方式随机抽取样本开展调查，调查范围遍及区内机关单位、车站广场等场所以及居民家中，并根据每年区内常住人口数量调整样本量。第三步是内部组的评估。内部评估组在党委、人大、政府及司法机构等直接参与法律工作的人员中随机抽取，对9项评估指标进行评估。第四步是外部组的评估。外部评估组由大学教授、企业家、新闻记者等不直接参与法律工作的人员组成，对9项评估指标进行评估。第五步是专家组的评审和法治指数的计算。由第三方评估机构邀请国内由专业权威专家组成余杭"法治指数专家评审组"。专家组根据对余杭法治建设情况的了解，结合基础数据，内、外组的评分等素材，对余杭法治水平评分表的每一个项目进行打分并逐一作出书面说明，以保证指数更具公信力。在此基础上，按照内部评审组占17.5%、外部评审组占17.5%、专家评审组占30%、群众满意度调查占35%的权重比，评审出余杭法治指数的最终得分。

（三）运用指数成果助推法治建设发展

余杭法治评估的意义不仅仅在于得出一个分数，更重要的是以法治评估为抓手，实现基层治理体系和治理能力的现代化。"法治指数"除其客观的评价功能外，更能反馈、引导及推进区域法治建设。余杭区一直致力于强化法治评估体系和法治指数在实践工作中的运用。首先，余杭区结合工作实际，制定出台了《关于运用法治指数推进"法治余杭"建设的实施意见》，从深化考核创建、强化跟踪督查，认真查漏补缺、扎实整改提高、提升法治理念、深化依法行政等六个方面强化指数运用。在实践中，更加关注评估的"失分项"，每年对导致指数失分的问题进行梳理分析、分解落实责任单位整改。在此基础上，结合民生热点开展"法治服务民生"项目实践。从中涌现出如"1+X"立体化人民调解工作，区交通事故调委会的"一体化"处理机制，"一站式"服务窗口等一系列法治惠民的创新举措，给群众带来了看得见、摸得着的实惠。其次，充分发挥考核"指挥棒"的作用，建立以法治为重要指标的政绩考核评价体系，即"法治GDP"。运用量化评估体系对各镇、街道和部门实行年度考核，考核结果纳入对部门和镇街的年度综合考评，并计入对领导班子和领导干部的实绩考核，直接与干部奖惩挂钩。同时，根据评审过程中专家、群众的意见等，分析梳理导致失分的突出问题和薄弱环节，反馈相关责任单位，限期整改提高。通过评估考核规范部门、镇街的工作，营造依法决策、依法办事的良好氛围。

（四）专家驻地"诊疗"持续查补短板

随着法治建设的不断深化，如何完善考评体系适应新形势，规范、引导区域发展；如何深化"法治指数"成果运用，持续有效地推进法治建设，符合民众对法治的希冀，余杭作了新的探索和尝试。一方面，修改完善评估体系。2010年，随着政府职能的转变、区内机构的调整和社会治理体系的新变化，增加了20余个成员单位的个性指标；2015年，根据十八届三中、四中全会精神和《中共浙江省委关于全面深化法治浙江建设的决定》、"杭法丨条"等精神，结合余杭实际，对难以客观反映现行法治现状的事项进行梳理，如：将"发生行政诉讼"扣分项改为"行政诉讼败诉"等。另一方面，"诊疗结合"推进社会治理法治化。2012年，中国社科院法学研究所"法治国情调研余杭基地"落户，这是继2006年成立法治余杭建设专家委员会之后，又新增的一支法学专家队伍。基地专家每年选取指数评审中反映出来的薄弱点、热点问题，结合余杭规范行政权力、创新社会管理等工作中的难点问题开展调研，提出进一步发展的意见和建议。如2015年，总结出余杭以信息化（大数据和互联网+创新）推进基层治理法治化，以智能决策办公系统、大联动机制为基础，树立数据为王，推进服务能力升级，实现城市管理范式转变，倒逼基层政府的法治能力创新的经验。2016年，专题调研余杭流动人口服务管理问题。总结余杭"以居管人"、"以业导人"、"以治疏人"、"以服留人"的经验做法外还为余杭流动人口管理提出了意见建议。

如果说"余杭法治指数"是一份多方会诊的"法治体检"报告，那么，法治国情基地是以"诊疗结合"方式助推余杭法治建设发展的一项新创举。

四 项目成效

法学专家们指出：法治余杭量化评估体系这把看得见的"标尺"具有两方面的意义：一是党政部门给自己设定了奋斗目标，自己约束自己；二是百姓有了监督政府的平台，他们可以通过给政府工作打分来实施监督。

十多年来，余杭不断运用"法治量化评估"推动"法治余杭"建设，成效显著。"法治余杭"建设工作成功入选浙江改革开放三十年典型事例100例；法治余杭建设经验九度载入中国《法治蓝皮书》，成为法治蓝皮书新闻发布会上首个做主题发言的区县级代表，荣获首批"全国法治县（市、区）创建活动先进单位"称号。

（一）规范了党委政府行为

法律的生命力在于实施，法律的权威也在于实施。通过实施法治量化评估，余杭各项工作逐步向依法规范、依法运行的方式转变。重大项目推进、重大决策出台严格落实公众参与、专家论证、风险评估、合法性审查和集体讨论决定制度。在全区推广行政决策程序规则，使政府的每一项决策、每一个环节都纳入"程序"之中，全方位规范行政决策行为。全国首创的"法务前置"工作，通过政府法律顾问作用的发挥，为重大决策事项提供专业的法律审查，使领导干部在管理经济和各项社会事务的过程中，不断强化依法决策、依法管理的意识，依法解决改革和发展过程中出现的新情况、新问题。

（二）助推了区域经济社会发展

通过量化评估区域法治建设，余杭法治化水平不断提高，为社会经济发展营造了良好的法治环境，推动了各项事业的进步。余杭位居中国综合实力百强市辖区第8位，2016年度中国中小城市综合实力百强区排名第7位，先后获得全国平安建设先进区、浙江省平安县、市（区）九连冠，浙江省法治县（市、区）工作先进单位，2014年"第三届中国法治政府奖提名奖"、"联合国最佳生态和谐环境美丽城区"、中国"最具投资价值区"、"最具人文魅力区"、"国家科技进步示范区"等荣誉。阿里巴巴淘宝城落户余杭，马云说"这是我梦想中创业的地方"，海外高层次人才纷至沓来，总量和增量位居全省首位。2016年，全区实现生产总值1411.62亿元，增长12.2%，五年年均增长10.7%。完成财政总收入

400.03 亿元，地方财政收入 244.29 亿元，主要经济指标增幅持续居省内同类区（县、市）前列。

（三）提高了全民法治意识

余杭法治指数出台的过程是人民群众参与评审的过程，指数评估各个程序和环节，其本身就是一场大型的普法教育活动，使众多市民能有机会参与法治建设工作，了解本区法治建设工作的具体情况。遇事找法，办事说法，解决问题依法，维护自身权益靠法的观念在进一步树立，通过诉讼等法律途径解决问题的不断增多。

五　项目推广价值

2008 年余杭出台国内首个法治指数时江平教授就指出："余杭'法治指数'一定会产生'蝴蝶效应'，会对其他地区的执政者和党政部门形成压力和推动力，从而促进中国法治建设进程。"在获得第三届中国法治政府奖提名奖后，这个效应持续放大，全国各地考察团纷至沓来，近十年来，共接待全国各地考察团 400 余批次，法治量化评估实践经验产生了良好的示范效应，经验做法被许多地方移植借鉴。

（一）法治量化评估推动区域法治建设方法可借鉴

余杭法治建设的发展得益于走出了一条"量化评估查找问题—分解问题落实整改—整改促进提升"的余杭特色法治发展之路。通过法治量化评估中呈现的法治难点和薄弱环节等，不断探索、完善、改进，推动区域法治建设再上新台阶；通过全面总结"法治余杭"推进过程中的实践经验，为全国提供了实证研究的样本，从而更好地服务于党和国家的重大决策，共同促进民主法治建设事业的发展。

（二）法治量化评估体系成为量化法治建设的样本

科学的量化评估体系是法治指数出台的基础。余杭的法治量化评估体系经过反复论证，其中包含55个区直成员单位、19个镇街、1个经济开发区的指标数据、考核条目，在十八届三中全会要求建立"科学的法治建设指标体系和考核标准"的背景下，余杭这把经过近十年实践检验的"标尺"具有极大的普适性，可供其他地区参考。

（三）法治量化评估营造了全社会共同参与法治建设的氛围

法律的权威源自人民的内心拥护和真诚信仰。余杭法治指数就是全民参与的产物，各类社会群体参与也是保证法治指数真实性的基础。在余杭法治指数评审过程中，既有体制内的评估，也有群众的满意度测评；既有法律人士的意见，也有非法律人士的看法。使群众能够参与、监督法治建设发展，共建共享法治建设成果。

法治国土建设项目

国土资源部政策法规司

一 项目总体介绍

为贯彻落实党的十八大和十八届三中、四中全会精神，2015年1月15日，姜大明部长在全国国土资源工作会议上首次正式提出了"法治国土"的建设目标。法治国土是全面依法治国的有机组成部分，是法治政府建设在国土资源领域的具体体现。国土资源管理系统的法治化水平直接关系到公民法人最重要最有价值的财产权利，关系到全面建成小康社会的国土资源保障。法治国土建设就是要把法治理念、法治思维和法治原则贯穿到国土资源管理的全过程和各个环节，努力建设与中国特色社会主义法治国家相适应的国土资源法治体系。

2015年8月，国土资源部党组下发了《关于全面推进法治国土建设的意见》，对法治国土目标和任务作出明确要求，提出法治国土的建设目标是到2020年，基本建成法制完备、职能科学、权责统一的国土资源管理体系，执法严明、勤政廉洁、敢于担当的国土资源管理队伍，法治统筹、公正文明、守法诚信的国土资源管理秩序。2015年9月，国土资源部在北京召开了高规格的全面推进法治国土建设工作会议，总结国土资源系统"六五"普法和依法行政工作，推动落实部党组关于全面推进法治国土建设的意见，部署今后一个时期法治国土建设工作。在京部党组成员、各省级国土资源主管部门和部直属单位、各督察局、机关各司局主要负责同志150多人参加了会议。2015年10月，为深化全系统法制工作机构对推进法治国土建设的认识，督促落实法治国土建设的各项任务，国土资源部政策法规司组织在武汉举办了法治国土建设处长培训班，各省（区、市）及计划单列市、省会城市国土资源主管部门法规处长和业务骨干，以及各督察局、部分直属单位的有关同志参加了培训。2015年11月，国土资源部又组织召开了"十三五"时期国土资源法治工作座谈会，听取有关地方、司局和专家学者对"十三五"时期推进法治国土建设工作的意见和建议，并对今后一个时期法治国土建设的重点工作提出了要求。通过"一文件两会议两培训"，既对法治国土建设项目做出了整体谋划，又对项目部署落实进行了具体安排。

国土资源部党组始终将依法行政作为促进国土资源改革与发展的具有全局意义的大事来抓，法治国土正是在总结多年来国土资源系统依法行政实践经验的基础上提出的。国土资源部成立以来，坚持每两年召开一次全系统依法行政工作会议并开展依法行政评优表彰，很好地促进了全系统依法行政工作水平和能力的提升。2000年，在中央国家机关中最先部署依法行政，印发了全面推进依法行政的1号文件。2005年，在国务院部门中较早下发了国土资源管理系统全面推进依法行政五年规划。2011年，印发了《关于进一步推进依法行政实现国土资源管理法治化的意见》，国土资源依法行政工作进入新阶段。国土资源部还将依法行政要求纳入了绩效管理评估指标体系和节约集约模范县（市）创建活动指标标准体系，将依法行政内化为国土资源管理的"硬约束"。在我国经济发展进入新常态的大背景下，稳增长、促改革、调结构、惠民生、防风险对国土资源管理工作提出了许多新挑战新要求，应对新挑战新要求，必须更加注重法治建设，善于通过法治破解矛盾，推进改革，促进发展。这些要求与法治国土建设的任务有机统一。党的十八大以来，国土资源部党组认真学习习近平总书记系列重要讲话精神，深入贯彻党中央、国务院推进依法治国的决定和部署，围绕"法治国土"建设目标，将全面落实十八届四中全会决定关于法治政府建设的一系列要求作为重中之重，将严格依法行政、规范行政决策和行政权力运行、加强行政权力监督作为核心内容，不断加强自身法治能力和法治水平建设。

（一）积极推进立法工作，充分发挥法治的引领和推动作用

围绕国土资源中心工作，突出重点领域，坚持立法先行。完成了《不动产登记暂行条例》及实施细则、《地质灾害危险性评估单位资质管理办法》等规章立法工作。坚持处理好改革与法治的关系，确保重大改革于法有据。提请全国人大常委会授权，在33个试点地区暂停调整实施有关法律条款，为开展农村土地征收、集体经营性建设用地入市、宅基地制度改革三项试点提供法律空间。坚持科学立法、民主立法，完善立法程序。坚持立法公开，在《土地管理法》修订、《国家土地督察条例》等国土资源立法工作中广泛征求国务院相关部门、地方国土资源主管部门和专家学者、社会公众的意见。加强立法解释工作，及时启动对《国土资源行政处罚办法》第七条的立法解释，严格规范执法，及时有效化解社会矛盾纠纷，维护人民群众合法权益。

（二）大力推进"放管服"，加快转变政府职能

深入推进行政审批制度改革，将之作为政府职能转变的关键环节抓实抓好。根据国务院的部署，下大力气推进"放管服"，为推动经济结构调整、激发创新发展动力提供有力支撑。2015年以来，国土资源部56项行政审批事项，已取消下放31项，减少55%，非行政许可审批事项全部清理完毕，并向社会公布了国土资源部行政审批事项目录。对11项中介服务事项进行了清理规范，经国务院决定，取消涉及国土资源部的5项中央指定地方实施行政审批事项。对于保留的行政学科事项，制订服务指南、审查工作细则、申请人满意度评价表等，积极推进网上审批，提供全程咨询服务。同步部署取消下放事项的监管措施，比如以矿业权

人勘查开采信息公示为切入点,制定推进"双随机"抽查机制的工作方案。在门户网站上开辟"国土资源简政放权放管结合优化服务进行时"专题,广泛听取基层和群众对简政放权的意见和建议。

(三)健全规范行政复议应诉机制,维护社会和谐稳定

规范复议应诉工作流程。面对复议应诉案件量大且快速上升的形势,国土资源部下发了《关于贯彻实施〈中华人民共和国行政诉讼法〉的通知》,在准确把握受案范围、执行法院判决和实施负责人出庭应诉制度等方面提出了要求。制定了《行政复议手册》《行政复议案件办理模板》《行政复议案件报告表》,完善行政复议案件研讨机制,优化工作流程。注重复议应诉能力建设,加强与国务院法制办、法院的沟通交流,召开疑难案件分析会及专家座谈会,对突出共性问题及法律法规界定模糊的问题进行研究。提升国土资源系统复议应诉工作水平,通过举办培训班、召开案例分析会、发布典型案例评析等方式,指导地方国土资源部门行政复议应诉工作。着力畅通群众行政救济渠道,简化立案程序,保障群众的查阅权、知情权等权利,下大力气维护群众权益。建立法律顾问制度。通过公开方式选聘了中伦律师事务所为部法律顾问,提供出庭应诉、专家意见等法律服务。

(四)严格规范性文件管理,切实解决红头文件太任性的问题

国土资源部是国务院法制办确定的规范性文件合法性审查机制试点。从2015年起,实行规范性文件"三统一"制度,对规范性文件实行统一登记、统一编号、统一发布,是国务院部门中首家采取专门发文字号发布规范性文件的部门。2016年以"国土资规"字号发布的规范性文件只有11件,规范性文件数量大大减少。对部现有规章和规范性文件进行全面清理,公布现行有效的、宣布失效的和废止的规范性文件目录。规范性文件清理工作成效明显,现行有效的规范性文件数量从原有的911件

减少到 300 多件。研究起草《国土资源规范性文件管理规定》，对规范性文件制定发布实行全过程管理。

（五）充分利用多种媒体和手段，提高国土资源法治宣传教育成效

国土资源部一直重视运行"4·22 世界地球日"、"6·25 全国土地日"、"12·4 国家宪法日暨全国法制宣传日"等重要节点，开展形式多样的宣传活动。在 2015 年 "12·4" 活动中，开通了官方普法微信服务号"法治国土"，开设了法治新闻、法律规范、权威解读、以案说法等十多个栏目。从 2015 年开始，将每年的 12 月确定为"国土资源法治宣传教育月"，集中开展一个月的大规模宣传活动。国土资源部高度重视系统内干部法治教育培训，2015 年以来，以法治国土为主题，对全系统干部开展了多层次的培训 20 多期，培训人员 5000 余人，有效地促进了干部法治意识和法治能力的提高，营造了全系统尊法学法守法用法的良好氛围。

二 项目获奖后发展情况

2016 年 12 月，法治国土建设项目获得第四届中国法治政府奖后，在社会上产生了广泛和积极的影响，也极大地提振了国土资源系统推进法治建设的信心和决心。国土资源系统把推进法治国土建设作为落实中央"四个全面"战略布局、全面依法治国的重要举措，列入当前和今后相当长一段时间的重要任务，继续推动法治国土建设迈出坚实步伐。

（一）坚持重点领域立法先行，完善国土资源法律体系

适应新形势新要求，抓紧推进土地管理法和矿产资源法以及配套法规规章的制定、修改工作。按照农村土地制度改革三项试点与修法同步推进、相向而行的原则,在充分总结农村土地制度改革试点经验的基础上,形成了《土地管理法》修正案,已面向社会公开征求完意见。全面启动《矿产资源法》修改研究工作,成立了由张德霖副部长、凌月明副部长担任组长的矿法修改工作领导小组,牵头统筹协调矿法修改工作。总结国家土地督察十年实践经验,起草形成《国家土地督察条例》草案送审稿,已提请国务院法制办审议。落实行政审批制度改革成果,配合国务院法制办完成《土地管理法实施条例》、《矿产资源勘查区块登记管理办法》等6部行政法规的修改。

大力推进立改废释并举。制定出台了《国土资源规范性文件管理规定》、《土地利用总体规划管理办法》、《节约集约利用土地规定》、《国土资源行政处罚办法》、《国土资源行政应诉规定》等部门规章,对《土地利用年度计划管理办法》、《建设项目用地预审管理办法》、《建设用地审查报批管理办法》等进行了修改。截至目前,现行有效的国土资源管理行政法规有21部,部门规章有64部。

(二)全力推进"放管服"改革

认真落实全国深化简政放权放管结合优化服务电视电话会议精神,从为促进就业创业降门槛、为各类市场主体减负担、为激发有效投资拓空间、为公平营商创条件、为群众办事生活增便利等五个方面,细化重点工作任务要求,明确时间节点,层层压实责任。修改了建设项目用地预审、建设用地审查报批方面的部门规章,制定了简化和规范审查审批要件、程序的规范性文件,形成改进和优化建设用地预审、建设用地审批的实施方案。继续清理规范职业资格许可和认证事项,尽快实现认证结果的互认通用。公开行政事业性收费目录清单,加强对涉企经营服务性收费的监管,全面清理整顿行业协会商会、各类中介机构收费项目。

加快推行"互联网+政务服务",优化行政审批程序。建立了覆盖全国、贯穿四级的土地和矿产资源管理、开发利用全过程的网络化信息实时采集与监测体系。按照"一地（矿）一证一号"的设计思路，充分运用遥感、信息化等技术手段，全程监管、实时监测。围绕国土资源全程监管和宏观调控目标，建立了集发现、预警、处置功能于一体的数据综合分析系统。建立行政审批绿色通道和办理时限预警机制，在政务大厅设立行政审批"绿色通道"窗口，对于国家重点基础建设项目，实行特事特办、急事急办，建立全程督办机制，确保及时完成审查报批工作。

（三）着力维护群众资源权益

在经济下行压力加大的形势下，更加注重维护群众资源权益，多谋民生之利，多解民生之忧。为全面加强不动产权益保护，联合中央编办、财政部、环境保护部、水利部、农业部、国家林业局下发了《自然资源统一确权登记办法（试行）》（国土资发〔2016〕192号），加快"房地一体"的农村宅基地和集体建设用地确权登记，充分发挥不动产登记保护权益、保障交易、便民利民的重要作用。在不动产登记基础上，开展自然资源统一确权登记试点，构建统一确权登记制度体系，逐步实现对水流、森林、山岭、草原、荒地、滩涂以及探明储量的矿产资源等自然资源统一确权登记，清晰界定全部国土空间各类自然资源资产的产权主体，划清"四个"边界，推进确权登记法治化。

（四）推行国土资源重大执法决定法制审核试点

研究制定了《重大执法决定法制审核制度试点实施方案》，明确了审核主体、审核范围、审核程序、审核结果处理和责任分工。按照试点方案，主要在行政许可和行政处罚两类行政执法行为上对重大执法决定进行法制审核。目前，法规司和外聘法律顾问已经在部分重大审批事项和重大案件查处中逐步开展了法制审核，并对有关问题提出了制度层面的解决方案。选择在浙江、湖北、安徽三省国土资源厅和长春市国土资源局同步部署开展试点，在不同层级积累重大执法决定法制审核的经验。

（五）探索实施国土资源执法公示制度

在部门户网站发布《国土资源部关于〈国土资源行政处罚办法〉第七条的解释》（国土资源部令第 76 号）、《国土资源部立案查处国土资源违法行为工作规范（试行）》（国土资规〔2016〕13 号）等规定，向社会公开部查处国土资源违法行为的适用范围、工作要求、查处依据、查处流程等。主动公开违法案件查处情况，在部门户网站设立了"国土资源部行政执法公示"专栏作为执法统一公示平台。2016 年 12 月，通过执法统一公示平台主动公布立案查处的山西省朔州市朔城区委区政府违法批准征收、使用土地案和宁夏阳光矿业有限公司预期不缴纳煤矿采矿权价款案等两起案件的《行政处理决定书》。

国土资源执法查处工作主要由市县两级国土资源主管部门负责。在开展部本级执法公示试点工作的同时，选择长春市、江阴市国土资源局同步开展执法公示试点，加快推进国土资源执法查处信息公开。

（六）实行国土资源规范性文件"三同步"制度

建立了规范性文件制定与发布解读方案、解读材料同步起草、同步审批、同步发布的"三同步"制度。对以国务院或国务院办公厅名义印发的国土资源重大政策性文件，起草司局在上报代拟稿时一并报送政策解读方案和解读材料。以部名义印发的政策性文件，制发司局按照"谁起草、谁解读"的原则，通过各种形式做好政策解读工作。推动部领导和司局主要负责人亲自解读国土资源重大政策文件。2016 年 11 月 29 日，赵龙副部长出席《全国矿产资源规划（2016—2020 年）》新闻发布会并回答记者提问。12 月 23 日，王广华副部长出席《自然资源统一登记办法（试行）》新闻发布会，并就住宅建设用地使用权到期问题回答了记者提问。

建立部月度例行新闻发布制度,及时将国土资源改革试点、最新政策等向媒体公开发布,推动政府信息公开透明。

(七)完善国土资源行政复议应诉制度

完善部行政复议委员会工作机制,及时研究反馈行政复议和行政应诉工作中发现的问题,向有关司局和单位提出改进管理、完善制度的建议。充实行政复议委员会办公室成员,进一步发挥行政复议委员会的作用。为行政复议和行政应诉人员配发专门的工作证件,确保履行出庭应诉的法定职责。

健全复议应诉工作制度。率先出台了《国土资源行政应诉规定》,成为首家以部门规章形式专门规范行政应诉工作的国家部委。编制了《国土资源部行政应诉工作手册》,明确了"职责分工与行为规范"、"外聘法律顾问服务工作规则"、"应诉工作流程文件模板"等内容,进一步完善了行政应诉工作机制。率先在部政务大厅设立"行政复议"窗口,敞开接收行政复议申请,提供进展查询服务,保障复议申请人的阅卷权。通过"法治国土"微信平台定期公开行政复议受理情况,方便行政复议申请人了解复议案件进展情况。

(八)逐步健全法律顾问工作机制

不断健全法律顾问工作机制,制定了《国土资源部外聘法律顾问服务工作规则(试行)》和《国土资源部法律顾问驻场律师工作守则(试行)》,对法律顾问日常服务工作进行了规范。完善与法律顾问沟通工作机制,统筹安排法律顾问提供法律服务,建立日常沟通和定期交流反馈制度,每季度召开一次工作交流会,每半年召开一次工作情况通报会。明确法律顾问代理案件和参与非诉类法律问题的范围,建立典型案例剖析制度,要求在立法和重大法律问题上必须听取法律顾问的意见。研究起草《国土资源部法律顾问管理办法》,从制度上保障法律顾问工作实效,切实推进国土资源部依法行政工作。

（九）落实法治国土建设绩效评估

将法治国土建设成效评估作为绩效管理的内容，纳入部机关、督察局、事业单位的绩效考核中。法治国土建设成效评估分值占绩效考核总分的10%，重点评估法治学习教育情况、法治制度建设、依法决策行政、普法责任落实、履行行政复议诉讼职责等方面的工作情况。此外，还在司局级负责人出庭应诉、规范性文件合法性审查方面设定了加减分项，对各单位推进法治国土建设作出具体要求和引导。

构建"县域善治"体系

——浙江省嘉善县实施全国首个简政优权综合改革

浙江省嘉善县人民政府

县域治理是国家治理基础所在，也是国家治理在地方的探索和实践，县域治理现代化是国家治理现代化的重要内容。习近平总书记指出："县一级承上启下，要素完整，功能齐备，在我们党执政兴国中具有十分重要的作用，在国家治理中居于重要地位。"近年来，浙江省嘉善县在县域治理方面积极探索，通过治理体系的构建、治理机制和方法的创新、治理效果的优化，努力构建县域善治体系，初步形成了县域治理现代化的嘉善样本，为县域发展打下了良好基础。

一 县域善治项目的总体介绍

（一）县域善治改革的背景和动因

在2008年的全党学习实践科学发展观活动中，嘉善县成为习近平同志的联系点。2013年经国务院同意、国家发改委批复《浙江嘉善县域科学发展示范点建设方案》，嘉善又成为全国唯一的县域科学发展示范点。嘉善县承载着习近平总书记批示"在更高起点上系统谋划全县发展"的光荣使命。县委、县政府把县域科学示范点建设作为推进"县域善治"的大平台，为嘉善建设法治政府、效能政府和服务型政府确立了一条高线和主线。

一是适应推进国家治理体系与治理能力现代化的新要求。县一级是国家治理体系的基础性环节，是承接城乡的桥梁纽带，涵盖基层村镇，直面广大人民群众。如果县域治理能力不足，国家层面的善治就是空中楼阁，改革发展成果就无法惠及千家万户，全面建成小康社会也就无从谈起。因此，县域善治是国家治理现代化的固基之石，为国家治理现代化奠定了重要基础。

二是顺应现代政府建设发展潮流的新趋势。政府要实现公共管理行为向以"善治"为坐标系的治理行为转变，这已成为越来越多国家和专家的共识。中国政法大学终身教授应松年指出，治理的构成要素应当是基于一种可实现的"效治"，一种符合文明价值的"善治"，一种实现公平正义效果的"法治"，"良法善治"就是一种法制向法治转变的生动体现和具体实践。

三是应对改革攻坚期、社会转型期与矛盾凸显期的新尝试。只有不断坚持问题导向，坚持改革创新，才能为国家治理现代化不断地注入新的活力和动力，探索出一条具有中国特色的县域治理现代化之路。"县域善治"的含金量就在于切实改变政府越位、错位、缺位现状，理顺政府与市场、社会之间的关系，在政府简政的力度、优权的效度、市场和社会的繁荣度及群众的满意度中彰显出活力。

四是紧扣县域科学发展示范点建设目标的新探索。根据示范点建设方案，从2013年到2020年嘉善县承担着全面完成县域科学发展示范点建设任务、在全国各县中率先基本实现现代化的重大历史使命。示范点建设赋予嘉善县域治理形成合目的性、合规律性与合法性相统一的"合格示范"要求，高举"县域善治"大旗是嘉善示范点建设的应有之义。

（二）县域善治改革的主要做法

2015年8月嘉善县委、县政府印发了《全面深化"县域善治"改革方案》，秉持更高水平、更深内涵、更实作为，将法治思维与法治方式渗透到县域改革发展的方方面面。

一是坚持体制、法制、编制"三驾马车"一起拉。法治社会需要良好治理，市场繁荣要求权力谦卑。嘉善始终把建设更高水平的法治政府作为县域发展"四两拨千斤"的"关键四两"，对县域重大改革，实行体制"探路"、法制"铺路"、编制"拓路"。改革集中在对错装任性的"政府之手"进行系统重装，瞄准从体制机制上破除"野蛮生长"的乱作为、滥作为和不作为，科学处理政府与市场、社会的关系，着力推进一组清单管边界，一套笼子管决策，一律可溯管行为，一体覆盖管落实，以政府善政带动县域善治，通过把每一项执法资源配置到位、每一项执法职责落实到位，在夯实法治底线的基础上树立起一条善治高线，形成了法治红线与法治红利"两红兼得"。

二是坚持突出问题盘根错节一起拔。为有效解决县域行政执法权责交叉、城乡分治等问题，嘉善在全省最早开展综合行政执法试点。在下好大综合改革"先手棋"的同时，推进"放管服"改革，跟进建立行政执法指挥中心、信访接待中心、政务投诉举报中心，防止"上下游"监管脱节、统分失调，落实"先照后证"注册登记"双告知"机制，实行同城联办工商注册登记机制、住所申报制、"五证合一、一照一码"登记制，全面清理无证无照经营，根治了一批诸如噪声扰民、非法电捕鱼、景区管理薄弱等老大难问题。

三是坚持控权维权一起抓。管住公权、守住私权，这是构建县域善治体系的契合点。通过权力清单抓"瘦身"、责任清单抓"强身"，嘉善县行政权力事项总数缩减近五成，各部门职责边界实现了去模糊化。通过引入目录化管理、提请政协协商、设置政府常务会议公众席、落实风险评估规范化建设等程序，所有重大行政决策实现了关进笼子、穿对鞋子。以落实行政执法全过程记录、重大行政执法决定法制审核和行政执法公示三项制度为支撑，对文件、案件、事件"三大件"实行了痕迹化、可回溯管理。推进行政执法信息纳入社会信用体系建设,推进信用管理在经济社会发展中的规范应用,营造了"守信激励、失信惩戒"的社会氛围。

二 县域善治改革取得的成效

嘉善县推进"县域善治"改革,其最大成效在于通过不断调适治理理念、治理政策、治理方法,探索破解"政府之手"自身错装任性、经济治理功能越位脱节和社会治理功能疏离失灵等深层次问题,实现了经济实力与治理能力、发展速度与治理效度之间的默契匹配。

一是成为推动政府更加有力、更加有为履职的"强手"。首先,政务服务更为集中便民。政务服务网开通,实现审批服务全方位网上公开,全流程网上办事。审批服务中心和公共资源交易管理委员会都是面向群众的行政服务机构,在办理事项上都前后接续,合署办公极大地方便了群众办事。统一投诉举报平台设置,进一步畅通了民意表达渠道,处置反馈更加迅速及时,在全省基层信访改革试点工作座谈会上作交流发言。网上信访平台建设工作在全国会议上作典型交流。其次,行政管理更为简捷高效。零审批、快审批的实施,使得项目审批提速提效。为200多个"零土地"技术改造项目完成立项备案;代办中心两个月内为21个项目提供全程代办服务,办结各类审批服务事项45项,协调解决审批难题7个;17个重大项目进入零审批程序,其中,由世界500强企业和硕集团投资的铠嘉项目总投资9亿美元,从签约落户到破土动工仅用了38天时间。最后,部门权责更为明确清晰。权力清单、责任清单制度明晰了部门的权责,并向社会公示,接受群众监督。综合执法改革整合执法主体,解决了行政执法权责交叉、多头执法的问题,群众满意度明显提升。

二是成为推动经济更有效率、更可持续运行的"巧手"。首先,激活了市场投资。投融资体制改革,促进优质资本、项目、技术、人才集聚,引导金融资本和社会资本支持实体经济发展，推进区域创业创新和产业转型升级。特别是生活垃圾焚烧发电项目、高铁新城新型城镇化示范项目、社会福利中心项目、归谷创业中心项目等一批重大建设项目，通过引入PPP模式，缓解政府资金压力，提高了投资效益。其次，优化了资源配置。通过多规协调，加强低效用地整理，盘活土地存量，促进土地资源的高效合理利用，有效解决未来发展土地指标、空间坐标的一致性问题。合理调整建设用地空间布局，优化增量配置，确定重大发展战略平台，促进了城乡精致紧凑发展。再次，强化了市场监管。方式方法创新提高了监管的能力，通过"双随机"抽查，打破了传统属地抽查，有效防止了"任性监管"、"人情监管"，提高了检查结果的认同度、真实度。通过随机抽查，对879户企业作出1622条异常名录决定，40家专业合作社列入异常名录，并将抽查结果抄告23个相关部门，形成"一处违法、处处受限"的综合效应。最后，形成了综合配套。围绕省政府批复的《嘉善县域科学发展综合配套改革总体方案》，以善治的思维和方式抓好综合配套改革百项改革任务的落地落实，大众创业促进机制改革等24个单项改革成为省级以上试点，综合配套改革经验已获省政府总结推广，并在全省经济体制综合改革培训会上作了专题交流。

三是成为推动社会更加有序、更加和谐发展的"暖手"。首先，显著提高了社会治理的能力和效率。完善信息体系建设，提高社会治理信息化水平，有效整合分散在各部门、各行业信息，改变了以往信息不够全面、准确，服务管理不及时、不到位现象。新居民基础信息精准化管理工作经验获省政府推广，成为全省唯一省级流动人口结构优化工作示范县。其次，充分发挥了基层组织作用。通过发展壮大基层组织，提高基层组织的凝聚力、战斗力，发挥基层组织贴近群众、贴近一线的优势，充分了解社情民意，准确掌握情况和问题，为群众提供贴心周到的服务。发挥村务监督委员会作用的做法被中纪委向全国推广。再次，有效化解了各类社会矛盾。通过构建大调解网络体系，使社会矛盾在第一时间得到调解处理,防止矛盾的激化和扩大。行政调解、司法调解和人民调解等调解机制相互衔接、相互补充,使社会矛盾在调解体系中得到化解,有力维护了社会稳定。成功实现省平安县创建十连冠、平安镇(街道)"满堂红"目标。最后,有力推动了善的传播和实践。通过善文化的教育和传播,涌现了许多善人和善事,形成了因善而美的特有风景,使"向善、学善、扬善"成为人民群众的共同追求。"善文化"建设被中央文明办列入培育和践行社会主义核心价值观重点工程。

三 县域善治获奖以来的发展

自获得第四届中国法治政府奖提名奖以来,嘉善县以此为契机,不断深化发展县域善治的实践样本。2017年6月,人民日报、新华社、光明日报、经济日报、中国日报、中央人民广播电台、中央电视台等七家中央主流媒体在迎接党的十九大系列专题报道《砥砺奋进的五年》中,在重要时段、重要版面,陆续刊播嘉善县以五大发展理念为引领,打造县域科学发展示范点,推进县域善治改革的相关报道。

(一)准确把握县域治理各主体的功能定位,建立县域善治的最优体系

2016年11月28日浙江省委全面深化改革领导小组第十三次会议通过的《嘉善县域科学发展综合配套改革评估报告》指出:"嘉善高度重视运用市场化手段和法治化思维,率先在对权力观、利益观、政绩观和群众观的正本清源上探索了一批基础性、制度性举措,形成了一整套有效的县域善治政策、理论和模式","是我国县域善治的生动样本"。一是坚持党的领导,提升党在新形势下的县域执政能力。嘉善县委认真履行党要管党的重大政治责任,把抓好党员队伍建设作为做好全县一切工作的

统领，将全县党组织的所有资源转化为全心全意为人民服务的资源，通过以党建促发展，以党建促善治，切实提升党的执政能力。二是坚持依法行政，以政府善政带动县域善治。秉持"基层能做、县级能改"原则，立足县一级的政府自身改革，对"政府之手"从体制机制方面并权、分权、削权、放权，系统改进政府、市场、社会之间的关系。通过建立各镇（街道）综合执法、综治工作、便民服务、市场监督"四个平台"，将治理力量下移，有效预防和化解各类社会矛盾。加强镇（街道）法制工作机构和队伍建设，并将其作为"四个平台"建设的一项基础性、全局性工作来抓，构建机构设置规范统一、职能定位明确清晰、工作机制健全完善、作用发挥精准到位的法制工作体系，从源头上把好镇（街道）的行政决策关和行政行为关。三是尊重市场经济规律，激发市场主体在县域善治中的作用。通过"零审批"、"三权三抵押"等一系列改革措施，减少市场主体在推动县域发展中的体制机制束缚，激活沉淀的资源要素，有效盘活县域经济。通过经济活力的释放，发挥了市场主体在县域经济社会发展中的作用。四是引导社会自治，有序规范社会治理主体参与县域治理。通过成立社工委、社会组织促进会、社会组织发展培育中心等平台，推动和促进社会组织的发展，积极引导和规范社会组织参与县域治理，发挥社会力量在县域治理过程中的作用。

在县域善治的探索过程中，嘉善县通过着力探索在县域治理中的制度设计和制度供给，正确发挥不同治理主体在县域治理中的作用，理顺不同治理主体在治理过程中的相互关系。一个党的领导、政府主导、市场和社会力量有序参与的县域善治格局正在不断健全和完善，为嘉善县的科学发展搭建了一个良好的治理体系和广阔平台。

（二）创新发展县域治理的方式方法，探索县域善治的最佳路径

县域善治离不开系统完整的县域治理体系，也离不开具体的治理能力的提升。嘉善结合自身治理过程中面临的问题，不断创新县域治理的

方式方法，使县域善治各条路径得以持续规范完善。一是推进简政优权改革。按照有效制约、高效集约的思路，在全国率先开展整合力度最大的覆盖执法监管、指挥协调、投诉处理、信访接待"上下游"的大综合改革；推行体制、法制、编制"三制联动"，在各项重大行政决策中实现政府与市场、政府与社会的友好"握手"。二是推广现代科学技术应用。通过打造"数字嘉善"信息服务，完善"96345"社区服务，建立"民情在线系统"，建设社会治理网格信息中心，将现代科学技术运用于县域治理，实现了县域治理的信息化、高效化和便捷化。三是创新治理机制。变"为民做主"为"由民做主"，推动治理重心下移，变从上到下的管理模式为上下协同的管理模式。通过"村务民主决策公决"等模式，做到村级重大决策让村民在决策前知情、决策中参与、决策后理解、执行时支持，极大地增强了村民的主人翁意识；建设覆盖全县的公共法律服务网络，全面提升居民法治观念，为县域善治筑牢法治观念基础。四是大力弘扬核心价值观。县域善治既凸显了以道德滋养法治精神、以法治推动道德弘扬的理念。嘉善通过深入培育和打造以"善文化"为内核的县域治理观，提炼概括出"地嘉人善敬业争先"等当代嘉善人的共同追求，为推动社会主义核心价值观入规入行创新探索、与弘扬社会主义法治精神形成交互转化的延伸链条。五是加强县域善治理论研究。嘉善县域善治体系是一个不断总结实践经验和提升理论认识的过程。嘉善高度重视对县域善治的总结提炼和理论研究，形成了一批关于县域善治的理论成果，《善治：县域治理现代化嘉善样本》列入浙江省社会科学研究课题，《县域治理现代化的嘉善探索》、《以"四个全面"战略布局为指导推进县域善治的嘉善实践》等调研文章在《观察与思考》等社科类刊物上发表。

（三）正确认识县域治理的目标体系，实现县域善治的最佳成效

无论是治理体系的创新，还是治理方式的改进，最终目的都是实现良好的治理效果。嘉善县以五大发展理念为引领，不断追求全县老百姓看得着、听得见、有亲身感受的县域善治成效。一是牢固树立创新发展的理念，增强发展的驱动力。强化"亩均、人均、科技"三个论英雄的理念，全力实施人才优先发展战略，坚定方向抓好产业培育，大力推动集约化发展，打好转型升级组合拳。建成装备制造、电子信息、新能源、木业家具和高铁精密紧固件五大省级产业集群；建成11.2万亩粮食生产功能区、两个省级现代农业综合区、6个省级主导产业示范区和4个省级特色农业精品园；形成了嘉善科技商务服务区等省级服务业集聚品台。二是高水平推动协调发展，增强发展的整体性。努力实现对经济社会各要素的全面统筹，成为经济社会各项指标发展最均衡的县之一。统筹城乡发展，坚持"一张蓝图绘到底"，明确了"东西向建经济走廊，南北向建生态屏障"的鲜明功能区，紧紧抓好"两新三中心"建设，即城乡一体新社区、现代新市镇、中心村、中心镇、中心城区建设。三是积极推动绿色发展，增强发展的可持续性。围绕"家园美"目标，加强生态环境建设。严把环境准入关、监督执法关、重污染行业退出关，构建生态环境"防火墙"。先后创建成为全国先进卫生县城、国家生态县、国家生态文明建设示范区、国家园林县城，为县域善治创造了良好的生态环境。四是创新推动开放发展，主动推动区域融合发展。充分发挥区位优势，突破跨区域行政壁垒，在基础设施对接、产业配套协作、项目资金引进、技术人才引进、民生共享和机制创新等方面积极主动接轨上海，为县域发展寻求资源要素，实现"借梯登高"。五是全力推动共享发展，实现改革发展成果惠及全民。积极推进富民增收，加大民生支出财政占比，完善城乡收入分配机制，稳步缩小城乡收入差距。坚持城乡互补导向，推进城乡医疗卫生、交通建设、供水供气、污水处理、垃圾处理和信息建设等公共服务配置一体化管理，实现发展成果共享。

嘉善县域善治改革取得了一些成绩，但要真正实现县域治理现代化的目标，还有更为艰辛的道路需要我们不断开拓。下一步，嘉善县将以习近平总书记系列重要讲话和对嘉善县的历次批示精神为根本遵循，围绕《浙江省嘉善县域科学发展示范点发展改革方案》(发改地区〔2017〕278号)提出的"加强法治嘉善建设,构建政府治理、经济治理、社会治理有效集成的县域善治体系"这一目标要求,深入贯彻落实五大发展理念,持续深入地打造县域善治的嘉善范本。

项目介绍

二 行政决策

广州市完善重大决策程序规范推进民主科学依法决策

广东省广州市人民政府法制办公室

行政决策是行政机关履行职责实施行政管理的基本方式和关键环节，其涉及面广、影响深远，与人民群众利益密切相关。行政决策制度的科学化、民主化、法治化，是推行依法行政、建设法治政府、发展社会主义民主政治、维护社会和谐稳定的客观要求和重要保障。科学民主依法决策关系政府执政能力建设，关系依法治国事业的兴衰，关系广大人民群众的福祉。但是，目前国家层面没有有关行政决策的专门立法，只是在中共中央、国务院的文件中对行政决策具体程序提出了原则要求。广州是改革开放的排头兵和先行者，经济社会发展迅速，具有政治民主发展的深厚土壤。随着依法治国和法治政府建设的不断推进，民众对科学、民主、依法决策的需求和呼声越来越高，广州市政府开始探索通过法治化手段推动科学民主决策。

一 总体情况

2002年以来，广州市政府先后制定、修订了《广州市人民政府工作规则》、《广州市人民政府规章制定办法》、《广州市行政规范性文件管理规定》、《重大民生决策公众征询工作规定》等一系列规章制度，为出台统一的政府重大行政决策程序规定铺垫了基础。2010年10月18日，市政府制定出台《广州市重大行政决策程序规定》（以下简称《规定》），以政府规章形式进一步规范行政决策行为，明确规定重大行政决策应当遵循的五大法定程序，为科学、民主、依法决策奠定了制度基础。

《规定》由市政府法制办牵头起草，历经多次讨论修改，最终自2011年1月1日起施行，共分五章三十五条。内容包括立法目的、实施部门、决策原则、决策范围、决策启动程序、公众参与、专家咨询、风险评估、合法性审查、集体审议、决策后评估、决策监督和责任追究等，建立了广州市重大行政决策程序的基本制度，标志着广州市依法行政工作向前迈出了坚实的步伐，为政府科学民主依法决策提供了规章依据，实现了政府决策的有法可依。

（一）界定范围

《规定》具体明确了纳入重大行政决策的七大事项：一是制定经济和社会发展重大政策措施；二是编制和修改各类经济、社会、文化发展和公共服务总体规划；三是使用重大财政资金，安排重大政府投资项目，处置重大国有资产；四是开发利用重大自然资源；五是制定城市建设、环境保护、土地管理、劳动就业、社会保障、文化卫生、科技教育、住房保障、交通管理等方面的重大政策措施；六是制定行政管理体制改革的重大措施；七是其他需要政府决定的重大行政管理事项。

（二）起草机制

政府行政首长或者分管领导可以直接提出决策建议，并指定决策起草部门。决策起草部门可以自行组织起草决策草稿，也可以委托有关专家或者专业研究机构起草决策草稿。决策草稿应当包含决策目标、工作任务、措施方法、时间步骤、决策执行部门和配合部门、经费预算、决策后评估计划等内容，并应当附有决策起草说明。对需要进行多方案比较研究的重大行政决策，应当拟订两个以上可供选择的决策备选方案。

（三）风险评估与专家论证

决策起草部门应当就决策草稿进行决策风险评估。决策风险评估可以分类委托有关专门研究机构进行。决策风险评估报告应当对决策草稿进行成本效益分析，对财政经济、社会稳定、环境生态或者法律纠纷等方面的风险作出评估，并相应提出防范、减缓或者化解措施。决策起草部门应当组织专家咨询会，邀请相关领域 5 名以上专家或委托专业研究机构对决策的必要性和可行性等问题进行咨询。专家或者专业研究机构论证后，应当出具签名或者盖章的书面咨询意见。决策起草部门应当就决策草稿征求本级政府其他有关职能部门和下级政府的意见。

（四）公众参与

决策起草部门应当根据风险评估报告、专家咨询意见以及其他部门和下级政府的意见修改形成决策征求意见稿。依照市人民政府有关重大民生决策征询公众意见的规定决策征求意见稿向社会公开征求意见的，决策起草部门应当通过报刊、互联网或者广播电视等公众媒体进行。公开征求意见时间不得少于 20 日。公众可就决策征求意见稿提出意见和建议，也可以提出其他决策方案。可以通过听证会、座谈会、问卷调查或者其他方式征求社会公众意见，现职公务员不得被选为听证代表。以民意调查方式征求公众意见的，应当委托独立调查研究机构进行，并作出书面调查报告。完成公众参与工作后，决策征求意见稿应当经决策起草部门的法制机构审核，并经决策起草部门领导集体讨论通过后，形成决策草案及其起草说明。

（五）合法性审查

决策起草部门将决策草案提请政府审议时，应当送交本级政府法制机构进行合法性审查；政府法制机构应当从决策事项是否属于政府法定权限、草案的内容是否合法、草案起草过程是否符合规定的程序等方面进行合法性审查。

（六）集体审议

决策草案应当经政府全体会议或者常务会议审议决定。政府全体会议或者常务会议应当对决策草案作出做过，不予通过以及修改、再次讨论或者搁置的决定。决策草案搁置期间，决策起草部门可根据实际情况变化提请政府再次审议，是否再次审议由政府行政首长决定。被搁置超过1年的决策草案，不再审议。对于应当提请市人大常委会审议的重大事项，及时提请审议；对于应当向市人大常委会报告的重大事项，及时报告。除依法应当保密的外，决策事项、依据和决策结果应当通过政府网站、报纸等公众媒体公开。实施常务会议会后即时新闻发布制度。每周的市政府常务会议结束后，立即组织召开新闻发布会，将本次常务会议讨论的重点民生话题以及重大决策公之于众，接受市民的评议与监督。

（七）决策后评估

重大行政决策后，定期进行评估，如果出现导致决策目标全部或部分不能实现的情形的，决策执行主办部门应当提出停止执行、暂缓执行或修改决策内容的建议，经政府批准后实施。

二　最新发展情况

《规定》的出台，解决了广州市重大行政决策无法可依的问题，明确了重大行政决策的法定程序，为政府科学民主依法决策提供了规章依据。

但是，它毕竟只是一个制度框架，要将这项制度落到实处，还有许多工作要做。为此，广州市积极探索，由市政府法制办牵头组织，不断完善重大行政决策的配套制度，对行政决策各环节的程序和内容进行了细化规定。截至目前，广州市结合《广州市人民代表大会常务委员会讨论决定重大事项办法》、《中共广州市委政治协商规程》、《广州市政府工作规则》等规定，基本形成了以《规定》为主干，以《广州市重大行政决策目录管理试行办法》、《广州市重大行政决策专家论证办法》、《广州市重大行政决策听证规定》、《广州市重大民生决策公众咨询监督委员会工作规定》为配套的一系列体现科学、民主、法治决策精神的体制机制。

（一）细化听证制度

听证是公众参与的重要形式。2011年8月5日，广州市出台了《广州市重大行政决策听证试行办法》（穗府办〔2011〕32号），规范重大行政决策的听证程序，对《规定》中创新性规定的"现职公务员不得被选为听证代表"的执行作出具体的操作细则，进一步细化了听证中公众知情权和参与权的保障措施。当时，公众普遍认为听证会就是"听涨会"，听证会是政治作秀。如何改变这种看法，广州市政府考虑到公务员可以通过体制内的其他途径对听证事项表达意见，而听证会应当作为听取广大群众意见的途径，因此创新性地规定，现职公务员不得被选为听证代表，在规范听证代表资格方面进行了有益探索。同时，进一步细化了听证中公众知情权和参与权的保障措施，突出表明了政府是真正愿意贴近群众，真心实意地希望听取公众意见。之后，中央电视台将此项规定作为"创举"进行了专题报道。此后，在2011年广州市中心区投放1000台出租汽车运力的决策上，2012年城市自来水水价调整等多项政府决策中，决策起草部门在前期充分调研论证、征求部门和公众意见的基础上，按照要求组织听证会，通过规范的听证程序充分听取民意，听证报告为市政府依法决策提供了重要的参考。

（二）创建公咨委制度

公咨委制度的全称是"重大民生决策公众咨询监督委员会制度"。公咨委制度是我们学习借鉴香港经验，结合广州实际，具有显著广州特色的制度创造。

2012年，为稳妥有序推进同德围片区治理，在市政府推动下，同德围地区综合整治工作咨询监督委员会成立，工作职能主要包括意见征集、过程监督、协调矛盾和工作评价四个方面。由于公咨委的介入，片区治理过程引入公众参与，各方利益得到较好协调，同德围治理顺利推进，收到了良好效果。2013年，在"同德围模式"的有效实践基础上，参考港澳经验，广州市将"公众意见征询委员会"制度化，制定《广州市重大民生决策公众意见征询委员会制度（试行）》。2015年，广州市对公咨委制度进行修订完善，出台《广州市重大民生决策公众咨询监督委员会工作规定》（穗府办〔2015〕43号）。

（三）强化专家论证制度

专家论证是重大行政决策的重要环节。广州市政府很早就引入了专家论证咨询制度，2000年在制定广州市城市总体发展战略规划时，曾聘请吴良镛、周干峙等院士作为专家参与论证。专家们提出"南拓北优、东进西联"的城市空间发展战略，成为指导广州发展的重要思想。在确立新型城市化发展战略、垃圾焚烧处理、住宅加建电梯、东濠涌深隧工程等工作中，广州市委、市政府都特别认真倾听专家的意见。但是，如何充分发挥咨询专家的作用和优势，如何遴选专家，如何防止专家在决策参与中的利益冲突等问题，在实际工作中并没有得到很好的解决。为此，经过几年的探索，2014年3月，广州市出台了《广州市重大行政决策专家论证办法》，进一步强化了专家论证报告的效力，明确专家论证报告应当作为重大行政决策的重要依据；建立了全市统一的重大行政决策咨询论证专家库,区分综合专家库和专业分库,实现资源共享和统一公布；并对专家的权利义务进行了明确规范,强化专家责任,规定专家的回避制度,促进论证水平提升。

（四）引入目录管理制度

《规定》出台后,由于只对重大行政决策的范围进行了定性描述,而没有具体项目的定量界定,每年都有部门向广州市政府提出同一个问题：到底某项决策属不属于重大决策？这一直困扰着我们的工作。考虑到行政决策的事项和范围的繁多和庞大,且具体的数量标准在不同阶段和不同类型事项上表现也不相同,因此,在定性的基础上。由行政决策主体进行是否属于"重大"进行判断,在现实中是较为可行的做法。

2013年底,广州市制定出台《广州市重大行政决策目录管理试行办法》,首次对重大行政决策的范围进行细化界定,根据"谁决策谁负责"的原则,要求相关部门于每年年初提出决策目录和听证目录,经法制机构审查、政府常务会议审定后印发实施并向社会公布。2014年,广州市认真做好"首次"目录编制工作,从各部门申报的43项事项和174项市政府重点工作中梳理并审查,最终将具有基础性、全局性和影响面广的15项决策事项纳入广州市2014年度重大行政决策事项目录,并将其中2项纳入听证事项目录。目录中的决策事项将按照公众参与、专家论证、风险评估、合法性审查、市政府集体审议决策的五大程序开展。广州市自2014年在全国率先实施重大行政决策目录管理以来,截至2017年,广州市已先后将50项决策事项列入重大行政决策目录,并得到较好的实施。

2016年,在连续实施3年市政府重大行政决策目录编制管理的基础上,出台了《广州市政府各部门普遍制定重大行政决策事项目录先行试点方案》（穗府法〔2016〕26号），要求市政府各部门普遍制定重大行政决策事项目录并向社会公布，将重大行政决策目录管理制度由市、区政府向部门推广。

（五）完善合法性审查机制

《规定》确立了重大行政决策合法性审查制度，明确未经政府法制机构审查的决策草案，不得提交政府审议，不得实施。广州市根据规定，对各部门拟定的涉及与人民群众利益密切相关、社会涉及面广、依法需要政府决定的重大决策，从决策事项是否属于政府法定权限、草案的内容是否合法、草案起草过程是否符合规定的程序等方面积极提出审核意见，为决策把好法律关。同时，不断完善文件审查制度和政府合同管理制度，于2010年修订《广州市行政规范性文件管理规定》，2012年制定《广州市政府合同管理规定》，对有效维护政府合法权益等方面进行了明确规范，积极服务政府决策。

（六）制定出台地方性法规《广州市依法行政条例》

为适应法治政府建设的新形势和新要求，深化和推广广州市规范重大行政决策程序等法治政府建设的经验做法，广州市制定了全国第一部全面系统规范依法行政工作的地方性法规《广州市依法行政条例》（以下简称《条例》），将广州市在推进依法行政方面的经验和制度，在全市范围内进一步的深化和推广，很好地解决了推进依法行政的外部动力不足、制度设计过于零散、制度缺乏刚性、保障措施不力等重点问题。《条例》以保护公民、法人和其他组织的合法权益为出发点和落脚点，进一步规范行政权力运行，创造性地建立了许多新的制度，对依法行政提出了新的要求，为全面提升广州市依法行政的能力和水平，加快建成法治政府指明了前进的方向和具体的路径，具有鲜明的时代特色和广州特色。

《条例》充分吸收了广州市在行政决策方面的立法经验,结合广州市实际情况,按照科学、民主、合法决策的基本要求,对行政决策的主体、权限、基本原则、程序要求等进行了系统规范,较好解决了当前行政决策领域存在的任意决策、朝令夕改、决策失误、责任不清等问题。《条例》第13条,对完善行政决策制度提出总体要求。《条例》第16条,对需要举行听证会的行政决策事项进行规定。《条例》第17条和第18条,对行政决策的执行以及变更程序做出了明确规定。《条例》第19条至34条,共计16条,对重大行政决策的范围和程序做出了全面、系统的规定。第19条明确将公众参与、专家咨询、风险评估、合法性审查和集体讨论决定作为重大行政决策的五个法定程序。第20条明确了重大行政决策的范围。《条例》第24条至29条,进一步完善了重大行政决策的有关配套制度,如公众参与、征求意见、意见反馈、专家咨询、风险评估等,并提出了详细要求。《条例》第30条至34条,明确了合法性审查、集体讨论决定、决策公开、实施后评估、镇政府重大决策事项等。

三 实施效果

2012年,"广州市完善重大决策程序规范推进科学民主依法决策"项目荣获中国政法大学发起设立的第二届中国法治政府奖。评委会评价指出:"完善重大决策制度,是法治政府建设中的一项枢纽型工程。广州市政府秉持敢为人先的创造精神,在难点上立题,在关节上突破,在其体系初成、硕果初结之际,值得我们寄予更多期待"。

《规定》的出台,奠定了重大行政决策的制度基础,推动广州市法治政府建设始终走在全国前列。全面规范重大行政决策程序是广州市发挥地方立法先行先试的有益尝试,增强了行政决策的透明度,提升了公民对决策参与的热情,促进了政民之间的良性互动,有效推动了广州市各级政府重大行政决策的规范运作。

（一）科学民主依法决策成为共识

《规定》出台后，广州市委市政府对科学民主依法决策工作更加重视，通过多种形式狠抓宣传贯彻，各项配套制度相继出台，有效提升了各级领导干部科学民主依法决策意识，依法决策成为各级领导干部和社会公众的共识，逐渐形成科学民主依法决策的良好氛围。目前，市、区政府决定关系民生的重大行政决策时，普遍按照公众参与、专家咨询、风险评估、合法性审查、集体审议的规定动作进行决策，降低决策风险和行政成本，从源头上消除或减少行政争议。

（二）公民参与的热情不断提高

全市涉及人民群众切身利益的重大事项，注重听取社会各界的意见，保证决策顺应民意、合乎民心。如在教育、公共交通、"三旧"改造、自来水、污水处理、公租房保障、旧楼加装电梯等重大事项和民生事项的决策过程中，通过大范围、多层次公开征求意见，集中民意，体现民智，较好地化解了决策所要解决的社会管理难题。在社会民生问题上，实现了政民的良性互动，激发了社会公众参与政府决策的热情，保证了重大行政决策的科学性、民主性，也推动了市委市政府重点工作依法科学顺利实施。

（三）政府依法决策行为日趋规范

《规定》实施以来，市政府领导班子带头遵守有关决策要求，坚持"四不决策"原则，即不经过认真调查研究的不决策、不经过科学论证的不决策、不符合决策程序的不决策、不符合法律法规的不决策，自觉接受各方面的监督，为全市各级行政机关科学、民主、依法决策做出表率，促进了各级政府讨论决定重大行政决策的规范运作，政府依法决策、科学决策、民主决策的形象得以巩固并深入人心。

（四）切实保障社会公众参与权

《规定》实施以来，广州市重大行政决策工作更加规范与深入，广州市民深切感受到"重大行政决策群众说了算"。作为广州的新地标，高600米的电视观光塔历经3次征名，最终被命名为"广州塔"。广州新电视塔的命名，从一开始就广听民意，到最后确定也是公众说了算。经过两轮征询公众和专家意见后，广州市还是把"最终决定权"交给了市民——通过大型问卷调查，最终决定新电视塔名。从公共租赁住房制度到生活垃圾分类管理，公众参与已成为重大决策不可或缺的一部分。广州市社情民意研究中心总干事赵建平说，《广州市重大行政决策程序规定》的实施，标志着广州市公众参与决策从此有了制度和程序保障。2011年，广州市政府开展公众意见网络征询活动，就"垃圾围城"如何破解，问计于民。2012年，广州同德围整治方案通过广泛的市民参与，成立市民决策监督委员会，市长亲自与市民面对面互动，有力地保障了公民的知情权、参与权、表达权与监督权。

规范行政决策是一个与时俱进、不断完善提高的过程，需要不断探索，不懈努力。广州市也将继续深入研究，及时发现问题，完善相关配套制度，不断提升政府决策的科学化、民主化、法治化水平，为建设法治政府作出更多的探索和贡献。

项目介绍

三　行政执法与程序

福建泉州工商行政指导实践经验

福建省泉州市工商行政管理局

一 项目总体介绍

（一）主要内容

2004年国务院颁布的《全面推进依法行政实施纲要》明确指出，要改革行政管理方式，充分发挥行政指导等作用，以促进政府职能转变，推动行政管理体制改革的深化。在创新行政管理方式、提升监管服务水平、促进和谐社会建设的大背景下，福建省泉州市工商局在2003年开始试点摸索的基础上，从2005年起全面推行行政指导这种符合现代行政民主精神的柔性管理方式，积极探索和实践"和谐监管"新模式。泉州市工商局按照"立足职能、逐步导入、因事制宜、全面发展"的方针，以"工商所能、企业所愿、政府所想、法律所允"为原则，创造性地推行服务发展助导制、执法办案疏导制、巡查监管劝导制、依法维权引导制四项机制，即围绕"信息公开、事务提醒、培育品牌、科学发展"主题，在服务发展方面推行助导制；围绕"教育为主、疏堵结合、重在纠正、遏制违法"主题，在执法办案方面推行疏导制；围绕"苗头预警、轻违劝诫、加强自律、规范经营"四个主题，在巡查监管方面推行劝导制；围绕"强化意识、提升能力、依法维权、自我完善"主题，在依法维权方面推行引导制。同时，选定市场退出、商业秘密保护、定牌加工、品牌战略、食品安全等指导项目，制定29个具体工作指南，供基层工商部门参照实施。在推行行政指导过程中,泉州市工商局着重通过即时行政指导,促进行政指导的日常化;通过推行项目+案例模式,促进行政指导的业务化;通过健全行政指导的运行机制,促进行政指导的常态化。另外,从事前审议、事中监督、事后评估三个方面建立健全制度,保障行政指导的合法性、规范性、科学性。

(二)发起的动因和背景

党中央关于执政为民和构建社会主义和谐社会执政理念的提出以及当代行政民主化的发展潮流等时代因素,促使了泉州市工商局探索创新监管模式以适应时代的要求。落实执政为民,构建和谐社会,需要充分发挥工商职能,探索一种不同于行政处罚、行政强制等强制性手段的更注重工商部门与相对人之间的相互理解、沟通和配合的新型管理方式。同时,现代行政管理不仅要求行政机关应当严格依照法律的授权,遵循法律的明确规定实施行政行为,也要求行政机关在社会公共事务出现新问题、新矛盾而法律无法及时调整的情况下,及时、主动采取相关措施加以解决。但由于法律的滞后性,在工商行政管理实践中常常遇到法律真空问题,如被吊销营业执照的企业退出市场、加盟连锁经营、品牌营销等问题,这些法律无明确规范的事务,又是工商部门亟须予以规范的问题,这也要求工商部门探索一种既能弥补法律滞后的弱点,又不违背依法行政原则的新型管理方式。而行政指导方式,更注重于事前、事中与行政相对人的沟通、协商,强调对相对人的引导、服务和规范,可以改变强制性手段对社会实行严格管制的现象,切合大众心理和社会需求。因此,在工商行政管理过程中推行行政指导,有利于降低行政成本,减少行政阻力,凸显工商部门的服务职能,构建一个良好的市场秩序,促进社会共同和谐发展。

(三)对实现法治政府建设目标的意义

推行行政指导,是依法行政的应有之义。从四项指导机制到29个工作指南，基本涵盖了市场主体从准入到经营及最后退出的监管全过程，丰富了依法行政的内涵。这改变了以往重权力轻责任、重管制轻引导的监管理念，创新了监管方式，促进了工商行政管理的监管模式从传统的管理模式向新型的科学监管、依法监管与和谐监管模式发展，实现工商行政管理的工作职能从"权力本位"向"责任本位"的转变，工作特征从管理型工商向服务型工商的转变，工作方式方法从刚性监管向刚柔相济、相辅相成、有机结合的转变，工作重心从事后监管向事前指导、从静态管理向动态服务的转变，为构建社会主义和谐社会和全面建设小康社会营造一个公平公正、规范有序、和谐诚信的市场环境。推行行政指导工作推动了泉州工商部门自身建设取得新突破。工商干部逐步抛弃"监管就是处罚、管理就是审批"的传统观念，树立管理应当引导、服务的新型观念，逐步将引导、服务作为日常管理工作的一项重要内容，营造了一种和谐监管的软环境。

（四）项目的受益者及其受益的情况

直接受益者主要是接受行政指导的经营者、消费者及相关协会组织。泉州工商部门开展形式多样的行政指导工作，特别是充分运用助成性行政指导，如实施品牌战略、保护商业秘密、拓展融资渠道等影响提高企业核心竞争力的关键问题，当好企业发展的"参谋"，指导本地企业实现规范化经营，做强、做大，诚信兴企、持续发展，提高了企业的市场竞争力，促进了企业自身事业的不断发展。通过大力开展商标品牌战略行政指导工作，截至 2010 年底，全市已有国家工商总局认定的驰名商标 51 件，福建省著名商标 605 件，这些强势品牌成为助推泉州经济快速发展的一支重要力量；通过广泛开展消费维权行政指导，广大消费者对侵权行为的辨别能力和应对能力明显增强，全系统通过沟通、斡旋、协调等行政指导手段，2005 年至 2010 年共为消费者挽回经济损失约 603.67 万元，有效地维护了广大消费者的合法权益；截至 2010 年底，通过开展商标权抵押贷款指导、股权质押贷款指导，着力扩大企业的融资渠道和方式，帮助企业融资达400多亿元。

  泉州市工商局全面推行行政指导创新工作取得了初步成效，其经验做法得到了上级领导及社会各界的充分肯定。从2006年起，福建省推进依法行政领导小组连续五年把推行行政指导作为推进依法行政的一项重要内容，并决定总结和研究推广工商系统推行行政指导工作经验；2009年3月，国家工商总局批转福建省工商局《关于泉州市工商局推行行政指导工作的报告》，在全国工商系统中推广泉州市工商系统的经验做法；2009年11月，国家工商总局印发《关于工商行政管理机关全面推进行政指导工作的意见》，对泉州市工商系统推行行政指导再次予以高度评价。同时，这项创新工作引起了国内法学界和实务界的密切关注。2005年12月，中国人民大学宪政与行政法治研究中心和北京大学法学院软法研究中心在北京共同举办"行政指导与软法研究——以泉州工商行政指导实践为研究样本"学术研讨会，与会的罗豪才教授等数十位专家学者以及全国人大法工委等实务界人士对泉州工商行政指导创新工作给予了积极评价。2007年7月，该研究中心又与福建省工商局在泉州联合举办了行政指导高峰论坛，应松年等国内知名行政法学者，国务院法治研究中心李岳德主任，北京、重庆等地工商局领导也应邀参加该论坛，并对泉州市工商局在推行行政指导，建设服务型政府方面作出的努力予以充分肯定。新华社、法制日报、福建电视台等多家新闻媒体也相继对泉州工商行政指导创新工作作了专题报道。泉州市工商局推行行政指导在全国工商系统引起强烈反响，北京、天津、重庆、宁波、青岛、沈阳、吉林、广州等一百多个工商局先后组团来泉州考察交流行政指导工作。2008年12月4日，泉州市工商局以集体名义荣膺中宣部、司法部、中央电视台联合评选的"2008年度全国十大法治人物"称号，颁奖词称：执法者，既是法治社会的维护力量，更是和谐社会的引导先锋；泉州工商局，让"执法如山"刚中有柔，让"执法如水"柔中带刚，刚柔兼济，使守法归于自觉和自律。

二 项目获奖后至今的发展情况

2011年1月15日，"福建泉州工商行政指导实践经验"项目荣获中国政法大学法治政府研究院发起设立的首届中国法治政府奖。2011年以来，泉州工商局持续推进行政指导业务化、日常化、规范化、长效化，全力做到"六个拓展"，取得了显著成效。

（一）不断深化思想认识，进一步拓展了理念

2011年以来，泉州市工商局立足职能，从全面推进依法行政、建设服务型政府、加强和创新社会管理、构建和谐社会出发，围绕"创新、提升、和谐、发展"四个主题开展大调研、大讨论。2012年12月10～11日，举办"泉州工商行政指导经验交流研讨会"，中国行政法学研究会副会长、北京大学公法中心主任姜明安教授，清华大学政府研究所所长于安教授，中国人民大学中国行政法研究所所长莫于川教授，中国行政法学研究会秘书长、中国政法大学法学院院长薛刚凌教授四位国内行政法学权威专家出席会议，与会专家对党的十八大报告关于深化行政体制改革的精神作了解读，从推进依法行政，建设法治政府、服务型政府的理论高度，对泉州市工商系统行政指导工作经验进行了点评和探讨，同时就下一步深化行政指导实践提出了许多建设性意见建议。

（二）不断助推地方发展，进一步拓展了领域

泉州市工商局以促进经济发展方式转变作为拓展行政指导的主攻方向，突出发展与民生相关的主题，着重围绕当地党委政府和社会媒体关注的热点、新职能新工作新领域中的亮点、市场监管中存在的难点、法

律法规滞后的盲点和基层执法实践中的疑点等五个方面来谋划拓展行政指导新项目、新领域，有力助推了地方经济的持续发展。如：石狮市工商局指导华锦码头储运公司用足优惠政策，成功以债权出资的形式将注册资本从5000万元增至1亿元，有效支持了泉州市重点项目华锦通用码头泊位的建设提速，得到了地方政府和企业的一致好评；安溪县工商局积极指导重点茶叶企业开展马德里商标国际注册，同时还指导年年香茶叶专业合作社等42家合作社办理茶园承包经营权作价出资合作社，茶园承包经营权作价出资总额达1.14亿元，开辟了盘活农业资本、引导农民由传统的产销合作向新型的产权合作方向发展的一条新途径，得到了当地政府的充分肯定；晋江市工商局协同鞋服行业主管部门经贸局、贸促会，分别与晋江市纺织服装协会、晋江市制鞋工业协会签订《行政指导帮扶规约》，并共同走访企业，发放5000份企业产能供需信息调查表，了解品牌企业的派单意向和要求以及中小企业的代工意向和生产能力，联手为企业搭建产能对接信息平台，一方面引导品牌企业就近派单给中小企业，减少物流成本，另一方面鼓励中小企业转型为品牌企业代工，从中学习先进生产技术和质量管理方法，成功指导柒牌、利郎、361°、贵人鸟等7家品牌企业与11家中小企业签约产能对接；泉港区工商局借力泉港区港口物流企业公会，指导港口物流企业入驻泉港物流园区，指导失海失地渔民农民利用"三闲"入股物流企业，促进港口物流产业优化经营。

（三）不断提升指导水平，进一步拓展了方式

泉州市工商局将行政指导基本理念和实务知识纳入全局性干部教育培训范畴，通过举办巡回讲座、以会代训、案例评析等多种形式，强化行政指导学习培训，促进了工商人员进一步把握行政指导的本质内涵和总体要求，提高了指导技能水平。同时把即时行政指导作为基础性工作来抓，结合登记、巡查、办案、维权等日常业务工作，依岗分类，更加

注重灵活运用各种即时行政指导格式文书或以口头形式,通过提示、提醒、预警、劝告等方式,广泛、普遍地开展即时行政指导,做到了"五个必须",即市场准入前必须指导、责令改正后必须指导、案件查办中必须指导、纠正违章时必须指导、调处纠纷时必须指导,使即时行政指导全面普及于各项日常业务工作程序和环节之中,实现行政指导的常态化运行。泉港、石狮、安溪等地工商局按照业务口,根据各个业务岗位工作需要,分类整理出相关的即时行政指导格式文书,方便了工商人员的操作运用。

(四)不断拓宽指导渠道,进一步拓展了载体

积极尝试开设专门网站、微博、短信平台,以信息化促进行政指导渠道拓宽和载体创新,进一步提高了行政指导的针对性、时效性和互动性。永春县局开通全国首个专门性互动交流网站"指导服务网"(www.fjycgs.gov.cn),专门召开重点企业行政指导座谈会,讲解该网站各版块的功能以及在线交流系统和留言平台的使用方法,促进了政企互动;自2010年8月网站开通以来,该局累计回复网络留言2000多条,点击在线咨询10000多人次,指导内容涉及登记注册、消费维权、名称预先核准、商标品牌、广告登记、案件举报等。德化县工商局于2011年2月17日开通全省首个以行政指导为主题的"德化工商指导"微博(weibo.com/qzdhgs),通过微博开展行政指导服务,搭建了与网民的便捷交流平台,突破了时间、地域、对象限制,增进了社会各界对工商行政指导的理解和支持,目前已发布微博信息200多条,被转发200多条次,粉丝评论100多条次。安溪县局也开通了新浪认证微博(weibo.com/u/2709639311),并通过此微博平台发布工商行政指导信息,举办了"满意杯"工商法律法规知识有奖问答竞赛,取得了良好反响。

(五)不断健全制度体系,进一步拓展了机制

结合几年来工作实践新的发展,根据《福建省工商行政管理机关实

施行政指导办法》，对2005年以来相继出台的《泉州市工商行政管理机关行政指导程序规定》(以下简称《规定》)等一系列规范性文件进行整合、修订。新修订的《规定》对行政指导实施原则进行重新归纳，规定行政指导应当遵循广义合法原则、合乎情理原则、公平公正原则、自主自愿原则、信赖保护原则、优先采用原则等六项基本原则；按照实践中实行的"项目+案例"模式，明确了一般项目与重大项目的区分；简化了重大项目行政指导的实施程序。同时，受省工商局委托，泉州市局具体承担国家工商总局《工商行政管理机关行政指导工作规则》的前期调研起草工作任务。2013年1月，国家工商行政管理总局在泉州市工商局代拟稿的基础上微调正式印发了《工商行政管理机关行政指导工作规则》，从3月1日起施行。

（六）不断加强宣传交流，进一步拓展了影响

积极发挥报刊、电视、广播、互联网等各种媒体传播作用，加强舆论宣传，引导社会各界了解、理解、支持和接受工商行政指导，营造推进行政指导的良好社会氛围。如泉州市丰泽区工商局在泉州电视台开辟《工商红盾行动》宣传窗口，其中一个版块专门报道该局开展行政指导的具体做法和成效，取得良好宣传效果。同时加强经验总结推广，促进政府部门之间以及理论界与实务界之间的交流。2011年5月19日，泉州市工商局在全市行政机关行政指导工作经验交流会上作典型经验介绍，播放电视专题片《执法亦可如水——泉州市工商系统推行行政指导工作启示录》，并举办"泉州市工商系统行政指导工作成果展"。与会代表观看后，对工商部门近年来推行行政指导工作所取得的成效给予高度评价。2012年12月10~11日，举办"泉州工商行政指导经验交流研讨会"，总局法规司张辉司长、省政府法制办林依钦副主任、省工商局黄培惠副局长等领导，姜明安教授、于安教授、莫于川教授、薛刚凌教授四位权威专家莅临出席会议，并实地考察了解鲤城区局指导盈众汽车公司将

12315调解机制融入客服工作自觉维护消费者权益、丰泽区局指导匹克集团实施"品牌国际化"战略、互联网商务监测中心运用行政指导推进和规范网络商务监管等情况，充分肯定了近几年来泉州市工商行政指导实践的意义及成效，一致认为"符合要求、效果明显、值得推广"。2013年5月29日，《中国工商报》在头版以《泉州：行政指导助推产业发展》为题作了专题报道，对近年来泉州市工商局拓展行政指导实践的经验及成效给予充分肯定。

农业综合执法

农业部产业政策与法规司

农业是国民经济的基础。做好农业执法工作，事关农业增产、农民增收和农村繁荣，事关国家粮食安全、农产品质量安全和农业生态资源环境安全。为加强农业执法，农业部近年来深入推进农业执法体制改革，扎实推进农业综合执法，取得了显著成效。

一 农业综合执法的由来

改革开放以来，国家先后出台了44部农业法律和行政法规，赋予农业部门的执法职能涉及种植业、畜牧兽医、渔业、农机、乡镇企业等行业，涵盖了种子、农药、肥料、兽药、饲料、植物检疫、基本农田保护、种畜禽、草原、渔政渔港监督、渔业船舶检验、水生野生动物保护、野生植物保护、植物新品种保护、农业转基因生物安全、农机监理、农村土地承包、农民负担管理、农产品质量安全等20多个管理领域。但受历史、体制等因素的影响，在实施农业综合执法改革前，农业执法状况不尽如人意，问题比较突出。

一是执法机构多，执法扰民。长期以来，农业部门基本上是"一法一机构"，到基层甚至演变成"一法一人"，承担执法职能的机构多达十几家，"十几顶大盖帽管一顶小草帽"，执法力量过于分散，难以履行法律法规赋予的法定职责，执法缺位、不到位，存在执法"扰民"问题。

二是政、事、企不分，影响执法公正。技术推广机构承担着农业部门的大多数执法职能，集执法监管与经营服务于一身，既当裁判员，又当运动员，影响执法的公正性和权威性。

三是执法人员多为"兼职"，执法水平低。大多数农业执法人员既搞技术推广，又搞执法监管，有的还从事经营服务，执法没有精力，办案没有能力。有的一年乃至几年都未办理一起案件，即便是办理了案件，很多在实体和程序方面也都存在较大的随意性，经不起严格的司法审查。

为解决农业执法中存在的问题，农业部在总结浙江等地相对集中行政处罚权试点经验的基础上，于20世纪90年代后期在全国农业系统启动农业综合执法改革试点工作。在总结改革经验的基础上，2002年修订的《农业法》第八十七条明确规定"县级以上地方人民政府农业行政主管部门应当在其职责范围内健全行政执法队伍，实行综合执法，提高执法效率和水平"，从而将实行农业综合执法上升为法律要求。

二 农业综合执法的主要原则

与城管、文化、市场监管等领域开展的综合执法不同，农业综合执法具有自己独有的特色和创新：城管、文化、市场监管综合执法基本是跨部门综合执法，将原属于多个部门的执法权集中到一个部门行使；农业综合执法是农业部门内部的综合执法，主要是将一个农业行政主管部门内原来分散在多个专业执法机构的执法职能交由农业综合执法机构集中行使，对外仍以该农业行政主管部门的名义执法。鉴于农业综合执法是对农业部门内部行政执法职能的重新配置，涉及的利益关系复杂，为了稳妥推进，农业部在推进这项改革时，一直注意把握以下原则。

一是综合执法的内容依照法律法规规定。国家出台的农业法律法规绝大多数规定农业行政主管部门为执法主体。综合执法主要是将法律、法规赋予农业行政主管部门的行政处罚等执法职能相对集中,由农业综合执法机构代表农业行政主管部门集中行使。而渔业法、动物防疫法、植物检疫条例等法律和行政法规授权渔政监督管理机构、动物防疫监督机构、植物检疫机构具体承担的执法职能,仍由授权机构承担,但鼓励有条件的地方探索综合执法机构与授权机构合署办公。

二是综合执法的范围在现行体制内进行。即在本级农业行政主管部门的业务范围内进行,不跨部门综合。同级地方政府农业、畜牧兽医、水产、农机部门分别单独设置的,各自成立相应的综合执法队伍。

三是综合执法的职能主要是监督检查和行政处罚权。综合的职能主要是执法环节中的监督检查和行政处罚权,行政许可、检验检测、技术推广等职能仍由农业部门所属的各专业管理机构承担。

四是综合执法的重点在县级。县级农业行政主管部门是农业违法案件的基本管辖主体,直接面对管理相对人,而且执法力量最为分散薄弱,因此综合执法机构主要在县级设置。

五是综合执法的形式坚持因地制宜。各地、各级农业行政主管部门机构设置不一,允许各地根据机构设置的情况和当地编制部门的要求,选择不同的综合执法模式,不搞"一刀切"。

三 农业综合执法的发展历程

在农业部历届部党组的坚强领导和地方各级农业部门的共同努力下,农业综合执法经历了实施区域由点到面逐步覆盖、执法体系由下到上逐步健全、职能范围由小到大逐步拓展、执法队伍由弱到强逐步规范的发展历程。2012年,"农业综合执法"被评为第二届中国法治政府奖第一名,表明社会各界对农业综合执法的充分认可,也为农业部门深入推进农业综合执法改革注入了新的动力,推动农业综合执法改革不断深化,各项工作取得了新的进展。

（一）实施区域由点到面逐步覆盖

1997年，浙江省农业厅以省人大常委会的评议为动力，认真研究改进农业执法工作的办法，把推进综合执法作为强化农业执法的着力点和突破口，并被农业部确定为首个相对集中行政处罚权试点单位。福建、江苏等地农业部门也在同期主动作为，积极探索综合执法工作。1999年1月，农业部下发了《农业部关于进一步开展农业综合执法试点工作的意见》（农政发〔1999〕1号），在全国启动农业综合执法试点，首批试点单位包括5个省、5个地市和10个县。2002年和2004年，农业部又两次扩大试点范围，分别选择80个县（市）和100个县（市）继续开展综合执法试点。非试点地方也结合本地实际自行探索开展本区域的综合执法工作，农业综合执法覆盖范围逐步扩大。2008年，农业部下发《关于全面加强农业执法 扎实推进综合执法的意见》（农政发〔2008〕2号）（以下简称《意见》），明确提出"力争三年内在全国农业县（市、区）全部实行农业综合执法"的工作目标。经过各地农业部门的努力，截至2011年底，全国98.2%的农业县（市、区）开展了农业综合执法，三年工作目标如期完成。近年来，各地继续深入推进农业综合执法工作。截至2016年底，全国有30个省、276个市（地、州）和2332个县（市、区）开展了农业综合执法工作，县级覆盖率进一步提高，市级覆盖率也超过了80%。

（二）执法体系由下到上逐步健全

鉴于县级农业部门是农业行政违法案件的基本管辖主体，承担着法律法规赋予农业部门的绝大部分执法职责，农业部在启动农业综合执法试点工作之初就将重点放在县一级，选择的试点单位也是以县级农业部门为主。2008年农业部下发的《意见》，继续强调农业综合执法的重点在县。随着改革的深化，全面推进农业综合执法逐步成为地方农业部门的共识，一些地方积极探索在市一级成立农业综合执法支队，在省级成立农业综合执法总队。截至2016年底，河北、山西、江苏、浙江、福建、湖北、湖南、广西、贵州、四川、甘肃11个省份的地市一级全部成立了农业综合执法机构；浙江、江苏、福建、湖北、重庆、甘肃、广东、江西、青海等9个省份已形成省有执法总队（局）、市有执法支队、县有执法大队，上下贯通、左右衔接的农业综合执法体系。

（三）职能范围由小到大逐步拓展

1999年农业部启动全国农业综合执法试点时，要求以农业部门管理职能为限推进农业综合执法，法律法规授权的执法职能仍由授权执法机构承担。在要求法律法规赋予农业部门的执法职能应当由综合执法机构集中行使的同时，明确渔政监督机构、动物卫生监督机构、植物检疫机构等法律法规授权执法机构在县级可与综合执法机构统一调度管理、联合执法。此外，针对畜牧兽医部门在县级多单独设置的实际，农业部办公厅印发了《关于扎实推进基层畜牧兽医综合执法的意见》（农办牧〔2010〕4号），要求畜牧兽医部门单独设置的，依托动物卫生监督机构实行畜牧兽医综合执法，将现有的畜牧兽医行政处罚职能进行整合，交由县级动物卫生监督机构承担，同时加挂畜牧兽医综合执法大队牌子。2012年以来，结合大部制改革的推进，各地农业综合执法改革也与时俱进，不断深化。如四川省成都市在原市农业执法支队的基础上，整合市动物卫生监督所、市农机监理所、市商委生猪屠宰执法支队、市水务局水产检疫站组建了成都市农业综合执法总队，并带动所辖20个区县一同改革。重庆市云阳县将原农业执法大队、农机安全监管中心、动物卫生监督所、渔政渔港监督管理站、植保植检站等5个执法机构合并组建成立新的云阳县农业综合执法大队。重庆市长寿区经过三轮次改革，剥离了农业综合执法机构承担的行政审批、技术服务等职能职责，实现了执法检查、行政处罚等执法权由区农业执法队集中行使，行政审批权由区农委行政许可管理科集中办理，技术服务职能由区农委所属农技服务机构统一承担。

（四）执法队伍由弱到强逐步规范

农业综合执法推进初期，各地执法人员基本是从农业部门内部各个专业机构转岗而来，属于"半路出家"，普遍存在法律素质较低、执法水平不高等问题。为打造一支素质过硬、作风优良、办案有力的专职执法队伍，农业部从试点之初就同步部署推进农业综合执法规范化建设：一是要求各地严把进人关，主要通过考试、考核等办法从现有公务员调配和从事业单位及社会符合条件人员中择优录用执法人员；二是强化执法培训，从2004年起连续举办全国农业执法培训班33期，委托地方开展执法培训试点50余期，累计培训基层执法骨干2万余人；三是规范执法行为，先后发布了《农业行政执法证件管理办法》、《农业行政执法文书制作规范》、《农业执法基本文书格式》等一系列规章制度，并自2005年起连续13年在全国开展农业行政处罚案卷评查活动；四是统一农业执法形象，设计发布了农业执法标识，印发了《农业综合执法规范化建设标识标志应用规范》，推荐各地参照应用；五是开展示范窗口创建，自2012年起连续六年在全国组织开展农业综合执法示范窗口创建活动，先后确定了120个"全国农业综合执法示范窗口"，打造样板供各地学习借鉴。各地也按照农业部统一部署，结合本地实际积极推进综合执法规范化建设活动。如江西省农业厅联合省编办、省财政厅、省人社厅、省政府法制办下发《关于开展全省农业综合执法标准化建设的意见》，以机构规范化、装备齐全化、管理制度化、程序合法化、执法规范化为目标开展农业综合执法标准化建设；江苏省在全省农业综合执法机构中全面推行执法标识、执法胸牌、执法持证、执法着装"四统一"；山西省农业厅每年组织全省农业综合执法比武活动；江苏、上海、重庆等地在机构整合后积极探索统一着装，全体执法人员统一"着执法服装，佩执法标识"，农业执法形象和规范化水平明显提升。

（五）改革部署由内到外全面加强

农业综合执法在启动之初，就被定位为农业部门内部执法职能的整合，不涉及其他部门，故在很长一段时间里改革主要是由农业部组织部署、地方农业部门自身推动，即便需要上级或外部支持也是靠农业部门自己去争取，这在一定程度上制约了农业综合执法的开展力度，也直接导致各地农业综合执法水平参差不齐。随着法治政府建设的全面推进、行政执法体制改革的深化，特别是农业综合执法工作成效的日益显现，农业综合执法已经摆上地方党委、政府的重要议程。如广东省将推进农业综合执法上升为政府决策，省人大积极促动，省政府全力推动，省编办等部门共同参与，2014年底省政府出台《广东省设立农业综合行政执法体制方案》，明确要求全省农业系统自上而下全面设立行政性质的农业综合执法机构。江西省政府办公厅于2015年8月转发省农业厅、省编办《关于深化全省农业行政执法体制改革的实施方案》，要求三年内省、市、县三级全面实现农业综合执法。同时，农业综合执法机构的规格和地位也显著提升，如成都市将新组建的农业综合执法总队升格为市农委直属副局级参公管理行政执法机构，配备行政执法类编制90名，其中副处级以上领导职数达19名。重庆市云阳县将农业综合执法大队明确为正科级参公管理事业单位，核定编制54名，机构级别与县农委相同；长寿区新组建的农业执法大队在保留机构整合前原有正科级、副科级职数的同时，将大队长高配为副处级，并将专职执法人员编制由改革前的10人增至47人。

四 农业综合执法的成效

经过十多年的努力，农业综合执法队伍已成为农业执法的"主力军"，充分展示出自身优势。

一是理顺了执法体制。通过综合执法,"收指握拳",农业部门实现了政、事、企分开和一个执法机构统一对外,解决了多头执法扰民、执法力量薄弱的问题,既减轻了相对人负担,又降低了农业执法成本。通过事前审批和事中事后监管相分离,消除了执法机构既当"运动员"又当"裁判员"的弊端,树立了农业执法的良好形象。

二是规范了执法行为。实行综合执法,由综合执法机构代表农业行政主管部门专司执法,有利于执法人员专心学习钻研法律法规和办案技巧,不敢办案、不会办案的状况有了明显改观,执法程序日益规范,办案质量不断提高。近年来各级农业综合执法机构每年查办农业违法案件近5万件,经行政复议变更或者经行政诉讼撤销的案件不到万分之一。

三是加大了执法力度。通过综合执法,建立了一支专业化农业执法队伍,实现了由消极执法到主动执法、运动式执法到经常性执法的转变,在很大程度上解决了农业执法缺位、不到位问题。同时,农业综合执法机构坚持关口前移、预防为主,边检查边宣传法律,边执法边告知问题,促进相对人自觉守法,大大减少了违法行为发生。

四是维护了农民权益。通过查办以假劣农业投入品为重点的各类坑农害农案件,全国农业综合执法机构每年为农民挽回经济损失十几亿元。各地农业综合执法机构还将执法与服务相结合,积极为农民群众排忧解难,平均每年及时疏导化解涉农纠纷1.5万余起,帮助农民获得损失赔偿,赢得了农民群众的高度信赖和广泛赞誉。

实践证明,实施综合执法后,农业部门内部分散执法、多头执法、执法缺位不到位的现象有了根本改观,农业执法不再是季节性、阶段性行为,而成为农业部门的经常性工作,社会上长期存在的"农业部门不是执法部门"的看法得到根本改变,农业执法的新形象正在树立。各地农业执法工作普遍加强,为保障国家粮食生产和农产品质量安全、维护农民权益发挥了重要作用,得到了各级党委政府和人民群众的肯定,许多开展综合执法的农业部门连续多年被当地政府评为执法先进单位,农业综合执法机构被农民群众亲切地称为"绿色卫士"。

五 农业综合执法下一步工作目标

党的十八届三中全会将深化行政执法体制改革确定为全面深化改革的一项重要任务,要求整合行政执法主体,推进综合执法,着力解决权责交叉、多头执法问题,建立权责统一、权威高效的行政执法体制。党的十八届四中全会通过的《中共中央关于全面推进依法治国若干重大问题的决定》,中共中央、国务院印发的《法治政府建设实施纲要(2015—2020年)》,均明确要求深化行政执法体制改革,推进综合执法,并强调要重点在农林水利等领域内推行综合执法。这为农业部门全面推进农业综合执法指明了方向、提供了遵循。下一步,农业部门将继续深入贯彻党中央、国务院决策部署,以健全集中统一高效的农业综合执法体系为目标,以理顺农业综合执法体制机制为重点,将深化农业综合执法改革与推进农业领域大部门制改革相结合,进一步整合农业执法职能,加强执法力量,强化执法能力,提升执法形象,实现农业部门职责范围内的执法职能统一行使,执法人员统一管理,执法文书标识统一规范,执法经费统一保障,执法活动统一部署,造就一支政治信念坚定、业务技能娴熟、执业操守良好、人民群众满意的农业综合执法队伍,全面提升农业部门执法监管能力。

杭州公安执法规范化建设

浙江省杭州市公安局

作为全国首轮执法规范化建设的"领头羊",杭州市公安局始终把执法规范化建设置于根本性、全局性、战略性地位来抓,按照公安部、省厅总体部署,围绕《杭州市公安机关推进"四项建设"2015—2017三年规划》,将执法规范化建设纳入市局"三四一"工程建设来整体推进,探索出一条以构建严密的执法管理体系为主线,以打造杭州特色执法办案体系为保障,以执法权力规范运行为落脚点的执法规范化建设转型升级新道路,有力提升了全市公安机关的执法公信力和履职能力。

一 杭州公安执法规范化建设项目总体介绍

(一)项目背景

当前,我国正处于经济转轨、社会转型的关键时期,警务工作领域面临着大量新情况、新问题,公安机关维护社会治安和社会稳定的任务日益繁重、艰巨。包括杭州市在内的许多地方公安机关常年处在"忙于应急、苦于应对、疲于应付"、"拼体力、拼健康、拼消耗、拼安全"、"无心、无暇、无力"去解决一些基础性、根本性问题的"三应"、"四拼"、"三无"的被动状态;同时,人民群众对公安机关的期盼越来越多,对民警执法执勤的要求越来越高,对警务工作的评判标准越来越严,对社会公平正义的呼声越来越大,一旦公安机关执法出现问题,就会引起社会广泛关注,甚至成为社会矛盾激化的引爆点。出现这种状况,既是我国社会转型期阶段性特征在公安工作领域的综合反映,也与公安机关自身存在的执法管理机制低效运作的习惯性、粗放执法的顽固性、执法责任不清的普遍性密切相关。自2008年底以来,杭州公安局紧扣建设法治政府的新要求,坚持把执法规范化建设作为推动公安工作科学发展、实现警务工作转型升级、全面提升依法行政水平的突破口来抓,首创了"杭州样板"经验。

(二)项目内容

杭州市公安局的执法规范化建设,从理念引领、硬件创设、制度规范、流程管理、主体素质、结果评价等各个方面作出全面科学规划并持续推进,体现了独创性、科学性、针对性、操作性,被誉为"杭州样本"。概括起来就是"九个率先"。率先科学划分执法场所功能区,全面凸显了公安机关是执法机关的性质和工作要求,从根本上革除了长期以来公安机关因内部硬件设置不科学而影响安全执法、规范执法、高效执法的突出弊端,解决了办事群众与嫌疑人混杂进出影响合法权益的普遍问题。率先自主设计警用押解车,有效破除了押解过程中发生违法犯罪嫌疑人员跳车逃跑、自残行凶等安全隐患,实现执法安全领域的又一次突破。率先建立嫌疑人外出就医"绿色通道",使执法安全和安全执法工作从办案场所的静态保障向押解、就医过程的动态保障延伸,形成了从执法办案源头到终点全覆盖的安全"封闭圈"。率先自主研发移动信息采集车,可以在现场巡逻、盘查、清查工作中,第一时间采集、比对形迹可疑人员信息,快速甄别、锁定违法犯罪嫌疑人,提升打击和震慑违法犯罪的效果。率先建立三级值班领导(市局、分县局、派出所)坐堂制,让各级领导躬身一线,直接在前台承担调度指挥、掌控警情、监督检查等工作,第一时间掌握和解决苗头性问题,着力于做好前瞻性、预防性的工作,防止小问题堆积为大问题、小麻烦转变成大麻烦。率先打造活页式杭州公安机关执法标准操作程序制度体系(简称"杭标"),出台《处置溺水警情操作规范》等"杭标"70余项,把"标准化、流程化、精细化"的理念和做法融入民警的日常执法执勤和言行之中,做到了执法标准统一、流程控制严密、执法细节准确,实现了对执法工作全方位、全过程的规范管理。率先提出并开展以人民警察基本职业素质为内容的强化教育训练行动,有效提升了民警的基本职业素质,使一些民警在工作中"说不过、追不上、打不赢、办不好"的状况得到有效改观,向职业、专业的警察迈出了一大步。率先出台《关于加强公安机关法治文化建设的指导意见》,把法治文化建设作为"文化育警"、"文化强警"的核心内容,以此来统一全警意志、规范全警行为、凝聚全警力量,成为推动执法规范化建设可持续发展的不竭动力。率先创设执法规范化建设测评体系,提供全面、科学、合理评估公安机关执法规范化建设成效的系统标准,给全体执法民警和执法单位建立"体检档案",使之成为各级公安机关找标杆、挖潜力、促深化的"行动指南"。

(三)项目获奖前执法规范化建设效果

一是提升了依法履职能力,为创造杭州经济社会发展良好环境作出了重要贡献。据市统计局城调队调查数据显示,项目获奖前3年杭州市群众安全感指数一直保持在95%以上,被誉为中国社会治安最好的城市之一;在项目获奖前,杭州市7年蝉联全国最具幸福感城市,其中和谐稳定的要素发挥了重要作用。

二是提升了执法质量和效果,加快了"法治政府"建设的进程。至杭州局执法规范化项目获奖前,执法源头治理成效明显,2012年全市公安机关发现的执法问题较2008年下降了43.6%,特别是长期困扰公安机关的执法安全、安全执法问题得到基本解决;执法公信力不断提升,涉警信访投诉每年下降幅度在10%以上,涉警负面舆情逐年大幅下降,人民群众对杭州市公安局公安工作和队伍建设的满意度始终保持在95%以上,连续7年在市级单位考评中评为人民满意单位;执法考评成绩优异,在市政府依法行政考核中连续7年获得满分并确定为市级依法行政示范单位，还被公安部首批评定为"全国公安机关执法示范单位"。

三是提升了"杭州样本"的示范效应，产生了广泛的社会影响。发源于杭州市公安局的执法场所功能区改造，被公安部上升为统一的规范要求，已推广到全国公安机关，在防范和减少执法安全问题，以硬件倒逼软件促进规范执法、高效执法等方面发挥了突出作用。对"杭州样本"，中央领导和公安部、省市领导多次作出重要批示予以肯定，中央电视台、中央人民广播电台、《人民日报》、人民网、新华网、《法制日报》、《人民公安报》等中央、省市媒体进行了大量报道，中央政法委、国务院法制办、公安部等部门专门刊发简报介绍杭州市公安局的做法和经验。"杭州样本"得到了全国同行的高度关注和普遍认同，至杭州市公安局执法规范化项目获奖前，大陆地区31个省、直辖市、自治区公安机关共有814批12054人次来杭参观考察，500多人次跟班学习，一些基本做法和经验已被广泛借鉴运用。

二 项目获奖后发展情况

杭州市公安局在项目获奖后，始终坚持执法规范化建设思路，以十八大和十八届三中、四中、五中、六中全会精神为指引，围绕打造"品质治安、法治公安、满意民安"的总体目标，进一步深化杭州公安执法规范化建设，全力打造法治公安"杭州样板"，切实做到严格、公正、文明、规范执法。2016年，杭州市公安局再度作为全国10个市级公安机关之一，被公安部命名为"全国公安机关执法示范单位"，也是浙江省唯一一个两度获此殊荣的市级公安机关。在杭州市政府依法行政考核中，杭州市公安局连续11年保持"零失分"。并且在2016年的二十国集团领导人第十一次会议安保工作中，杭州市公安局经受了最高规格的实战检验，取得了安保全面胜利的突出成绩,得到了习近平总书记"安全保障严密稳妥"的高度肯定和中央、省市各级领导的高度评价。目前,杭州执法规范化发展情况具体如下。

(一)以"三位一体"机制建设为切入点,创建执法管理"杭州样板"

通过全面推进执法办案、案件管理、物证管理三中心的"三位一体"机制建设,构筑起执法权力运行管理的"封闭圈",系统性、全程性、常态性地强化对执法活动的实时监督和管理。近年来,执法办案区"四个一律"要求得到普遍执行,执法活动中未发生重大安全事故,办案区使用不规范问题较之前下降84.7%。一是设立执法管理中心。自2013年起,以派出所为突破口,全省首创在所有承担执法办案任务的基层所队设立执法管理中心264个(派出所163个,警种101个),各配备1~2名专兼职法制员和若干辅警,通过前移关口,将警情、案件、人员、物品等执法要素全部纳入管理视线,精确掌握在处警情、在办案件、在用措施、在审人员、在扣物品等各执法要素的实时状态,从源头上防范和减少执法风险。在此基础上,推进县级公安机关案管中心建设,形成市县、基层所队两级架构执法办案管理体系,实现对执法工作的全要素管理、全流程监督、全过程指导。二是建设涉案财物管理中心。开展涉案财物管理场所改造,将涉案财物保管场所划分为交接、保管两个相对独立的功能区域,要求涉案财物在规定时间内一律入库,要求办案民警与物证管理员在视频监控覆盖的交接区完成涉案财物存、取交接,严禁非物证管理员进入物证保管区,并对贵重、涉毒、涉密、冷冻(藏)、光电磁介质等特殊物证和普通物证实行分类分区存放。同时,落实证据定案要求,会同检法机关出台《刑事案件客观性证据收集、固定、保管、移送、鉴定问题的若干规定》等工作制度,严格依法收集、固定、保存、审查、运用证据。目前,杭州市公安局正在抓紧建设县级公安机关涉案财物管理中心，并逐步探索与检、法部门涉案财物换押式移交机制。三是推进办案区精细化改造。在全国首创执法场所功能区建设经验，对全市所有承担执法办案任务的基层所队，按照办案、办事、办公、生活等四大区域实施物理硬隔离，把原来分散的信息采集室、人身安全检查室、候问室、讯问室等功能室，全部按照执法流程集中设置到办案区，减少嫌疑人流动的频率和范围，降低执法安全问题和事故发生概率。自2014年以来，再次投入经费共计3377万余元，对全市206个办案区进行了精细化改造，在过道、窗口、楼梯、卫生间等处加装防护栏网设施，去除办案区内的悬挂支点和硬棱角，升级加装摄像头实现办案区内高清音视频监控全覆盖，共计消除安全隐患7000余处、消除监控盲点1000余个，进一步提升了办案区的安全性和规范性。

（二）以执法办案积分制为牵引，构建"又多又好"执法办案"杭州体系"

通过推行执法办案积分制、实行领导干部带头办案、健全执法指引，激发民警工作能动性和办案内驱力，使规范执法、公正办案成为每一名民警的自觉行动，形成"想办案、多办案、办好案、能办案"的良性态势。近年来，为适应以审判为中心的诉讼制度改革，全市公安机关不断强化人权意识、证据意识、程序意识，执法办案实现了从"侦查中心"向"审判中心"、从"破案思维"向"办案理念"、从"口供为王"向"证据定案"的转变。2015年至2016年，累计查处行政案件938万余起，行政处罚928万人次（其中行政拘留47726人次），刑事移诉34772人次，未发生一起无罪判决案件，未发生一起行政诉讼撤变案件，执法质量始终保持较高水准。一是推行执法办案积分制。坚持"多办案多积分、办好案积高分、办差案不得分"的总体思路，所有县级公安机关和承担执法办案任务的市局主要业务警种，坚持"量质并重、以量为主"的导向，科学设计积分办法和计分标准，对每一名民警的执法实绩进行量化评估。2015年，出台《杭州市公安机关执法办案积分制结果运用五项规定》，设定"选拔任用执法执勤岗位中层干部时，必须有二分之一以上人员，从本单位前12个月实有执法办案积分排名前四分之一人员中产生，对排名后四分之一的人员不得提拔"等规定，切实将积分结果与晋职晋级、物质奖励、精神鼓励紧密挂钩。同时，明确要求不执行市局五项规定的单位，一票否决执法质量考评优秀资格，确保规定真正落到实处。仅2015年，全市县级公安机关提拔任用执法执勤岗位中层干部113名，其中68人为积分排名前四分之一的人员；奖励积分靠前的民警467人，物质奖励共计8.74万元。办案积分制推行后，尤其是五项规定实施后，民警多办案、办好案的积极性得到充分激发，全市公安机关参与执法办案任务的民警数量上升15.3%。二是实行中层干部带头办案。推行"一般案件民警办、复杂案件警长办、重大案件领导办"的分级办理模式，在浙江省公安厅要求的基础上将县级公安机关中层干部办案任务数提高一倍，定期通报中层干部办案、审案的数量质量情况，并将办案情况纳入执法质量考评内容，促进中层干部带头"多办案、办好案"，也消除了以往"提拔一个干部、减少一个办案力量"的弊端。三是健全执法标准指引。根据公安工作实际需要，推动地方立法机关修订《杭州市道路交通安全管理条例》，制定出台《杭州市禁止销售燃放烟花爆竹管理规定》、《杭州市客运汽车交通治安管理办法》、《杭州市居住房屋出租安全管理若干规定》等地方立法，为公安行政管理增强法律支撑。尤其是在峰会期间，积极争取省市政府支持，相继出台了小型航空器和空飘物临时性管理、西湖景区封闭管理、走访调查、消防安全管理、单双号限行等11项政策性公告，确保各项安保政策于法有据，积极运用法治方式落实安保措施。此外，市局建立法制部门定期下基层指导帮扶、法制信息网和微信群解疑答难、重大案件法制同步出警、围绕专项行动制定配套执法意见等执法保障机制，帮助基层解决执法实践难题和疑难个案，统一全市公安执法尺度。在2016年二十国集团领导人峰会安保工作中，杭州市公安局制定执法指引、执法提示等各类配套执法指导意见29件,为安保执法执勤提供了完备、明确的行动指南。

(三)以执法主体能力建设为基础,提升执法主体素质"杭州高度"

将执法主体能力建设置于基础性、先导性地位,大力实施"百千万计划",强化执法能力培训,强化专业人才建设,努力打造一支懂方针政策、懂法律法规、懂业务知识、会执法执勤、会服务管理、会群众工作的"三懂三会"型公安执法队伍,为规范执法、公正办案奠定人才基础。截至2017年,全市公安机关12300余名民警,330人拥有研究生学历,占比2.7%,8658人拥有大学学历,占比70%,3100余人具有大专学历,队伍整体结构呈良性发展。一是实施"百千万"计划。制定出台《杭州市公安局"百千万计划"实施方案》,实施"百千万计划",遴选培养100余名业务精通和队伍管理出色的示范科所队长,在综合类、侦查类、管理类和执法办案4大类29个岗位定向培育1000余名岗位业务标兵,确保10000名以上民警通过基本业务技能达标考核。特别是,对获评的"示范科所队长"和"岗位业务标兵",在各种立功评奖和干部选拔任用时优先考虑,通过示范引领带动队伍整体进步;对考核不达标民警,则取消各类评先资格,在未补考达标前,不得晋升职务和警衔,倒逼每一名公安民警的业务素质达到基本标准。二是加强执法能力培训。深入开展社会主义法治理念教育,通过身边先进典型引领和反面案件警示,教育引导广大民警进一步转变执法理念,端正执法思想,坚定立警为公、执法为民信念,从思想源头上消除执法动机不纯、执法方式粗暴、执法质量不高等问题。按照"干什么、练什么,缺什么、补什么"的原则,以岗位业务技能和公安执法新要求为重点,通过警衔晋升培训、岗位练兵、实战模拟训练等多种方式,加强民警执法能力培训,提高民警专业素养。至2017年,全市公安执法民警人均每年参加各类业务培训的时间不少于15日,且公安基本法律知识和执法办案实务操作技能课程比重不低于培训内容的25%，出庭作证实训、现场执法视音频记录等新技能培训普遍纳入必训课程。尤其是，在2016年的峰会安保中，通过邀请北京、香港专家团来杭授课，外出学习考察，外出跟班学习，制定峰会安保课程，强化武器警械专题培训等方式，开展专项培训70余项，累计培训8万余人次，使训练全面对接、无缝融入峰会安保实战，带动执法能力的全面提升。三是加强专业人才建设。一方面，出台《关于大力加强全市公安民警执法能力建设的若干意见》，要求民警上岗执法必须取得基本级执法资格，担任执法勤务类机构负责人、主办侦查员、案件审核员必须取得中级执法资格，重点执法单位必须至少有1名民警取得高级执法资格，提高执法办案民警的准入门槛。截至2017年，全市公安机关除新招录的民警外已全部取得基本级执法资格，全市75.5%的民警、97.3%执法执勤类机构负责人取得了中高级执法资格。另一方面，聘请浙江大学光华法学院博士生导师章剑生教授等12名具有较高学术研究能力、丰富司法实务经验的专业人士担任杭州市公安局法律顾问，按照归口管理、选拔认证、教育培训、评先评优"四统一"标准选拔1952名法制员，鼓励民警参加在职法律学位教育、国家司法考试，全市公安机关375名民警取得法律职业资格证书，通过强化人才支撑服务公正执法规范办案。

（四）以执法信息化建设为依托，打造科技信息化"杭州系统"

按照"规范化牵引信息化、信息化支撑规范化"的思路，通过大力推广电子笔录、全面推行网上办案、开展执法视音频记录等举措，把信息化运用到公安执法的各个方面，支撑规范执法、公正办案。一是实行执法活动全过程记录。建立警务大监督系统，将110巡车车载视频、办案区视频等音视频资料一体纳入系统，实现对执法执勤全过程的动态监督。在办案区精细化改造中，通过加装摄像头消除监控盲区，实现办案区内所有功能室和过道监控全覆盖，同步录音录像资料储存期限不少于6个月。2016年，杭州市公安局抓住开展峰会安保的有利时机，加强现场执法视音频记录装备建设，配备现场执法记录仪11278套，确保一线执法民警人手一套。同时，要求民警在执行处警、盘问、检查等六类情形的工作任务时，必须开启执法记录仪全程不间断记录执法过程，实现办案过程从接处警这一初始环节开始全程视音频留痕、可回溯式管理。二是实行执法办案全网络流转。在全省率先推广使用新版执法办案综合应用系统，除国保类涉密案件以外，所有刑事、行政案件全部实行网上办案，案件信息和主要证据全部上传信息系统，讯问询问全部制作电子笔录，审核审批全部运用电子签章、签名，案件卷宗和执法档案自动网上生成，并与办案前段的110接处警系统、打防控信息主干应用系统，以及办案后端涉及信息公开的处罚结果网上公开、执法进程网上查询系统进行衔接联通、数据共享，执法效率和规范化程度大大提升。

（五）以执法权力运行机制改革为动力，建立改革创新"杭州模式"

落实中央关于全面深化公安改革的框架意见，把完善执法权力运行机制作为重要内容，坚持改革创新，健全约束机制，把权力关进制度的笼子，确保执法权力规范运行。一是推行受立案制度改革。参照法院设立案管中心和采取立案登记制的模式，在县级公安机关设立报案受理中心，由法制部门统一归口管理立案工作，除一般刑事警情、群众报案由派出所负责登记受理之外，对于外单位移交、上级机关交办、检察机关监督的案件和当事人直接到县级公安机关的报案、举报、投案等各类案件，全部集中到报案受理中心，由中心统一接受证据、制作笔录、录入系统后分派给办案单位，并对经济犯罪案件、存有争议的重大复杂案件、刑民交叉案件进行审核监督，定期巡查各办案单位案件受理、立案、办理进程，杜绝报案不接、受而不立、立而不办、底数不清等问题的出现。二是推行相对集中办案模式。结合大部门大警种改革，推行刑事案件相对集中办理、派出所只办理简单案件的模式。制定内部管辖分工规定，合理划分机关业务警种与派出所之间办案职责；通过签订执法责任书、下达办案任务指导数、将办案数量作为警种执法考评重要指标,扭转业务警种"机关化"倾向,成为办理疑难、重大、复杂案件的主力军。此外,加强与环保、食药监、工商、人民银行等行政机关的合作,建立健全联合执法、案件会商、信息共享制度,强化公安机关内部各侦查警种协作配合,提升公安机关打处环食药、金融等领域新型犯罪的能力。抓住刑事案件速裁程序试点契机,对案件事实清楚、证据充分的轻微刑事案件,以及犯罪嫌疑人自愿认罪认罚的刑事案件,实行快速办理,推动刑事案件繁简分流,在充分保障嫌疑人权利的同时,减轻基层执法单位办案负担。截至 2017 年 5 月,全市公安机关累计运用速裁程序办理案件 9164起,涉及犯罪嫌疑人 9277 人。三是推行刑事案件"两个统一"。适应以审判为中心的诉讼制度改革要求,按照"统一审核、统一出口"的模式,对刑事案件内部审核职能进行调整,杭州市公安局成立独立的预审支队,县级公安机关或单设预审大队或将预审职能并入法制部门,由相对独立的专门部门统一审核把关刑事强制措施采取、案件定性、证据规格等环节,统一对接检察机关协调处理提请批捕、延长羁押、移送审查起诉、退回补充侦查、提请复议复核等事务,实现刑事案件办、审分离,切实加强公安机关内部审核把关。

合肥市行政处罚群众公议制度

安徽省合肥市人民政府

2010年,根据合肥市委、市政府推动行政处罚自由裁量权依法、规范、阳光、高效运行的要求,合肥市政府法制办、市监察局积极探索,在全国首创行政处罚案件群众公议制度,并通过试点、总结、全面推行等过程,取得了显著的成效,得到各级行政执法机关的积极响应,受到社会各界的广泛关注和普遍好评。

一 全国首创,打造权力阳光运行新机制

(一)制度的主要内容

行政机关将作出行政处罚的事实、理由、依据提交群众公议员进行评议并形成公议意见的活动,包括实施行政处罚的行政机关(含依法授权和受委托行使行政处罚权的组织)组织的群众公议活动和市、县(市)、区政府法制工作机构组织的群众公议活动。群众公议意见,作为行政执法机关作出行政处罚决定和政府法制工作机构作出监督决定的重要依据。

(二)制度的推进过程

1. 建立组织、制度准备阶段

一是在市级层面成立了以市领导为组长,监察局、法制办主要负责

人为副组长的领导小组,并专设办公室,负责统筹协调、督促落实工作。二是出台《合肥市行政处罚案件群众公议暂行办法》,印发了实施方案。三是向社会公开招募选聘了116名群众公议员,组建群众公议团,并制定群众公议工作规则,制作统一规范的群众公议案件格式文书,组织开展公议工作业务培训。

2. 完善标准试点运行阶段

一是确定执法任务相对较重、人民群众关注度相对较高的市城乡建委、市卫生局、市环保局、市城管局作为试点单位,开展了为期一年的行政处罚案件群众公议试点工作。二是指导四家试点单位依据《行政处罚法》等法律法规,梳理确认行政处罚权526项。三是对试点单位行政处罚自由裁量标准进行细化量化,压缩行政处罚自由裁量空间,建立了自由裁量基准制度。

3. 总结动员全面推行阶段

2011年4月15日,召开了由市长主持、市纪委书记部署工作、市委书记作动员讲话的推进大会,要求市本级行政执法主体按照动员部署、实施准备、规范运行、常态化运作四个阶段,自2011年7月起全面开展行政处罚案件群众公议工作。截至2014年5月底,共招募群众公议员476人次,开展群众公议活动348场次,群众评议案件1679件。

4. 制度升级全面提升阶段

为主动顺应新形势发展要求,拓宽群众公议范畴,创新群众公议方式,提升群众公议效果,2015年4月20日,合肥市以市政府规章形式修订出台了《合肥市行政处罚案件群众公议办法》(市政府令〔2015〕第179号),拓展了群众公议的基本含义,构建了事前、事中、事后全方位的监督体系,创新群众公议的方式,进一步规范了群众公议程序,推动了群众公议向基层执法一线延伸,进一步强化了责任追究。合肥市群众公议工作步入合肥市群众公议工作2.0版。

（三）制度推进的主要经验

1. 深入调研，完善制度设计

一是分析研究当前行政处罚中存在"执法不透明"、"执法随意性大"等问题的原因和产生的环节，摸清近年来各执法部门处罚案件的数量、质量情况，为建立行政处罚群众公议制度奠定基础。二是全面清理行政处罚权力，梳理确认行政处罚权3688项，进一步细化完善行政处罚自由裁量权标准，量化行政处罚尺度，为实施行政处罚群众公议工作做好准备。三是在试点基础上修订完善《合肥市行政处罚案件群众公议暂行办法》，出台了《合肥市行政处罚案件群众公议办法》、《合肥市行政处罚案件群众公议工作规则》，为群众公议工作公开、规范运作提供制度保障。

2. 开展培训宣传，营造良好工作氛围

一是在充分动员发动的基础上，分别组织对执法主体法制机构、具体执法部门和群众公议员进行培训，深化对推行行政处罚群众公议制度重要性的认识，促进公议活动参与人熟悉公议程序、规则，共开展培训活动8次，受训900余人次。二是加大宣传力度，增强执法机关和执法人员接受监督的自觉性，进一步扩大社会知晓度，激发人民群众参与公议工作的积极性。该项制度推行以来，有100多家各类媒体进行了宣传报道。

3. 试点先行，积累经验后全面推开

首先选择四家试点单位先行开展，制定了详细的工作方案，建立健全配套制度十多项，对行政执法、群众公议工作的程序、工作规则及各个重点环节进行了规范，推动群众公议工作有序落实，为该制度的全面推行打下了坚实基础。同时，把行政处罚群众公议工作纳入年度依法行政考核，进一步加大了推进力度。

（四）制度的创新要点

1. 建立了行政处罚权阳光运行新模式

推行群众公议制度，公议团成员直接参与监督行政处罚案件审理，评议执法机关办案，特别是现场核查询问，并提出明确的意见和建议，对行政执法机关的监督力度倍增，促进执法机关行政处罚裁量更加公正、公开，行政执法程序操作更加规范，行政处罚随意性显著降低，行政执法公信力明显提升。

2. 开辟了普通群众监督行政执法新渠道

群众公议制度坚持群众参与的广泛性，把公议的大门向广大人民群众特别是普通群众敞开，不设专业、文化层次和"身份"门槛，截至2014年，共招募的476名公议员中90%以上人员是通过媒体面向社会公开招募进入公议队伍，他们中既有产业工人、个体经营户、下岗职工，也有教授、律师、在校大学生和退休老同志，充分体现了公议的群众性。

3. 创设了人民群众监督公权新机制

群众公议制度力求顶层设计上的科学性、可操作性，确保把人民群众监督权落到实处。如实行管、办分离制度，即群众公议员的聘任、管理、随机选派由政府法制机构负责，与执法机关"背靠背"，并不得支付报酬、吃请和接送；实行独立审议制度，公议活动由参加公议成员自己推选一员主持开展，执法机关不得干涉公议程序和公议活动；实行不采纳群众公议意见限时书面说明和备案制度，防止群众公议走过场；以及实行回避制度、独立发表评议意见、闭门评议和结果公开制度；等等。同时，赋予公议员询问执法人员、行政相对人和查阅案卷的权利，所有这些制度设计都切切实实地保证了群众参与的真实性、监督的刚性和过程的透明度，有效地促进了执法机关规范执法行为和转变执法理念。

（五）对推动法治政府建设的意义

1. 行政处罚权力运行更加规范公开透明

群众公议让公众参与行政处罚权运作过程，打破了长期以来行政处罚案件处理不公开，罚不罚、罚多少，都由行政执法部门说了算的封闭运行模式，同时，随着合法性审查、集体决策、罚缴分离等配套制度的完善，行政处罚权的外部监督得到进一步加强，促进了依法执法、依法办案，权力运行更加阳光高效。

2. 行政执法机关的执法形象、行政处罚案件质量明显上升

开展群众公议工作，执法人员必须面对公议员的询问评议，形成"倒逼机制"，促使执法人员更加规范执法行为，注重证据收集，严格执法程序，审慎适用处罚，既改善了执法形象，提高了行政执法的社会认同度和群众满意度，也有效促进了办案质量提高。在近年的行政处罚实施情况检查中，合肥市行政处罚案件受到省政府检查组的高度肯定，经过公议的处罚案件均做到案结事了，没有提起复议或诉讼，也没有信访事件发生。

3. 执法人员的综合能力普遍得到提升

在群众公议活动中，执法人员都要全面准确地介绍案情，接受群众公议代表的询问、质疑和审查，会前都要做细致的准备工作，确保每一起行政处罚案件做到事实清楚，证据确凿，依据明确，处罚适当，客观上经受了一次口头表达能力、现场应对能力和对法律法规了解程度等方面的综合素质测试，促使行政执法机关更加注重队伍素质能力建设。

4. 实现了人民群众与执法机关的良性互动

在群众公议活动中，让群众代表直接评议执法活动，当面倾听行政相对人的申诉与辩解，为执法人员与当事人建立了沟通机制，让执法人员听到各方声音、摆脱惯性思维、弥补知识局限，使处理结果在合法的前提下，更加合情合理，减少了处罚后的矛盾纠纷，节约了社会管理成本，促进了执法和谐。同时，通过每件案件的公议，让公议员和当事人以切身感受学习宣传法制，效果更加明显。

（六）获得的荣誉

2013年3月荣获合肥市政府工作创新提名奖，2014年11月荣膺第三届"中国法治政府"提名奖，2015年1月入选"安徽十大法治事件"，2015年4月获评安徽省2014年"法治政府建设十件大事"；先后多次被人民日报、中央党校《理论动态》、新华社、法制日报等多家国家级媒体深入报道，中纪委预防腐败局对公议制度进行了专项调研。

二 制度再升级，打造群众公议2.0版

为主动顺应新形势发展要求，拓宽群众公议范畴，创新群众公议方式，提升群众公议效果，2015年4月20日，合肥市人民政府第47次常务会议审议通过了《合肥市行政处罚案件群众公议办法》(市政府令第179号，简称《办法》)，并将于2015年6月1日起施行，打造合肥市群众公议工作2.0版。

（一）拓展了群众公议的基本含义

在原有行政机关开展群众公议活动的基础上，增加了政府法制工作机构对行政执法机关已经结案的行政处罚案件主动组织开展群众公议活动的规定。

（二）构建了事前、事中、事后全方位的监督体系

原制度确定群众公议活动在行政处罚决定作出之前进行，新群众公

议制度在保留了原有规定的基础上，对于发生投诉的行政处罚案件、执法检查中发现问题的行政处罚案件、新闻媒体曝光的行政处罚案件等，政府法制机构可以直接组织公议员对案件进行公议，形成公议意见，作为下达行政执法监督意见的重要参考。2016年，市本级开展主动公议5场，公议案件12件，并对相关执法部门下达了行政执法督察书，部门整改率达到100%，体现了制度刚性，实现了群众公议与法制监督工作的有机结合。

（三）创新群众公议的方式

在原有通过公议会议的方式进行的基础上，结合合肥市正在推进的政府权力清单运行平台建设，增加了通过信息平台的方式进行公议，实现"制度加科技"的网上公议新模式。网上公议模式的推行，最大限度地避免了群众公议员与行政执法部门直接接触，最大限度地保障群众公议过程和结果公正，同时也有助于节约群众公议工作成本，提升工作效率。2016年，开展网上公议14场，公议案件31件；2017年，网上公议实现常态化运行。

（四）进一步规范了群众公议程序

在总结前期经验、保持群众公议活动基本框架的基础上，要求行政机关必须通知行政处罚相对人参加群众公议会议；明确了每次公议活动公议的案件数量；增加了行政机关可以提前将案件卷宗材料提交群众公议团成员的规定。

（五）推动群众公议向基层执法一线延伸

随着执法重心下移，大量的行政处罚案件在基层，依法行政的重点、难点在基层，新《办法》明确规定县（市）区行政执法部门也要依法开展群众公议，实现了群众公议的全覆盖。2016年，各县（市）区组织开展群众公议活动266场,同比增长40%,公议案件646件,同比增长126%。

(六)进一步强化了责任追究

建立"一案双查"工作机制,政府法制机构针对被依法撤销、变更或确认违法的行政处罚案件,存在应开展公议未开展情形的,既追究行政处罚实施主体责任,也要追究相关领导和直接责任人责任。2016年9月,合肥市对《办法》施行后市本级层面行政复议、行政诉讼中涉及的行政处罚案件进行了逐一梳理,重点排查被依法撤销、变更或者确认违法的案件中是否存在应当开展群众公议而未开展的情形,其中,核实行政执法部门列入不公议案件范围并进入复议诉讼程序的案件是否符合不公议标准也是倒查的重要内容。此次倒查工作中,共排查行政复议与行政诉讼领域内的已结行政处罚类案件280余件。从排查情况来看,市本级层面群众公议制度落实效果较好,尚未发生应公议而未公议的行政处罚案件被依法撤销、变更或者确认违法的情形。

截至2017年6月底,合肥市共招募群众公议员836名,开展公议活动782场,评议案件2937件,96%的公议意见被采纳,群众公议团对行政处罚实施主体拟作出的行政处罚决定的异议率从30%下降到3%以下。经过群众公议的行政处罚案件,没有一起因复议或者诉讼被依法撤销、变更或者确认违法。

合肥市行政处罚案件群众公议制度,一直在路上!

推动相对集中行政许可权，构建法治政府新格局

——滨海新区行政审批制度改革创新实践

天津市滨海新区人民政府

项目总体介绍

第一部分：改革发起的动因和背景

党的十八大把法治政府基本建成确立为到2020年全面建成小康社会的重要目标之一，全面贯彻党的十八大和十八届二中、三中、四中、五中全会精神，深入推进依法行政，加快建设法治政府，如期实现法治政府基本建成的奋斗目标，推进国家治理体系和治理能力现代化，也为实现"两个一百年"奋斗目标、实现中华民族伟大复兴的中国梦提供有力法治保障。新一届政府也明确提出"简政放权、放管结合、优化服务"的政府职能转变改革方向。同时，我国行政体制改革正逐步走入深水区，要求我们必须敢于啃硬骨头。改革的目的是充分发挥市场在资源配置中的决定性作用，其根本内容是政府职能转变。如何深化行政审批制度改革，天津进行了近十年的探索。在新的历史阶段，天津市委市政府、滨海新区区委区政府深刻把握中央改革部署、改革精神，坚决同党中央保持高度一致，在广泛调研、认真研究的基础上，决定以滨海新区行政审批制度改革作为全面改革的"先手棋"、"当头炮"，大胆决策、强力推动，在

审批机制创新的基础上，实施相对集中行政许可权的进一步改革。滨海新区行政审批体制机制改革的核心内容就是要简政放权，实现政府职能转变。

第二部分：改革的主要内容

天津市委、市政府以相对集中行政许可权为行政审批制度改革的突破口，全力推动政府职能转变，通过将滨海新区政府所有部门的审批职能剥离划转，使碎片化的审批职能集中到一个部门，突破传统审批模式，实现了脱胎换骨式的体制变革。滨海新区行政审批制度改革的突出亮点是成立行政审批局，在2014年5月20日，全国第一家依法设立的行政审批局正式挂牌成立，将滨海新区发展改革委、经济信息委、商务委、建设交通局、教育局、科委、财政局、民政局、司法局、人力社保局、环保市容局、农业局、卫生局、安全监管局、文化广播局、档案局、民族宗教侨务办、编办等18个部门的216项审批职责全部划转到滨海新区行政审批局，由审批局直接实施审批事项，启用行政审批专用章。在体制上自我革命，实现审管分离；在机制上建立了"一个窗口流转"便捷审批模式。通过改革倒逼政府部门职能转变，破解体制机制性障碍，建立起了决策、审批、监管既相互制约又相互协调的运行机制，激发了经济社会发展活力。

新区审批局成立后，为保证这项改革顺利实施，天津市滨海新区人民政府重点围绕"行为规范、运转协调、公正透明、廉洁高效"的建局理念，主要从"规范化、便利化"两个方面推进审批机制改革创新。

1. 在规范化运行上实施了"三次升级"和"一次改造"

"三次升级"，即：在原有总体方案的基础上，先后又组织实施了三次审批机制的改革创新。

一是实行审批规范化操作。审批局成立之初，天津市滨海新区人民政府组织审批业务处室，用4个月的时间，统一制作完成了审批事项标准化操作规程（SOP），对审批要件和审批流程、审查标准、审批时限进行了规范和细化，杜绝审批自由裁量权，推进依法依规审批。

二是实行"单一窗口"全项受理。按照《行政许可法》第二十六条关于"行政许可需要行政机关内设的多个机构办理的，该行政机关应当确定一个机构统一受理行政许可申请，统一送达行政许可决定"的规定，设立了审批局的受理中心，统一受理审批局办理的全部事项，实现多类别的"单项窗口"向全项受理的"单一窗口"转变，使申请人办事更加便利。

三是实行"团队化"专业审查。根据各审批事项的专业化属性，将审批局内设机构的职能和人员进行了适当调整，实现"单岗单员"审查向"团队化"专业审查的转变，进一步提高审批能力和水平，保证审批质量。

"一次改造"，即：推动实施"受理、审查、批准"的"三分设"审批模式。在审批运行机制"三次升级"的基础上，实施"受理、审查、批准"分设，形成单一窗口、全项受理，专业审查、团队支撑，严格把控、终身负责的审批运行模式，把审批权力关进制度笼子里，实现了审批行为规范、协调、透明、高效。

2. 在便利化服务上推行了一系列便企便民举措

围绕审批服务便利化，采取切实有力的保障措施，高效服务于新区投资和服务贸易便利化，逐步实现滨海新区"审批体系一个整体，办事场所多点支撑，一体化协调运转"的审批工作体系新格局。

一是建立帮办队伍为申请人无偿提供服务。成立80余人的帮办服务队伍，通过政府埋单、无偿帮办的方式，全程全面为申请人提供便捷服务。

二是制定审批事项非主审要件"容缺后补"制度，少数投资项目实行"差别化"管理。推行守规承诺制，建立企业信用等级库，让守信者一路通畅，提升审批服务效率。

三是开展无偿寄送审批事项办理结果服务。对路途远、不方便到中心领取审批结果的申请人，区行政审批局提供免费寄送审批结果服务。

四是开通24小时便企便民服务热线。开通24小时66897700便企服务热线和88908890便民服务热线，推行24小时"网上办事大厅"，方便申请人办理审批事项，接受社会监督。

五是进一步简政放权推动各功能区集中行使行政许可工作。推进各有关功能区成立行政审批局，将新区实施的全部行政许可事项和服务事项，由各功能区审批局在本区域范围内统一行使。

六是延伸审批服务、推进街镇综合受理窗口建设。将区审批局综合受理窗口延伸至街镇服务中心，在各街镇统一设立服务站，全面承担区审批局行政审批事项的接件、受理和咨询服务的综合受理工作，实施"足不出街镇"就可办理审批。

3. 在"审管分离"后实施了审管联动的"四项机制"

创新审管联动机制，从审管联动工作的信息共享、工作衔接、机制完善和职责明确等方面进行加强和提供保障，是体现"放管结合"、推动事中事后监管的重要举措。

一是建立审管互动信息交流制度。在行政审批系统中建设了审批与监管信息交换平台，审批局将审批结果（含要件）信息，按部门分类通过平台及时告知监管部门。同时，监管部门将监管中实施行政处罚的情况，通过平台反馈给审批局。

二是建立重点方面专项会商制度。对涉及国家安全、生态安全和公共安全，以及重大生产力布局、战略性资源开发和重大公共利益，且具有直接关联性的重大项目，组织行业主管部门会商，充分听取意见，共同研究确定审批事项。

三是建立审查员制度。设立审查员库，从市级审批部门和有关领域的专家库名单中聘请，组织若干审查专家组，根据需要组织审查员参与审批事项进行审查，保证审批的科学公正。

四是建立观察员制度。对一些与监管直接相关的事项,按照工作需要,新区审批局提前商请有关监管部门派出观察员,参与审核工作,充分听取观察员意见,加强工作衔接,形成部门合力。

第三部分：改革对实现法治政府建设目标的意义

深化行政审批制度改革是到2020年基本建成法治政府的重要任务,实现政府部门间的横向联通和加快推进相对集中行政许可权工作,支持地方开展相对集中行政许可权改革试点是深化行政审批制度改革的重要举措,滨海新区相对集中行政许可权的行政审批改革实践是改革试点的重要样本。

1. 滨海新区相对集中行政许可权的行政审批制度改革引领了政府职能转变和行政体制改革深化

滨海新区围绕审批体制改革,使审批体制改革成为转变政府职能的"先手棋"和"当头炮",引领和推动了行政体制改革不断深化。表现为：一是明晰了政府的权力边界。通过合并、简化、暂不列入等方式把行政许可事项不断压减,放开公共服务市场准入,推进管理中心下移,把政府"具体服务"交给社会,推动政府权力边界明晰化。二是强化了政府的监管和服务职能。行政审批职能已经划转的政府各职能部门把工作重心放在政策研究、宏观调控、规划制定、行业标准规范和监督管理上,更加注重事中事后监管和提升公共服务水平。三是通过"简政放权、放管结合、优化服务",引领行政体制改革,推动政府职能转变,有利于行政权力结构优化,有利于行政权力规范、高效、廉洁、透明地运行。

2. 滨海新区相对集中行政许可权的行政审批制度改革是对《行政许可法》的立法理念和精神的重要实践

滨海新区的审批改革是依据《行政许可法》关于按照精简、统一、高效原则进行一级政府横向集中行政许可权立法的规定进行具体实践,是对许可法第二十五条关于相对集中行政许可权制度设计的有力实践、有效阐释和有益探索，是促进审批体制改革的突破，也为进一步实施大部制改革的行政管理体制改革提供经验和借鉴。

3．滨海新区相对集中行政许可权的行政审批制度改革是行政执法体制改革的重要实践

滨海新区审批制度改革不只是对原先由18个部门行使的审批职权进行"物理平移"集中到行政审批局，而是通过一系列措施，使审批行为出现"化学反应"，导致传统的审批模式发生脱胎换骨式的变化，是行政执法体制改革关于综合执法改革的重要内容。

4．滨海新区相对集中行政许可权的行政审批制度改革带动了其他地方审批体制改革

滨海新区行政审批制度改革近两年来的持续推进运行得到李克强总理的充分肯定和支持，在全国产生了广泛影响，很多地方学习借鉴滨海新区改革模式，相对集中行政许可权改革从"一枝独秀"走向了"多地开花"。先后接待了国家部委、全国各地地方政府近9000人次考察学习。天津市其他15个区、县，新区各功能区已全部按照滨海审批模式组建了行政审批局。中编办也向全国推广新区的改革，全国多地相继成立行政审批局。

滨海新区相对集中行政许可权的行政审批制度改革实践成果表明：以成立滨海新区行政审批局为特点的相对集中行政许可权改革是目前行政审批制度改革各种探索与实践模式中力度最深、成效最好、意义最大的改革模式。通过实行相对集中行政许可权改革，进一步加大了简政放权、放管结合、优化服务的力度，转变政府职能，持续为企业松绑减负，为大众创业、万众创新清障搭台，让市场活力更大释放，让各行各业创业创新才能更加施展，让改革红利更多惠及人民，是对建设"职能科学、权责法定、执法严明、公开公正、廉洁高效、守法诚信"的法治政府的有益探索和有效实践。

项目获奖后至今发展情况

天津市滨海新区人民政府"推动相对集中行政许可权,构建法治政府新格局——滨海新区行政审批制度改革创新实践"项目自 2016 年 12 月 10 日荣获第四届中国法治政府奖以来,在市委市政府的正确领导下,在社会各界的关心支持下,滨海新区注重统筹好改革和发展两个大局,以勇于创新、敢于担当、锐意进取的精神,进一步深化审批改革,进一步完善运行机制,进一步提高服务水平,审批服务效率不断提升,行政审批改革总体运行良好。

以理念创新引领实践创新

一是强化服务意识。重点解决服务观念问题,逐步使审批人员在思想观念上完成由"严控"、"找错"向"服务"、"成全"的转变。具体实施过程中,通过审批人员"退路进厅",改变审批人员固有审批模式和审批的"老习惯",通过实行统一受理接办分离,让受理环节和审查批准环节实施有效的物理隔离,最大弱化行政审批"存在感",努力提高服务质量和水平。

二是强化联合审批。着力解决协调并联审批问题。通过有效举措,逐步实现由"外力推动"向"流程自然"的转变,在形式上实现由"多对一"向"一对一"的结构性改变。具体实施过程中,受理环节完全由审批局承担,即在审批局全部审批事项实行单一窗口、全项受理的基础上,将进驻部门的审批事项纳入统一受理,真正实现申请人到"一个窗口"就可办理所有审批事项,破解双管、垂管部门独立运行不能有效并联服务的难题,通过"绩效管理和行政审批"一个软件系统,实实在在地实现审批服务大并联。

三是强化服务便利。建立政府服务新理念。把投资贸易和生活服务事项全部纳入"一个大厅"、"一个窗口"办理，解决服务不全面的问题。区审批局扩展业务范围，引入涉及政府各部门与行政相对人相关事项，实现"找政府办事到审批大厅"的改革目标。把投资贸易和生活服务事项全部纳入新址服务大厅的同时，认真落实区委、区政府要求，积极推动新区电子市民中心建设，采取现场帮助和网上自助的有效方式，在一个大厅一张网上全部办理新区所有审批和服务事项。

四是强化审管联动。建立更加紧密的协调联动运行机制。在政府职能转变过程中，审批与监管的分离不是隔离，分是相对，联系是必然。通过建立相对独立、紧密联系、互相监督制约的新机制，让审批监管衔接更紧密。"一颗印章管审批"后，在实施审管联动"四项制度"基础上，进一步创新审管联动机制，依托滨海新区审管联动工作领导小组，强化组织领导、健全机构机制、明确职责任务，建立审管联动工作会议制度，推动审批与监管更加协调联动。

坚持以功能放大拓展改革效应

一是秉承全服务的理念，拓展行政审批局功能。经过近三年持续的简政放权改革，审批事项已明显减少，审批职能将逐步弱化。依托搬迁新址后良好的软硬件条件，区行政审批局即将开设电子市民中心的线下服务，拓展审批局的功能范围，承担面向企业、群众的服务事项，逐步实现"找政府办事进大厅"的目标。

二是与进驻部门高度融合，全面实行"统一受理工作"。区审批局持续推进审批服务事项"单一窗口""统一受理"工作。目前，12个进驻部门，除商事登记工作正在推动改革外，其余11个部门102项审批服务事项，完成了受理环节移交工作，实现了"统一受理"，极大地提高了审批服务规范，方便了企业群众办事需要，受到社会的称赞。

三是构建滨海新区行政审批架构，实现审批服务一体化。滨海新区行政审批构架逐步完善，组建功能区审批局和延伸街镇审批服务窗口，积极推进审批事项下放和审批工作下沉。目前，功能区中开发区、保税区、高新区、东疆保税港、生态城、中心商务区、临港经济区已成立审批局或新区审批局分中心，与审批局工作实现同权限。18个街镇推动设立行政审批服务站工作，全面承担区行政审批局的综合受理工作。通过运用信息网络，形成行政审批和服务事项办理的"实体分散、虚拟集中"的模式。新区全面构建了"审批体系一个整体、办事场所多点支撑、一体化协调运转"的新格局。

坚持以举措创新推动服务便利

一是实行"事项规程"标准操作，让审批操作更标准。研究制定行政审批标准化操作规程（SOP），对审批要件、审批流程、审查标准、审批时限进行规范和细化，不断完善事项要件准备、形式审查、实质审查、现场踏勘等各项环节的要点，通过"事项规程"标准操作，让审批操作规范化，挤压自由裁量权，推进依法依规审批，行政审批标准化操作规程已由天津市审批办进一步规范完善后纳入地方标准，并逐步在全市范围内推广。

二是实行"受理、审查、批准"分设，让审批流程更科学。推动实施"受理、审查、批准"分设，形成"单一窗口、全项受理，专业审查、团队支撑，严格把控、终身负责"的审批运行模式，把审批权力关进制度的笼子，让审批流程更科学。并在审批改革成功实践的基础上，将12个进驻部门中11个部门的审批事项纳入统一受理，进驻部门纳入综合受理比例达到92%以上。

三是建立无偿帮办服务机制，让审批服务更细微。建立专职帮办服务队伍，采取政府买单无偿帮办的方式，在帮办服务区无偿为申请人提供咨询、填写申报表格、复印、扫描、传真、打印等服务，每月为申请人复印文件6万余张；对路途远、不方便到中心领取审批结果的申请人，提供免费寄送审批结果服务,让审批服务更细微。

四是实施审管联动"四项制度",让审批监管更无缝。建立审批与监管协调运行机制,让审批监管无缝衔接。一是建立审管互动信息交流制度,通过信息交换平台,将全部审批结果告知监管部门;二是建立重点方面专项会商制度,对特定项目组织行业主管部门会商,共同研究确定审批事项;三是建立审查员制度,设立审查员专家库,组织其参与审批事项审查,保证审批的科学公正;四是建立观察员制度,商请有关监管部门派出观察员,参与审核工作,形成部门合力。组建审管联动工作领导小组,定期研究解决审管联动工作,让审批监管衔接更无缝。

五是实施非主审要件"容缺后补"制度,让审批要件更简单。实施非主审要件"容缺后补"制度,对已具备审批条件且申报材料中主审要件齐全,只是辅助性申请材料不齐全的情况,由申请人书面承诺补齐相关申请材料,采取非主审要件"容缺后补",简化审批流程,先行受理,并在承诺时限内办结,最大限度地减少申请人往返次数,让审批要件更简单。

六是实行建设项目"差别化"管理,让烦琐审批更简便。制定《部分环境影响轻微建设项目差别化管理目录》,对目录中涉及水利、农林牧渔、道路交通、城市基础设施等7个行业的46类环境影响轻微建设项目,试行差别化环评管理,即不需编制环评,不需办理环保审批手续,同时免于环保"三同时"管理,让烦琐审批更简便。

七是建立"制度+科技"监督机制,让权力运行更规范。利用"制度+科技"的手段,健全监督管理机制,研究开发"行政审批与绩效管理软件系统",所有审批事项实行网上办理,限时办结。实行阳光下的透明操作,解决"推而不受、受而不理、批不担责"的问题,让权力运行更规范。通过对外服务,使群众满意度整体较高。

八是建立24小时便企便民服务热线,让审批服务更便捷。按照天津市委、市政府"一个号码管服务"改革要求,将原区长热线、8890、

7700便民便企服务热线整合为88908890便民专线服务平台，无偿为市民提供咨询、求助、投诉等各类服务，搭建政府与社会服务的桥梁。

九是延伸街镇审批服务窗口，让新区审批更贴身。延伸审批服务网络，在各街镇统一设立服务站，将区审批局综合受理窗口延伸至街镇，全面承担区审批局所有行政许可和服务事项的接件、受理和咨询服务的综合受理工作，按照"受理全项、接办紧密、服务全域、运行便利"的服务标准，实现"足不出街镇"即可办理审批服务事项。

十是开通网上"直通车"办理业务，让审批办理更自助。推行24小时"网上办事大厅"，开通网上"直通车"办理渠道，申请人在互联网上直接登记、申报审批事项，审批人员在网上审核、提出修改和补正意见，对要件齐全且符合法定形式的，批准后通知申请人领证。实现了预约受理、网上申报、快递送达的自助办理。

《关于对违法失信上市公司相关责任主体实施联合惩戒的合作备忘录》

中国证券监督管理委员会

一 项目总体情况

（一）相关背景情况

为了贯彻党的十八大和十八届三中、四中、五中、六中全会关于"褒扬诚信、惩戒失信"的精神,落实《社会信用体系建设规划纲要(2014-2020年)》"建立多部门信用奖惩联动机制"的有关要求,大力实现中央全面深化改革领导小组《贯彻实施党的十八届四中全会决定重要举措2015工作要点任务书》中提出的关于"出台上市公司失信约束相关制度"的任务部署,进一步凝聚监管合力、创新监管方式、促进监管转型,中国证监会提出通过签署备忘录的形式,与相关部委建立信息纽带和执法联系,在上市公司相关领域建立违法失信行为联合惩戒机制。

上市公司是国民经济运行中最具影响力和成长优势的企业群体。上市公司的规范发展,不仅引领了我国现代企业制度建设、现代公司文化建设、企业信息公示制度建设,而且促进了投资者权利意识、法治意识、民主决策意识、监督意识的增强和权利维护能力的提升,更为我国成为世界第二大经济体并形成全球瞩目的综合国力发挥了不可替代的作用。

近年来,随着我国证券期货市场日新月异的发展,上市公司数量持续增加，覆盖的行业领域与范围日益扩大。与此同时，一些上市公司相关责任主体诚信合规意识不强、失信现象突出、诚信机制较为薄弱等问题愈发凸显，对广大中小投资者的合法权益造成严重威胁。在现行法律框架下对违法失信上市公司相关责任主体的失信行为实行联合惩戒，成为进一步保护中小投资者合法权益，维护资本市场健康发展的客观需要，也是资本市场更好地服务实体经济发展，实现国民经济可持续增长的内在要求。

2015年12月24日，中国证监会牵头，22家部委联合签署并发布了《关于对违法失信上市公司相关责任主体实施联合惩戒的合作备忘录》（发改财经〔2015〕3062号，以下简称《备忘录》）。

《备忘录》是中国证监会为保护投资者合法权益、提高上市公司质量，联合多家部委共同发布的一项重要文件，是证监会创新监管机制和执法手段的一次探索。

（二）备忘录主要内容

《备忘录》共6个部分，明确了联合惩戒的对象、惩戒措施、法律依据和实施部门，规定了信息共享和联合惩戒结果的反馈机制，具有惩戒范围广泛、法律依据充分、惩戒措施有效等特点。

根据《备忘录》相关要求，部际联合惩戒的对象为依法受到中国证监会行政处罚、市场禁入的上市公司及其控股股东、实际控制人、持股5%以上的股东、上市公司收购人、上市公司重大重组的交易各方，以及这些主体的董事、监事、高级管理人员等责任主体。

在具体惩戒措施上，《备忘录》立足于现行法律法规及规章规定，围绕融资、投资、股权激励、日常经营等商事活动，规定了16项既有针对性，又有效可行的惩戒措施，具体可分为五类：一是限制投资类措施，如限制设立商业银行或分行，限制设立证券公司、基金管理公司、期货公司、保险公司等；二是限制融资类措施，如限制发行企业债券、限制在银行间市场发行债券、限制金融机构融资授信等；三是影响日常经营类措施，如限制实行股权激励计划、限制外汇管理行政审批、限制补贴性资金支持、禁止参加政府采购等；四是限制相关资质类措施，如限制担任国有独资公司、国有资本控股或参股公司的董事、监事等；五是其他措施，如信息公示等。

（三）《备忘录》的实现方式

在具体实现方式上，《备忘录》主要以国家信用信息共享平台为媒介，通过信息共享的方式实现信息的互联互通进而推进联合惩戒。各单位根据中国证监会通报的上市公司相关责任主体违法失信信息，依法进行信息查询、使用以及联合惩戒，并定期反馈惩戒结果；中国证监会也将根据各单位提供的行政处罚信息，对相关主体实施失信惩戒或者重点监管，并定期将失信信息使用情况和惩戒结果反馈给各单位。

（四）《备忘录》的实践意义

《备忘录》的出台，对于加强证券期货市场监督管理，整合部际资源，提升监管效能，卓有成效地净化市场环境，具有重要的作用和深远意义。

首先，《备忘录》所确立的联合惩戒制度，改变了以往各执法部门单打独斗的情况，凝聚合力、打破樊篱，对违法失信当事人实施联动约束、协同监管，综合运用信息公示、信息共享、联合约束等手段，有效发挥多项措施"组合拳"的威力，推动了行政执法方式的创新，并最终实现执法效能的大幅跃升。

其次，《备忘录》本身有助于推动全面正确实施法律。《备忘录》出台前，违法失信信息往往局限于各执法部门内部，中国证监会对相关当事人在其他经济领域内因违法失信行为受到处罚的信息难以及时、全面掌握。中国证监会在开展行政审批等工作中，所依据的法律法规对申请人普遍有"社会信誉良好"、"无违法违规记录"等诚信要求，但受限于"信息孤岛"的问题，上述条款难以全面落实。《备忘录》的出台，有效解决了因为信息缺失而导致的法律实施难题，在资本市场实现"有法必依"。

再次，《备忘录》的实施有利于进一步推动社会信用体系建设。通过联合惩戒，将中国证监会在监管执法工作中对违法失信上市公司及相关责任主体的制裁效果从资本市场拓展到经济生活的各个相关领域，让失信者"一处失信，处处受限"，通过反向激励，调节上市公司及相关责任人员的心理预期和行为决策，引导上市公司及其相关责任人员守法守信，提高市场诚信水平，进而推动整个社会信用体系的建设。

二 项目发展情况

（一）落实工作情况

《备忘录》颁布前后，中国证监会通过举办诚信建设工作培训班、新闻记者招待会、诚信数据库培训调研座谈会，推进部际诚信建设经验交流等，大力宣传诚信建设与管理制度，强化市场主体、会系统部门、参与单位对《备忘录》所建立起来的"一处失信、处处受限"诚信约束机制的认知，加强证券期货市场诚信建设和市场参与者的诚信意识。

以《备忘录》的实施为契机，中国证监会从内外两方面致力于推进《备忘录》的落实：一方面，完善诚信数据库等基础设施的建设，督促违法失信信息的及时、全面录入，加强数据统计分析能力，为联合惩戒工作的深入开展提供有效的信息服务；另一方面，通过主动推送信息，主动上门沟通，协助比对名单，共同研究实施等方式，加强《备忘录》落实工作的主动性，推进联合惩戒参与单位对《备忘录》的落实。例如，《备忘录》实施后，中国证监会多次赴海关总署，参与违法失信上市公司相关责任主体联合惩戒具体落实事宜的会商。通过与海关总署持续就海关认证企业相关失信行为的具体评判与风险分析交流经验和看法，并就海关总署反馈的失信认证企业信息与证监会诚信数据库最新数据进行核实与更新，为海关领域联合惩戒措施的落实提供强有力的支持与保障。

目前，中国证监会已向参与联合惩戒的单位通过国家信用信息共享交换平台主动推送了5888条信息，包括行政处罚信息2247条，市场禁入信息355条，纪律处分信息3286条，并持续关注联合惩戒工作动态，大力推进部际信息共享与应用，多措并举地促进联合惩戒工作的深入开展。

（二）具体落实效果

1. 内部落实效果

中国证监会根据上市公司相关责任主体违法失信情况，在行政许可审批中加强对信息的查询、使用和推广，作为许可审批的重要参考。2016年全年行政许可审批中，因当事人存在不良记录，作出不予行政许可决定1起，要求解释说明2起，当事人主动撤回申请1起。在第六届并购重组委委员聘任过程中，一名注册资产评估师候选人因存在失信记录，而最终未能当选。通过进一步加强违法失信记录的查询和应用，中国证监会在系统内部全面落实《备忘录》要求，依法强化对违法失信主体在证券期货领域相关惩戒的实施。

2. 外部落实效果

根据相关信息查询反馈情况，公安部、国资委、人民银行、银监会等多家部委已经将证监会违法失信信息纳入其内部的信息数据查询系统，供全系统查询使用。其中，国资委共查询30余次，作为股权激励及高管任职的参考；银监会自2016年初连续五个季度共查询了6000余次，作为机构设立审批、高管任职资格核准等工作的重要参考；保监会、质检总局等尚未建立统一数据系统的单位，也将相关信息分解到会系统各部门、单位进行具体落实。据悉，保监会机关2016年在行政许可中查询证监会信息约1000次，其中，行政处罚中查询约20次；保监会各地派出机构2016年全年行政许可与行政处罚查询证监会信息总量近20000次，违法失信上市公司相关责任主体信息的查询应用得到较全面的推广。

根据相关联合惩戒反馈情况，海关总署2017年初根据《备忘录》相关要求，对列入违法失信上市公司相关责任主体名单的海关企业实施了联合惩戒措施，具体为：一是下调了2家高级认证和21家一般认证企业的信用等级，1年内限制上述企业申请适用高级认证企业或者一般认证企业管理；二是限制51家一般信用企业1年内申请适用高级认证企业或者一般认证企业管理；三是将上述74家企业列为高风险企业或稽查重点对象，实施严密监管措施，对其进出口货物加强单证审核或布控查验。

根据《海关认证企业标准》和《海关企业信用管理暂行办法》，海关按照内部控制、财务状况、守法规范、贸易安全等标准将企业分为一般认证、高级认证企业，并对不同认证级别的企业适用不同的管理原则和措施。一般认证企业享受较低的进出口货物查验率、简化进出口货物单证审核、优先办理进出口货物通关手续等便利；高级认证企业在一般认证企业享有的便利之外，还可享受先行办理验放手续、海关为企业设立协调员等通关便利措施。因而，海关总署对相关企业信用等级的下调，将显著提高企业的进出口成本，对违法失信上市公司相关责任主体形成显著的震慑效应，体现了中国证监会在联合惩戒工作落实方面取得了显著实效，也为多手段、跨领域、全方位惩戒有严重信用污点的上市公司相关责任主体工作提供了良好的示范作用。通过将违法失信上市公司相关责任主体的信用污点暴露在联合惩戒执法过程中，使其在法律框架下处处受限、步步难行，倒逼其树立"不敢失信"、"不能失信"的理念，为中国证监会深入推进资本市场信用体系建设提供了有利的条件。

（三）进一步落实情况

在落实《备忘录》的同时，中国证监会积极参与其他领域联合惩戒机制建设，主要涉及税收、工商、失信被执行人、安全生产、环境保护、食品药品监管、质量安全、财政性资金使用、统计等领域。在此基础上，进一步扩大部际信息共享范围，协调研究明确联合惩戒的相关标准原则，为中国证监会在违法失信上市公司领域惩戒措施的落实进一步提供强有力的保障。

同时，中国证监会积极配合社会信用体系建设部际联席会议制定《关于加强和规范信用联合惩戒对象名单管理制度建设的指导意见》，通过统筹全局、顶层设计的方式，构建违法失信领域相关惩戒对象名单的认定机制、举报机制、信用修复机制、复议诉讼机制、名单退出机制等，进一步完善中国证监会开展违法失信上市公司相关责任主体联合惩戒的标准和程序等。

失信联合惩戒制度建设，是国务院明确的推进社会诚信建设的重要举措，也是社会信用体系建设部际联席会议重点推动的一项工作。中国证监会对违法失信上市公司相关责任主体建立的联合惩戒制度，改变了传统行政监管方式简单、手段单一、主要依靠行政处罚的局面，丰富了监管的资源、手段和方式，对于资本市场诚信建设发挥着重要推动作用。从《备忘录》实施情况来看，中国证监会落实《备忘录》相关工作进展有序，完成较好，下一阶段还将进一步增强工作力量，加大落实力度，有力牵制上市公司相关责任主体以上市公司为工具从事违法失信行为，进一步提高上市公司质量，保护投资者权益。

四平市"行政执法监督+"工作机制

吉林省四平市人民政府

四平市素有"东方马德里""中国优质玉米之都"之称,地处吉林、辽宁、内蒙古三省份交界,是哈长城市群向南开放的桥头堡,是吉林省中部创新转型核心区主要支点城市。全市辖2区4县,1个农垦区,6个开发区,幅员面积1.4万平方公里,总人口341万人。

党的十八届四中全会吹响了全面依法治国的新号角。《中共中央关于全面推进依法治国若干重大问题的决定》和《法治政府建设实施纲要(2015—2020年)》先后指出,强化对行政权力的制约和监督,努力形成科学有效的权力运行制约和监督体系,增强监督合力和实效。根据新形势和新任务的要求,行政执法监督应当有所作为,甚至强势作为。加强行政执法监督,规范行政执法行为,是推进依法行政、建设法治政府的关键。但在实际工作中,行政执法监督工作却遇到了瓶颈,制约了监督作用的有效发挥,主要问题表现在:一是政府法制部门的行政执法监督措施偏软,"政府通报批评"等问责方式,不能引起涉事单位对行政执法监督的足够重视,在落实执法监督意见的措施上,大都停留在敷衍、应付层面上;二是行政执法监督与司法监督之间缺乏有效衔接,使二者都难以实现监督效能的最大化;三是社会监督找不到切实发挥作用的平台,不能彰显其特殊的优势;四是行政执法监督力量分散,无法形成监督合力。这些瓶颈问题如不能破解,就不能使行政执法监督作用得到有效发挥。2014年以来,四平市政府立足行政执法监督实践,大胆创新,积极探索,创建了"'行政执法监督+'工作机制"。

一 行政执法体系

"行政执法监督+"工作机制是由政府法制部门牵头,以政府行政违法投诉举报中心为平台,以纪检监察机关追责为支撑,通过"行政执法监督+"模式,有效融合内部监督和外部监督,形成了一整套行政执法监督体系。

(一)搭建行政执法监督工作平台,明确行政执法监督工作机构

四平市政府成立了四平市政府行政违法投诉举报中心,设在市政府法制办行政执法监督科,受理全市行政违法投诉举报案件,并以行政违法投诉举报中心为平台,建立相对完整的监督工作机制。

一是建立案件"双移送"机制。建立与纪检监察机关、司法机关案件"双移送"机制,拓宽监督合作途径,提高监督工作效能。即:市法制办在行政执法监督工作中,发现行政执法行为涉嫌犯罪的,将案件移送至检察机关追究刑事责任;发现行政执法行为涉嫌违纪的,则将案件移送至纪检监察机关追究相应责任;对涉事单位不履行市法制办下达的行政执法监督通知书意见的,以行政不作为、慢作为为由,将案件移送至纪检监察机关追究相应责任。同时,司法机关对有关行政执法单位发出司法建议、检察建议时,抄送给市法制办,由市法制办从行政执法监督角度督办司法建议、检察建议的落实。通过建立与纪检监察机关、司法机关之间的案件双向移送机制,加强了相关部门之间的联系和互动,增强了规范"违法或不当行政执法行为"的合力和实效,同时在更大范围内营造了依法行政的法治氛围。

二是建立全程督查机制。开展行政执法事前、事中、事后监督,实现行政执法全过程动态督管。通过要求行政执法部门年初报审年度行政

执法计划，强调行政执法的事前审查，预先确定监管的重点、方式和频次。通过完善随机抽查和专项检查等监督检查制度，强化事中常态监督，克服监管的选择性和随意性，实现行政执法的即时监督。通过邀请专家、法制干部开展年终行政执法案卷集中评查，强化事后监督。对行政执法全程监督，保证了行政执法监督的完整性、有序性和持续性。

三是建立信息通报机制。建立与媒体、与行政执法义务监督员之间的信息通报机制，畅通监督信息沟通渠道。设立"特邀行政执法监督员"制度，以"定人员、定领域、定任务"为原则，通过统一配备的手机电子监控终端，由行政执法义务监督员及时向中心传送行政执法违法信息，形成一股来自社会的专门监督力量。

四是建立联席会议机制。主动与司法机关联系，搭建行政执法监督工作沟通和交流的桥梁。与法院、检察院定期召开联席会议，沟通工作信息，交流工作经验，对需要配合的工作、需要解决的问题共同商讨、研究，总结工作思路和方法，提高行政执法监督水平。

（二）融合行政执法监督力量，构建大监督格局

针对现有监督主体众多，监督力量分散，监督效果不佳的实际情况，四平市有效整合内部和外部监督资源，打出"组合拳"，实现监督效果最大化。

"+纪检监督"，转变问责方式，强化追责力度。为打破政府行政执法监督问责手段偏软的困境，在进一步落实原有问责方式的基础上，将问责机构延伸至纪检监察机关，建立向纪检监察机关移送案件机制，即针对行政执法机关或行政执法人员不履行行政执法监督通知书意见的行为，以行政不作为、慢作为之由，移送纪检监察机关，强化政府系统内部层级监督力量，形成查处违纪行为的纪检监察专门机关与政府法制部门全面配合的机制。

"+层级监督"，转变监督方式，实施行政执法全程监督。通过事前

行政执法计划审核、事中监管、事后纠错，实现行政执法全程监督。对于收到行政执法监督通知书的行政执法单位，要求由其单位主要领导在落实回复上签字，激活行政执法部门内部层级监督。

"+司法监督"，转变沟通方式，主动接受司法监督。建立行政违法投诉举报中心与检察院、法院的信息通报制度和涉嫌犯罪案件移送机制，推进行政执法与刑事司法衔接机制的实施；通过督办司法建议和检察建议的落实，增强司法建议和检察建议的威信，避免其边缘化；将行政败诉案件纳入监督范畴，对失职行为进行追责，有效纠正行政执法部门向法院推诿责任的行为。

"+社会监督"，转变监督思维，整合社会监督力量。设立行政违法投诉举报中心，畅通群众举报监督渠道，维护群众民主权利；从行政执法部门中选聘优秀的行政执法人员和法制干部，作为行政执法义务监督员，开展行政执法部门之间相互监督，既充分发挥其业务优势，又弥补行政执法部门内部层级监督的缺位、不到位问题；从人大、政协、民主党派、新闻媒体、律师协会、街道、社区等领域特邀行政执法监督员，形成多角度、多类别、多范围的社会监督力量；设立媒体"曝光台"，对行政执法违法，行政执法不当，行政不作为、慢作为等行为公开曝光，强化新闻舆论监督。

（三）建立闭环式行政执法监督运行体系，促进行政执法监督良性循环

"行政执法监督+"工作机制建立在闭环式运行体系之中，即行政违法投诉举报中心获取监督信息后，通过依法研判、调查取证、核实，分门别类采取不同处理方式：对于行政执法行为合法、合理的，通过口头或书面形式答复监督人；对于行政执法行为涉嫌犯罪的，则将案件直接移送检察机关按司法程序处理，处理结果待检察院反馈后，答复监督人；对于行政执法行为涉嫌违纪的，则将案件直接移送纪检监察机关追究相

应责任,处理结果待纪检监察机关反馈后,答复监督人;对于行政执法行为确实存在违法或不当的,由行政违法投诉举报中心对涉事单位下达行政执法监督通知书,并跟踪监督落实情况,待涉事单位整改后及时答复监督人;对于行政执法机关之间发生履职争议,双方协商不能达成一致意见的,由市政府法制办协调解决,形成行政执法争议协调意见书,待涉事单位履行职责后答复监督人;对于行政执法单位对行政执法监督通知书存有异议的,可由涉事单位申请复查;对于行政执法单位在规定时间内,未提出异议也未落实行政执法监督通知书意见的,则以不作为、慢作为之由移送纪检监察机关处理,处理结果待纪检监察机关反馈后,答复监督人。行政违法投诉举报中心从受理监督案件到结案,闭环式运行,全程标准化办案,行政执法监督程序严格规范。

四平市"行政执法监督+"工作机制构建了协调包容、相互沟通的平台,解决了行政执法不作为、慢作为问题。整合了各种监督力量,增强了监督合力和实效,实现了监督效能和效果最大化。该工作机制运行以来受到社会各界广泛关注,吉林电视台头条、吉林日报头版、吉林广播电台、吉林网等省内四大主流媒体都分别给予了宣传报道。省内吉林、辽源、白山、松原等地区陆续来到四平学习、考察,对该工作机制的创新性、突破性和可行性都给予了高度肯定和评价。2016年12月,四平市"行政执法监督+"工作机制参加了第四届中国法治政府奖评选,喜获中国法治政府奖提名奖殊荣。第四届中国法治政府奖评委会认为,四平市"行政执法监督+"工作机制将党的纪律监督、国家的司法监督、群众的社会监督与行政系统内部的法制监督有机融为一体,为我国"大监督"体制改革作出了宝贵的新探索。

二 "行政执法监督+"工作机制的成效

四平市"行政执法监督+"工作机制的建立,强力破解了地市级政府在行政执法监督工作中的瓶颈问题,开辟了一条行政执法监督工作新路径,具有突破性和实践性。

(一)解决了问责难问题,促进了行政执法部门正确履职

坚持有错必纠、有责必问,是法治政府建设的应有之义。四平市政府认真研究,潜心探索,致力于在理论和实践两个层面实现突破。理论上,不理不问不落行政执法监督通知书意见的行为,是一种典型的行政不作为或慢作为行为,而行政不作为或慢作为正是纪检监察机关的执纪对象,二者的有效衔接等于打通了行政执法监督的最后1公里。通过与纪检监察机关的合作,将"如果在规定时间内未进行有效整改,将以行政不作为、慢作为为由移送纪检监察机关"的问责方式,作为固定模式写进行政执法监督通知书后,政府法制部门的监督不再是"花架子",而是真正做到出拳有力,百发百中。如,四平市七道街商业宣传噪声扰民案、优品美馔餐饮有限公司油烟噪声污染案,都是拖延多年无解,在转变问责方式后都得到了有效解决。又如,针对部分企业和个人非法开采,严重破坏环境资源的违法行为,市委、市政府在全市范围内开展了清理整治违规违法开采破坏环境资源专项行动。在专项行动部署工作中,突出强调行政问责,增强参加专项行动相关执法部门责任意识。经过四个月的工作,公安、国土、环保、安监、林业、工商等有关部门共清理各类非煤矿山430家。并划分类别,分类施策,严厉整治了一批违法违规企业和个人,清理整治工作取得了明显成效。通过建立向纪检监察机关"移送案件"机制,相关部门不再漠视行政执法监督。2014年至2016年,市政府法制部门共下发行政执法监督通知书33份,100%得到落实,解决了行政执法"问责难"的问题。由于行政执法监督的力度不断加强,各行政执法部门在整改的同时,开始加大自我审视力度,在市政府的统一要求下,重点领域行政执法人员的网格化逐步建立,系统内的监督逐渐规范,全市行政执法水平整体提高。

(二)整合了监督主体,增强了监督合力和实效

纪检监督、层级监督、司法监督和社会监督等各种监督力量,由于缺乏相互沟通的平台,各自为政,力量分散,难以实施精准监督。"行政执法监督+"工作机制建立后,通过监督平台对重大监督事项统一协调,整合监督资源,降低监督成本,提高监督效率,解决了行政执法"监督难"的问题。

(三)提高了群众满意度,提升了政府公信力

行政权力在法治框架下运行,人们就会产生公正感、安全感和信任感。四平市政府建立行政违法投诉举报平台,设立特邀行政执法监督员,开办媒体专栏"曝光台",拓宽了群众不满情绪的诉求表达渠道。2014年以来,市行政违法投诉举报中心共接到来自群众的书面或电话投诉举报案件13件,下发行政执法监督通知书6份,整改率为100%。通过对行政执法违法行为的及时依法处理,有效化解了行政执法产生的社会矛盾,促进了行政执法行为日益严格规范。随着行政执法部门更加重视行政执法行为的规范化,行政执法人员的整体执法水平也显著提高,"官民"矛盾日趋减少,社会环境日益和谐,群众满意度逐步提高,政府公信力进一步提升。

(四)增强了司法监督刚性效果,强化了监督职能

通过建立行政违法投诉举报中心与司法机关的案件移送机制,强力督办涉及行政执法机关的"司法建议"和"检察建议",有效解决了司法建议、检察建议功能弱化,社会认同边缘化的问题,增强了司法建议、检察建议的底气,更加树立了司法机关的权威性。如,四平市天成玉米有限公司向大气排放难闻废气问题,检察机关下发检察建议后,市政府行政违法投诉举报中心强力督办落实检察建议。在环保部门监管下,该

企业引进设备积极整改，使周边环境得到了明显改善。

（五）提高了行政执法人员执法素养，提升了行政执法水平

由于约束力不断加强，行政执法人员开始主动提高自我工作要求，努力达到行政执法准备充分、行政执法程序合法、行政执法结果满意的目标。市政府每年新申领行政执法证件考试的及格率逐年提高，2014年为65%，2015年达到92%，到2016年提高到95.5%；行政执法人员的参训率为100%。通过行政执法人员法律专业素养的提升，使行政执法人员能够适应新形势的发展，更好地服务于社会，更多地得到市民的一份理解、一份支持，有力地夯实了法治政府建设的基础。

生态综合执法

福建省三明市大田县生态综合执法局

2016年12月10日,福建省三明市大田县生态综合执法局生态综合执法项目荣获中国政法大学主办的第四届中国法治政府奖提名奖,本局生态综合执法项目的做法与成效受到评审专家及各参评单位的肯定,其颁奖词如下:大田县率先在全省成立了生态环境综合执法大队,继而成立了首家集中水利、国土、环保等部门行政处罚权的生态综合执法局,这一大胆的尝试适应了当前我国生态文明建设发展的需要,成为生态监督执法的一把利剑,也将跨部门综合执法推到了一个新的领域,为我国的行政综合执法探出了一条新路子。

一 生态综合执法项目总体介绍

(一)项目的主要内容

生态综合执法是一项复杂的系统工程,作为一个没有现实经验可借鉴的执法新模式,对于如何开创执法之路,这几年大田县做了许多积极有益的探索与实践。大田县生态综合执法局成立是大田县委、县政府的一个创新举措,是用科学发展观统领生态保护工作,先行先试,在全省率先成立的第一支生态综合执法队伍,全面履行该县环境生态监督检查职能,依法查处未经批准进行采石、取土、捞沙、采矿、排污、弃土、弃渣、水洗沙、水洗矿、占用河道、水土流失等破坏环境生态的行为,开拓创新，依法行政，促进大田经济社会可持续发展。2010年7月，大田县在全省率先成立了生态环境综合执法大队，这一创新之举，引起了国务院法制办和省、市政府的高度重视；2012年12月，经省、市政府批准，在生态环境综合执法大队的基础上，集中水利、国土、环保、林业、矿业、安监等部门在生态管理领域的行政处罚权，成立了全省首家生态综合执法局，实行"严管、勤查、联动、重罚"，全面履行该县环境生态监督检查职能。实践证明，相对集中生态环境行政处罚权，适应了当前生态文明建设发展的需要，已成为大田县生态监督执法的一把利剑。

（二）申报项目发起的动因和背景

大田县地处闽中腹地，三江之源，是福建省重要的生态功能区。但该县又是福建省的矿产资源大县，长期以来，经济发展对矿产资源开发依赖性较强，2000年初，随着矿价行情的走高和选矿水平的提升，企业对原已废弃尾矿进行综合利用，二次翻选加剧了生态破坏和水土流失。全县仅银顶格川石铁矿区水土流失重点治理区、上京太华煤铁环境重点治理区、建设广平环境综合治理区的三个矿区面积就达215平方公里。2011年，大田水土流失及石山、裸地等生态环境脆弱区占全县土地总面积的17%。多年的矿产资源过度开发利用，使大田原本脆弱的环境生态遭到破坏，环境治理势在必行。依照我国法律规定，环境生态治理涉及多部法律及多个执法部门，难免出现职能重复，部门交叉导致多头执法或执法缺位现象。

（三）项目对实现法治政府建设目标的意义

1.执法制度得到完善。建立生态环境行政执法联席会议制度，协调解决推进相对集中行政处罚权工作过程中遇到的问题，督促各有关单位落实生态环境治理工作责任。建立行政审批备案制度和案件移送制度，加强部门之间联系互动，明确各自职责和权力。建立行政监察责任追究制度，强化执法监督工作，确定县法制办为生态综合执法局的执法监督机构，指导、规范和协调县生态综合执法局的执法工作。同时，大田县法院成立了生态环境审判巡回法庭，县检察院在文江分局成立了巡回检察联络站，采取与县公安、检察院、法院等部门进行联动办案，从法律层面共同保护生态环境。

2.执法权威逐步树立。大田县生态综合执法局依法履职，始终对生态环境违法行为保持高压态势，有效理顺了执法体制，明确执法责任，精简执法队伍，防止重复执法、多头执法、推诿执法等现象的发生，有效避免相关部门单位利益博弈——权力争着要、责任没人担的现象。执法人员在履行职责查处生态行政案件时，能够坚持以事实为依据，以法律为准绳、依法办案、秉公办事，敢于坚持原则，不搞"关系执法"、"人情执法"，杜绝"选择性执法"，做到见违必纠，纠违必罚，罚之有据，罚之得当，树立了生态行政执法的权威。

3.执法效率得到提高。通过明确权限、落实执法责任，改变了以往多支执法队伍分兵作战或者推诿扯皮现象，执法力量更加集中，执法力度大大增强，实现了"一局多能、一员多能"，提高执法水平和效率。在一定范围内实现生态环境整治领域的管理权、审批权与监督权、处罚权的分离，改变了原来由一个行政机关"自批、自管、自查、自罚"的管理模式，促使各职能部门步调一致，形成了生态综合执法局与相关职能部门相互监督约束的工作机制。

（四）项目的受益者及其受益情况

自生态综合执法局成立以来，共打击涉水违法行为1808起，当场制止1412起，办结行政处罚案件155件，收缴罚没款824.7万元。通过一系列生态环境专项整治行动,生态环境恶化的趋势初步得到遏制。三年来，大田县森林覆盖率从62.5%提高到75.6%，顺利通过"省级生态县"考核验收，正在积极争创"国家级生态县"。

1. 企业环保意识增强。生态综合执法局以"严管、勤查、联动、重罚"的模式加大对生态环境的保护，企业的违法成本增加，倒逼企业加大环境保护方面的技改投入，三年来，全县完成鑫鹭峰铸造、华闽纸业等企业共290项工业技改项目；实施重点节能项目5个、减排项目5个、循环经济项目10个，单位生产总值能耗降低和主要污染物减排完成省市下达任务；全县119家矿山企业全部签订了《矿山水土保持与生态环境治理责任书》，生态环境恢复治理责任得到有效落实；有30多家矿山企业退出转型，新型工业稳步发展，实施重点工业项目40个，完成投资26.31亿元，新增规上工业企业11家，新设立威斯特环保科技、竞源生物技术等2家省级院士工作站及宝山机械博士后工作站，实现了院士工作站和博士后工作站"零"的突破。

2. 生态环境明显改善。自生态综合执法局成立以来，通过"见污就查、违法就罚、犯罪就抓"的做法，生态环境恶化的趋势初步得到遏制，全县污染物防治、水土流失综合治理、节能降耗、矿山生态恢复治理、城乡环境卫生综合整治等"五大工程"借势推进。三年来，全县完成造林绿化16.02万亩，森林覆盖率从62.5%提高到75.6%；推行矿山水土流失综合治理"五园模式"，以被全省列入首批水土流失治理企业化运作试点县，实施银川矿区国家矿山地质环境治理示范工程、贵竹林废弃矿山"青山挂白"治理模式等，采取植树造林、封禁治理等生物措施与迹地整治、排水沟等工程措施相结合，着力打造工业园、物流园、公园、田园、家园的"五园模式"，完成水土流失治理26.26万亩，水土流失率下降幅度高于全省平均水平；17个乡（镇）通过国家级生态乡镇考核验收，获"省级生态县""省级园林县城""省级森林县城"等称号，7个村入选中国传统村落，东坂村获评"中国美丽休闲乡村——特色民居村"。

3. 生态红利逐渐凸显。生态环境的大改善逐渐释放"大红利"，"绿水青山"逐步变为"金山银山"。围绕打好富硒牌、唱好茶乡歌，茶叶、油茶、木薯、洛神花等优势特色产业迅速发展，新获"中国高山茶之乡"、

"中国油茶之乡"、"中国洛神花之乡"、"中国高山硒谷"等国字号品牌，被列为全省首批富硒农业产业开发重点县。围绕"大景大美、小景精美"的发展思路，全域化旅游加快推进，形成了乡村民宿游、茶园生态游、古村风情游等特色旅游产品，旅游业增加值年均增长19.5%，大田县获评"全国十大魅力茶乡"，"大仙峰－茶美人"景区成功创建国家3A景区，8家"农家乐"被评为"中国乡村旅游金牌农家乐"。

（五）项目之前已经获得的其他荣誉

大田县生态综合执法局开展相对集中行政处罚权实施生态领域综合执法的主要做法在福建省人民政府办公厅主办内部刊物《今日要讯》增刊230期专刊发表，受到一致好评。同时，该局挂牌成立及取得的成效多次在《中国国土资源报》、《福建日报》、《能源与环境》、《三明日报》等各级主流报纸刊物上登载，在福建东南卫视、福建电视综合频道、三明电视台等媒体上报道。生态综合执法局在大田县政府2012年度水土保持工作目标责任考评中获三等奖，生态执法局党支部在全县创先争优活动中被评为先进基层党组织，荣获第四届中国法治政府奖提名奖。吉林省政府法制办、吉林省敦化县政府、江西省安远县政府、新疆塔城市政府及大田县的周边县市均派员考察学习或借鉴该局生态综合执法工作的主要做法。

（六）其他情况

大田县生态综合执法局是县政府办派出机构，内设办公室、政策法规室、直属综合行政执法大队等，人员编制17人，同时乡（镇）配套组建生态综合执法分局，分局人员编制6到10名，组织执法人员参加省政府法制办举办的执法资格考试，全县173人均取得了执法资格证。县生态综合执法局作为县政府生态环境领域综合行政执法机关，是开展相对集中行政处罚权实施生态领域综合执法的执法主体，依法独立行使生态环境领域七个方面的行政处罚权,生态执法权力相对集中,做到权责统一、集中执法、政令畅通,促进生态环境不断改善。

二 生态综合执法项目获奖后至今的发展情况

大田县生态综合执法局的生态综合执法项目荣获第四届中国法治政府奖提名奖之后,大田县委县政府在大力宣传生态综合执法的做法及成效的同时,也在如何进一步提升和完善上进行深入研究和探索。

(一)扩大授权范围

通过大田县委县政府的努力及省市组织部门的批准,大田县生态综合执法局由县政府的挂牌机构提升出县政府的派出机构,由原来的副科级单位提高到正科级。为更好地推进生态执法工作,经县政府批准及市法制办备案,进一步扩大生态综合执法局的授权范围,将国务院于2003年发布的《无照经营查处取缔办法》中涉及生态环境领域的行政处罚权统一由生态综合执法局集中行使,进一步扩大生态执法局执法依据下位法的法条范围,实现一支队伍管生态,执法权力相对集中,做到权责统一、集中执法、政令畅通。

(二)设立生态环境保护指挥中心

在生态执法局的基础上启动建设生态环境保护指挥中心,生态综合执法局与河长办统一入驻指挥中心,由生态执法局负责指挥中心的日常运营,建立一个指挥中心、联系多个部门、指挥四支队伍、联动一个办公室的办公制度。"街长办"(城管)、"重点办"(发改)、"井长办"(国土)、"库长办"(安监)、环境监察大队、公安生态侦查大队、林业执法大队、生态检察科、生态巡回法庭等相关职能部门派员入驻生态环境保护指挥中心，进行统一指挥调度，见污就查，制止与纠正生态违法行为，加大依法查处的力度，对涉嫌刑事违反生态领域违法行为坚决依法查处。

（三）调整内设机构

增设生态环境保护总督查长室及生态执法与司法联动办公室。设立总督查长室，增加生态综合执法局督查职能，生态综合执法局局长任总督查长，县委督查室、县政府督查室、监察局、效能办、河长办领导任督查长，负责全县水生态环境情况、域内企业、在建项目排污情况及乡镇、部门在生态环境保护方面的履职情况进行督查评价，建设成集生态环境问题发现、任务派遣处置、绩效考核评价为一体的统一指挥协调机构，以"四不两直"的方式开展督查工作。设立生态执法与司法联动办公室，入驻生态侦查大队、生态检察科、生态巡回法庭等协作机构，通过建立综合执法与司法联动协作机制，强化司法衔接、延伸执法链条，快查、快办、快审、快结生态环境案件。

（四）智能可视监管

建立智能可视化监测系统，对重点污染源、重点企业、河流水质断面、环境空气、敏感部位等进行 24 小时远程在线监控，及时掌握全县水体、大气、土壤等环境因子的变化情况。结合"河长办"（河流）"井长办"（矿井）"库长办"（尾矿库）等易信平台，全面、及时掌握生态环境信息，实现线上发现问题，线下解决问题；解决了以往案件信息交叉移送、重复取证、扰民执法，保证了办案质量，提高了执法效率。建立"生态通"APP 移动执法终端，对环境污染问题进行现场处置后，及时将处置情况以照片文字形式反馈到生态综合执法局，执法局对环境事件处置情况实行全过程跟踪、督办、评价，达到线上线下互动、高效快捷处置的效果。通过智能在线可视化监测系统，整合"河长办""街长办""井长办""库长办""重点办"等运行平台，打造全时段、全覆盖的信息来源体系，实现线上发现问题、线下解决问题，执法效率得到大大提高。

（五）适时考核评价

对各部门各乡镇落实生态环境保护责任情况进行事前、事中、事后考核评价，让责任单位习惯于在"放大镜"和"聚光灯"下行使权力，自觉接受来自各方面的监督，及时通报责任单位和河段长的考评结果，并作为年度绩效考评依据之一。按照环境保护"党政同责、一岗双责、失职追责"的原则，由生态综合执法局统一制订考核办法，根据日常巡查和在线执法评价，结合视频监控、易信群数据和12369环保投诉信息，对责任部门履职情况及发现的问题进行汇总、建立台账，对乡（镇）、部门环境保护工作进行"一季一考评"，将履职情况和问题处置结果予以通报，对落实不到位、办理不高效的责任单位负责人和河段长，按照生态环境保护督察机制，实施约谈督导、问责处分。

自生态综合执法局成立以来，生态环境恶化的趋势初步得到遏制，全县污染物防治、水土流失综合治理、节能降耗、矿山生态恢复治理、城乡环境卫生综合整治等"五大工程"借势推进。17个乡（镇）通过国家级生态乡镇考核验收，获"省级生态县""省级园林县城""省级森林县城"等称号，7个村入选中国传统村落，东坂村获评"中国美丽休闲乡村——特色民居村"。生态综合执法局荣获2017年度全县生态环境保护工作考评一等奖，国土资源管理考评二等奖。

三 下一步打算

（一）注重权责统一

要根据大田县生态执法方面的工作实际，加强与省、市法制部门的沟通联系，以"大生态"的理念，谋求进一步扩大执法授权范围，实现一支队伍管生态,多个部门协调配合的工作格局。加强执法队伍建设,定期举办法制培训班,规范执法程序、执法文书,实现办案法制化、执法程序化,增强行政执法的透明度。在生态执法的过程中,由于各种复杂因素的存在和社会利益的驱动,使生态执法工作的开展阻力重重。实施相对集中行政处罚权,可以有效纠正生态环境监管保护领域中各自为政、分散执法等现象,整合执法资源,提升执法力量,有力促进生态质量改善。

(二)注重制度健全

要通过建立健全生态综合执法协作制度,明确各自职责和权力,有效防止执法真空。通过建立生态综合执法与司法联动制度,形成行政执法和司法打击合力,有效维护执法权威。通过建立生态行政监察责任追究制度,乡(镇)、部门落实生态环境保护工作责任的主动性大大增强。要不断提升生态综合执法局,坚持"大集中、全覆盖、一体化"的理念,全方位覆盖动态监测水体、大气、土壤等主要生态要素,建立1=N指挥监管体系;发挥河长、街长、井长、库长、重点项目等5个易信平台作用,构建网格化管理体系;要充分发挥行政执法与司法联动办公室的作用,对案件办理进行全程跟踪指导,打造纵向到底,横向到边,统一指挥,统一管理的"一盘棋"工作格局。

(三)注重队伍建设

执法人员的专业水平直接制约着生态综合执法的水平和执法效果,打造一支素质高、能力强、作风硬的执法监管队伍是开展相对集中生态环境行政处罚权的保障。通过定期举办执法培训班,每周开展集中学习,让执法人员熟练掌握生态环境保护领域的法律法规。通过加强与原职能部门、司法部门的相互交流,汲取他们执法经验和执法理念,切实提高执法人员知法、用法的能力和水平。要联合县委巡察中心、县政府督查室、效能办对各部门各乡镇落实生态环境保护责任情况进行事前、事中、事后考核评价；及时通报责任人员和责任单位的考评结果，并做为年度绩效考评依据之一。对落实不到位、办理不高效的责任单位和责任人员，按照生态环境保护督察机制，实施约谈督导、问责处分。

北京市城市管理综合行政执法推行"四公开一监督"权责清单制度

北京市城市管理综合行政执法局

随着北京市世界城市建设逐步推进和地区经济的迅速发展，首都的生态文明建设、医疗教育建设、经济文化建设和城乡环境基础建设等方面都有了快速的推进，不断向着国际化大都市迈进。但在快速城市化进程中，由于缺乏对产业布局、生态环境、市政交通、人口数量等发展因素的科学统筹规划，北京出现了低端产业无序发展、城市人口无序增长、大气环境严重污染、交通出行拥堵和违法建设屡禁不止等"大城市病"的问题。特别是城乡接合部、居民社区和背街小巷，存在大量城市管理盲区；在一些公共场所如车站、公路、大街、旅游景点等经常发现非法小广告、黑车揽客、流动商贩、露天烧烤、无序停车、交通拥堵等各类扰乱环境秩序的违法行为。为贯彻落实北京市委、市政府全面推进全市生态文明和城乡环境建设的总体要求，从2014年7月1日起，北京市城管执法协调领导小组制定"四公开一监督"制度，在全市开展城市管理综合执法"四公开一监督"工作，大力开展疏解整治促提升执法活动，不断提升首都城市精细化管理水平，有效治理首都"城市病"，让人民群众有效监督城市管理相关部门执法工作。

一 城市管理综合执法"四公开一监督"概况

"四公开一监督"工作是在北京市委、市政府的领导下，在北京市城管执法协调领导小组的指导下,在市监察局及相关部门的协同下,由市、区两级城管执法协调办负责组织,由各成员单位共同参与、实施的公开城市管理部门权责清单和相关城市管理部门政务信息的重要工作。"四公开一监督"工作是北京市政府践行党的十八届四中全会提出的"推行政府权力清单制度,坚决消除权力设租寻租空间"(即公开政府权力清单)的有益尝试,更是对《中共中央国务院关于深入推进城市执法体制改革改进城市管理工作的指导意见》中第十三项——"制定权责清单。各地要按照转变政府职能、规范行政权力运行的要求,全面清理调整现有城市管理和综合执法职责,优化权力运行流程。依法建立城市管理和综合执法部门的权力和责任清单,向社会公开职能职责、执法依据、处罚标准、运行流程、监督途径和问责机制"——工作的先行先试,还是对城市管理领域综合监管工作的延伸和深化,在加强监督和监管的基础上,通过梳理各部门在城市管理工作中的执法权,明确各相关部门的职能,理顺部门与部门之间的关系,着力解决权责交叉、多头执法、部门之间职责不清的问题,杜绝部门间推诿扯皮、管理不到位等"庸懒散浮拖"问题发生。

1."四公开一监督"的具体内容

"四公开"的内容包括:一是公开城市管理责任部门清单;二是公开责任部门的执法职责和查处标准;三是公开责任部门的城市管理网格化机制及责任人;四是公开责任部门"月检查、月曝光、月排名"的城市管理执法数据。"一监督"是指在北京市委、市政府的领导下,在北京市城管执法协调领导小组的指导下,在市监察局及相关部门的协同下,市区两级城管执法协调办责成环境秩序联合督导检查组和城管督察队负责具体实施,监督各区(县)政府、地区管委会、职能部门、执法部门城市管理工作履职情况,充分发挥综合监管作用。"四公开一监督"工作共设置20个方面监管事项25个具体执法事项:非法小广告、露天烧烤与露天焚烧、无照经营与非法市场、违法建设、工地管理与车辆泄漏遗撒、非法营运、店外经营与堆物堆料、停车管理、户外广告与牌匾标识、流浪乞讨管理，地下通道管理，人行过街天桥和城市道路桥梁管理，城镇燃气管理，报刊亭管理，废品收购管理，井盖雨箅管理，城市道路管理，城市园林绿化管理，夜景照明管理，非法出版物和音像制品管理等城市管理执法等20个方面25个执法事项，在近3年内平均占到"北京城管热线"举报的80%左右，可以说是大城市病的具体表象，更是困扰城市发展的痼疾顽症。

2."四公开一监督"工作的责任体系

建立起以各区（县）政府、地区管委会，街道办事处、乡镇政府为管理主体，行业部门和权属单位负主责，执法部门积极履行法定职责，联合督导检查组和城管督察队负责综合监管，首环办、城管执法协调办负责指导评价的管理体系，明确了城市管理综合执法责任部门之间的关系，同时，为了破解城市管理当中的疑难问题，全市还建立起由街道办事处、乡镇政府牵头，组织相关科室，辖区内的公安派出所、城管执法队、工商所等基层执法部门共同参与的常态化联合执法机制，形成城市管理网格化服务管理运行体系。

3."四公开一监督"信息公开体系

依托"首都之窗"、"北京市城管执法局官网"和各成员单位官网，以网络公开的形式按月公开各类城市管理执法数据和信息；通过北京电视台、城市管理广播电台等广电媒体按月发布检查、曝光和排名结果；定期在《北京工作》、《北京日报》、《北京晚报》、《法制晚报》等平面媒体刊载相关工作信息；适时组织志愿者开展执法现场观摩活动，采取信息发布会等形式向社会各界公开群众关心、媒体关注的重大执法活动信息，建立起多种形式、多个等级的信息公开体系。北京市城市管理综合执法"四公开一监督"运行网，已通过项目验收，于2016年1月上网运行。

4．"四公开一监督"监管和考核评价体系

依据《四公开一监督工作意见》和《四公开一监督实施方案》相关要求，按照"公开、公平、公正、客观"原则，由市城管执法协调办制定了《北京市城市管理综合执法"四公开一监督"考核评价办法》，由北京市城管执法协调领导小组办公室负责具体组织实施。《考核评价办法》为城管、公安、交管、住建、卫计和市政市容等52个成员单位分别制定了相应的考核评价体系，同时建立254项考核指标，大力提升城市管理精细化水平。

5．"四公开一监督"规范性法律文件体系

"四公开一监督"共涉及法律、法规和规范性法律文件256部，为了细化工作方案，自2014年7月1日至2016年7月，北京市城管执法协调领导小组先后制定并印发了《北京市城市管理综合执法"四公开一监督"工作实施意见》、《北京市城市管理综合执法"四公开一监督"工作实施方案》、《北京市城市管理综合执法"四公开一监督"工作考核评价办法》（试行）、《北京市城市管理综合执法"四公开一监督"工作部门职责与查处标准》《北京市城市管理综合执法"四公开一监督"工作适用法律依据》等相关配套规范性文件，并向北京市政府法制部门进行备案审查，为"四公开一监督"工作提供了法律法规保障。

二 "四公开一监督"发展和推进情况

1．建立健全市区组织机构，强化部门间协调配合

"四公开一监督"工作需要52个成员单位积极参与、相互配合，为了加强组织机构建设，市城管执法协调办采取了以下三项措施：一是成立了"四公开一监督"工作领导小组，领导小组办公室设在市城管局；二是指导各区城管执法协调办成立了区级的组织机构；建立健全联系人

制度、月例会制度、考核评价制度、通报反馈制度等；三是工作领导小组与社会办、安监局、食药局、消防局、住建委等成员单位积极会商，强化城管、公安、交管部门联勤联动，及时发现问题，推进各项工作开展。

2．现场督察督导，真正发挥综合监管作用

为了使督察督导工作落到实处，市城管执法协调办相关领导和联合督导组走访了全市100余个街道、近3000余个重点点位进行检查督导，提出整改意见和要求，分析问题成因，指导基层找到破解疑难问题的办法和措施，取得了较为明显的工作成效，得到了相关区县政府、街道、乡镇及各相关部门的高度重视和支持。

3．汇集完善信息渠道，建立政务信息公开平台

按照《北京市城市管理综合执法"四公开一监督"实施意见》中关于公开责任部门网格化机制及责任人的要求，在全市四级网格化机制及责任人相关信息采集了近8000张表格，此项工作共涉及16个区政府、29个市级委办局、325个街乡镇和6747余个村居委会、86余万个网格责任人的基本信息。目前，已经全面完成单位、人员及联系方式的核对工作，已经在首都之窗和城管执法局官方网站"四公开一监督"栏目正式向社会公开。

4．强化考核评价排名，全面评估实施情况

按照《北京市城市管理综合执法"四公开一监督"考核评价办法》的规定，市城管执法协调办根据各区政府城管执法协调办每月上报的城市管理执法数据，按照考核评价办法计算各区政府和各成员单位当月的考核评价排名成绩，并向全市印发《四公开一监督工作专刊》进行通报，目前已累计印发40期《四公开一监督监管通报》。并对"四公开一监督"执法数据评估进行了全面评估。在首都之窗和市城管执法局官网开辟信息公开专栏，公开《北京市城市管理综合执法"四公开一监督"实施意见》、《实施方案》、《北京市城市管理综合执法"四公开一监督"实施方案适用法律依据》等相关信息。

三 "四公开一监督"工作取得的成效

1. 认真检查发现城市管理问题，成为各相关部门的"腿"和"眼睛"

对于城市管理中出现的各类问题，及时以《监管通知单》形式发送相关区政府、地区管委会和责任部门要求限期解决，对于按期解决问题并及时反馈的，通报表扬；对于落实整改要求不彻底并出现反弹的，予以曝光；对于不按期反馈、不落实整改任务要求的，通报批评；对于不反馈、不落实整改要求的，移送纪检监察、组织人事部门处置。自2014年7月"四公开一监督"工作开展以来，累计发现环境秩序问题点位10万处次，市区两级派发《监管通知单》10万余件，督促属地、责任部门解决问题近15万余个。其中，市级联合督导组共派发1.5万余件，真正成为各级政府发现城市管理问题的"腿"和"眼睛"。

2. 迎难碰硬不手软，解决城市管理热点难点问题

"四公开一监督"主要解决了四个方面问题：一是群众举报、媒体曝光、领导关注的问题；二是已形成摊群化、聚集化并且长时间不能解决的问题；三是部门之间相互推诿、扯皮，不履职、不作为的问题；四是属地区政府、地区管委会不重视，街道、乡镇政府责任不落实等问题。结合举报高发问题，主动开展停车管理、违法建设、非法运营等专项督导。三年以来，共查处施工扬尘、露天烧烤等各类问题10万余起，大气污染违法形态群众举报同比下降10%。有效破解困扰首都城市面貌非法小广告问题，查处非法小广告23万余起，警示追呼涉案电话号码23.9万个，停机2万余个，基本遏制非法小广告蔓延态势。大力开展疏解整治促提升工作，努力提高城市管理精细化水平，拆除违法建设5000余万平米。

3. 加快城市管理网格、社会管理网格、社会治安网格"三网融合"，网格化城市服务管理体系初步形成

按照《中共北京市委关于认真学习贯彻党的十八届三中全会精神全面深化改革的决定》第八大项第28小项提出"健全城市管理体制机制，推进城市管理网格、社会管理网格、社会治安网格有序对接"实现"三网融合，建立网格化城市服务管理体系"的要求。市城管执法局作为城市管理、社会服务管理、社会治安"三网融合"重点工作的牵头单位之一，认真谋划城管综合执法网格化体系建设，不断加强城管执法队伍履职能力，将城管综合执法网格融入基础网格之中。积极开展疏解整治促提升各项工作，近五年全市城管执法系统年均处理网格件150万余起，占城市管理网格任务的80%，为提升北京市城市管理精细化水平做出了应有的贡献。2016年，市城市管理综合行政执法协调领导小组向全市印发了《关于建立北京市城市管理综合执法网格化服务管理体系的实施意见》，提出建立完善城市管理综合执法网格化服务管理体系，全面推进北京市城管综合执法网格化体系建设工作。按照"三级政府四级管理"标准，将城管执法网格划分为7089个专业网格。此项工作收集了16个区政府（四个地区管委会）、32个市级单位、321个街乡镇和6747余个村居委会，共86余万名城管综合执法网格责任人的基本信息。2017年4月17日，蔡奇同志到市城管执法局调研提出："真正做好城市管理工作还是要靠网格化、靠一线，综合执法一定不是坐在机关里，人技结合，技是很有必要的，但是解决问题还是要靠人。"为落实蔡奇同志的讲话精神，2017年5月9日，市城管局按照市政府2017年第101项重点工作要求，向全市城管综合执法系统印发〈关于印发《北京市城市管理综合执法系统网格化服务管理体系规范性标准》的通知〉，以导则的形式明确了城管综合执法网格"指挥中心、监管流程、执法事项和执法部件"四个规范化标准。根据城管执法局权力清单，制定了402项城管综合执法事件库；制定了城管执法协调领导小组所属的32个市级执法部门的81项专业执法事件库；根据《关于加强首都城市管理综合行政执法监管的实施意见》制定了北京市16个区政府和4个地区管委会的共15类政府监管事件库。结合城管综合执法实际情况，将城管综合的管理部件分为六大类47小类，执法部件库共计收集8859个信息。初步建立了全市统一的"四公开一监督"城管综合执法网格化管理服务体系。

4. 创新创优加强宣传，面向全国推广经验成果

获得共青团北京市委员会、中共北京市直机关工委、北京市委全面深化改革领导小组办公室、北京市人力资源和社会保障局开展的"我为改革献一策"活动A类项目。"我为改革献一策"活动A类项目负责人沈俊强获得北京市人力资源和社会保障局公务员嘉奖。2015年12月，"四公开一监督"专栏获得电子政务理事会颁发的"2015年政府网站信息公开精品栏目奖"。2016年获得中国法治政府奖初审第三名，终评活动提名奖的好成绩。

法制网、千龙网等主流门户网站报道了北京市城市管理综合执法四公开一监督工作的信息，通过百度搜索四公开一监督工作的信息，达到323000条。为树立北京城管的正面形象发挥了积极的宣传效果。浙江省义乌市、贵州省贵阳市、吉林省松原市、河北省廊坊市、广西壮族自治区南宁市和柳州市、江苏省徐州市来京考察学习北京市城市管理综合执法四公开一监督工作经验，计划在上述城市开展四公开一监督工作。

"四公开一监督"工作是公开城市管理部门权责清单和相关城市管理部门政务信息的重要工作，是引领北京市城管队伍树立法治理念、培养法治思维的有力抓手，更是深入贯彻落实党的十八届三中、四中、五中全会精神和《中共中央国务院关于深入推进城市执法体制改革改进城市管理工作的指导意见》的创新举措，是为破解"大城市病"进行城市管理体制改革的积极探索。

项目介绍

四 监督救济与纠纷解决

全国海关行政复议系统

中华人民共和国海关总署

全国海关行政复议系统是运用信息手段收集、分析行政复议的各项数据,实现海关行政复议工作统筹管理的行政机关公务管理系统。其功能主要包括:1.规范全国海关法律文书制作格式;2.简化法律文书备案手续,减少行政经费的开支;3.即时生成复议工作各项统计数据;4.对复议案件的审理进度进行跟踪监控,保证工作效率;5.从信息与技术上保障上级机关的行政监督;6.实现全国海关办案人员的在线经验交流。通过该系统的运行,全国海关行政复议部门实现统筹布局一体化,工作效率明显提高,行政成本大幅缩减,上级海关对地方各级海关的行政执法监督力度大大增强,切实有效地保障了相对人的合法权益,促进了法治海关建设的发展。现将该系统总体介绍以及该系统发展情况介绍如下。

一 项目总体介绍

(一)系统建设及第一次升级的历史背景

行政复议在行政机关内部监督、解决行政争议、化解社会矛盾、促进社会和谐等诸多方面具有重要的作用,海关系统一贯高度重视行政复议工作。1999年10月《中华人民共和国行政复议法》实施以来,全国海关行政复议案件数量呈现大幅增长(如:2000年,全国海关系统行政复议案件由1999年的999起激增至1448起，海关总署所受理的复议案件也多达158起）。除了复议案件审理外，各级海关复议机构工作人员还要承办法律文书备案、复议案件统计等大量事务性工作。当时的行政复议的管理工作尚处于分散状态，案件情况统计也是原始的手工统计汇总，在很大程度上牵扯了复议工作人员的主要精力，降低了海关系统行政复议工作效率，且不能实现海关总署对全国海关行政复议工作的整体性、全局性有效掌控，影响了海关复议机构权利救济、服务基层、发现问题、强化监督等职能作用的充分发挥。针对上述情况，为实现科学管理，提高工作效率，海关总署开发了全国海关行政复议系统，2002年1月开始在全国海关推广使用，运用信息手段，收集、分析行政复议的各项数据，同时通过复议案件办理过程的信息化建设，实现复议工作统筹管理的各种功能。2006年在重庆召开的全国行政复议工作座谈会上，国务院秘书长华建敏同志将该系统的运行作为行政复议信息化建设的先进经验向全国行政复议机关推荐。

2007年8月1日，国务院颁布了《中华人民共和国行政复议法实施条例》（以下简称"《复议条例》"），该条例是根据《中华人民共和国行政复议法》相关规定，对行政复议制度进行了一定程度的制度创新。海关总署随即对《中华人民共和国海关实施〈行政复议法〉办法》进行了修订，并于2007年11月1日正式颁布实施了《中华人民共和国海关行政复议办法》（以下简称"《复议办法》"），进一步细化了海关行政复议程序，完善了海关行政复议申请制度，创新了海关行政复议审理方式，增设了海关复议和解和调解制度。为进一步落实好《复议条例》和《复议办法》，提升行政复议案件办理质量，更好地发挥行政复议的法律救济和法律监督作用，海关总署于2008年对全国海关行政复议系统进行了全面升级，对原有的统计功能加以修改，并增加复议机构及人员信息管理模块。升级后系统于2009年2月1日正式上线使用，至今运行良好。

（二）系统总体目标

该系统的总体目标是：运用信息手段收集、分析有关行政复议机构、人员的各项数据，通过复议案件办理过程的信息化管理及各项法律文书的网上存档，实现规范法律文书制作、即时查询统计、强化监督、办案交流等功能，对全国海关行政复议工作进行科学管理和分析，提高行政复议工作效率，提升行政复议队伍建设水平，加大监督检查力度，全面推进行政复议工作。

（三）系统特色

该系统操作界面简单明了、通俗易用，通过简单的设定，即可实现复议机构和人员信息管理、复议案件网上登记、流程管理、查询统计等系统功能。该系统将全国海关行政复议案件法律文书、案件信息等相关数据及时、准确地汇总到一个数据平台上，对行政复议各项工作进行信息化、流程化、规范化管理，实现行政复议案件网上登记、办理、备案。该系统还可帮助使用者总体掌握全国海关办理行政复议案件情况，查找案件反映的执法问题并及时对复议案件进行统计。该系统可进一步提高复议工作的电子化水平，增强复议工作化解行政争议、进行行政机关内部层级监督的功能，切实提高应对和防范复议工作中存在的廉政风险的能力。

（四）功能模块及亮点

1. 规范法律文书制作格式

通过系统将《行政复议受理通知书》、《行政复议答复通知书》、《补正行政复议申请材料通知书》以及《行政复议决定书》等行政复议法律文书模版下发至广东分署及各直属海关，使其按照统一格式制作相应法律文书，可有效避免因文书格式混乱给复议案件统计和法律文书管理工作造成的困难。同时,实现法律文书的机上起草、修改,以及存档、查询等。

2. 简化法律文书备案手续

广东分署和各直属海关通过复议系统将签发的复议案件法律文书同时以数据传输的方式直接提交至总署服务器,无须采用邮寄送达的方式进行备案。在简化备案手续的同时,避免邮寄可能造成的送达迟延及文书丢失等情况的发生,减少行政经费的开支。

3. 实现即时统计,提高对复议案件统计分析水平

海关行政复议案件的统计虽然未纳入海关统计业务范围,但却是国务院所规定的一项正式专项统计工作。复议系统通过对所录入数据进行分析、整合,可即时生成与复议案件有关的各项统计数据,并能够计算出某类复议案件在案件总量中所占比重,同时通过将某一关区案件受理情况与往年同期进行对比分析而了解复议案件的发展变化特点,同时定期生成国务院要求的复议案件统计报表。系统不仅可以极大地提高工作效率,更能确保统计结果的准确性,为海关总署及时、准确地向国务院提供全国海关行政复议统计结果及对全国海关行政复议工作进行科学评估提供技术保障。

4. 办案时限提示（时效监控）

复议系统通过自身具有的时效监控功能对复议案件的审理进度进行跟踪监控。对于接近答复期限和审理期限的复议案件,复议系统通过将其案件编号设定为黄色,作为期限将至的预警标记；对于超期未答复、未审结的复议案件,复议系统通过将其案件编号设定为红色,作为期限已过的红色警告。借助以上技术手段,实现催办案件、时限提示的系统功能,加强上级复议机关对下级复议机关的指导监督。

5. 强化监督职能

复议系统可以数据传输方式及时将直属海关办理复议案件的审理报告、重要法律文书以及相关信息资料提交至总署服务器,为总署对直属

海关行政复议工作及基层海关的行政执法的有效监督提供信息支持和技术保障，同时也为总署掌握和分析全国海关执法状况提供有效的途径。

6. 有利于直属海关交流经验，相互借鉴，提高全国海关行政复议工作的整体水平

从事复议工作的有关人员可通过复议系统开设的研讨区域就复议工作中所存在的疑难问题进行探讨研究，交流审理经验，取长补短，相互借鉴，以提高全国海关行政复议工作的整体水平。

二 项目发展情况

全国海关行政复议系统自2002年建成并投入使用以来，运行稳定，从节约人力成本、提高工作效率、规范法律文书、实现流程跟踪、强化上级监督、优化案件统计等方面为提高全国海关行政复议工作水平起到了积极作用。《中共中央关于全面推进依法治国若干重大问题的决定》和《法治政府建设实施纲要（2015—2020年）》强调进一步加强行政复议工作，为更好地发挥行政复议在促进法治海关建设中的积极作用，海关总署决定对全国海关行政复议系统进行第二次升级，现该系统的升级已经完成论证工作，正在稳步推进过程中。升级后的新系统将强化以下功能：

一是通过该系统进行复议案件受理、答复、审理等工作，系统自动生成相关法律文书，实现复议案件办理流程的信息化。

二是优化系统查询功能，查询界面更加简洁，查询条件更加合理，查询方式更加多样，可生成规定格式的相关统计表格。通过案件数据的快速、精确查询为总署及时、准确地向国务院提供全国海关行政复议统计结果及对全国海关行政复议工作进行科学评估，提供技术保障。

三是通过系统的时效监控和操作日志记录功能，实现复议案件办理的全流程监控，以及操作日志的全过程记录；对于接近答复期限和审理期限的复议案件，在系统中通过"预警标记"以及自动发送邮件或手机短信的形式，对办案人员进行提醒，实现行政复议业务监控预警。

四是通过案件全过程网上办理、案件文书系统自动生成、案卷材料全部入系统等功能设置，为上级海关有效监督下级海关复议诉讼案件办理提供信息支持和技术保障，同时也为总署掌握和分析全国海关执法状况提供有效的途径，强化了上级机关的监督职能。

五是系统自动生成海关行政复议案件电子化档案，并通过对接海关电子档案数据库系统，实现海关案件档案的数据生成和传输，实现案件档案的科学化、电子化管理。

六是进一步强化典型案例的指导性作用。海关总署2016年建立了行政执法指导性案例制度。复议系统相应拓展了指导性案例的发布，各海关在处理相同或类似情形时予以参照适用。同时强化经验交流功能，充分发挥海关典型案例对执法实践的指导和示范作用，推动执法统一性建设。

海关行政复议系统的建设和使用，在于借助信息化手段，更好地发挥行政复议的法律救济和法律监督功能，促进法治政府、法治海关的建设。第一方面，其具备的信息化与简便化的特点，有助于完善高效、便捷、成本低廉的防范、化解社会矛盾的机制，符合建设法治政府的基本要求；第二方面，该系统为行政复议法律、行政法规和规章得到全面正确实施，公民、法人和其他组织的合法权益得到切实保护，违法行为得到及时纠正提供了重要的技术支持和保障，促进了法治政府的建设；第三方面，该系统完善了行政监督制度和机制，是全国海关复议工作的层级监督和专门监督的集中体现，积极地推动和促进了法治政府建设目标的实现。

行政复议制度改革

黑龙江省哈尔滨市人民政府法制办公室

30多年改革开放，我国经济体制转轨，社会结构转型，社会利益关系日益复杂多元，各种社会矛盾日益凸显，尤其是官民对立和官民冲突，已经成为影响社会秩序和谐、国家长治久安的重大问题。

行政复议制度作为解决官民争议的法定渠道，是维护群众合法权益、监督行政机关依法行政，推进法治政府建设的重要环节。但长期以来，由于复议机构不独立、管辖体制条块分割、复议模式僵化教条等体制原因，导致复议渠道不畅、公正性不够、公信力匮乏，其作为行政救济主渠道的功能没有真正发挥出来。

为积极推动社会管理创新，有效化解社会矛盾纠纷，维护群众合法权益，促进社会安定和谐。根据全国行政复议工作重庆座谈会精神和国务院法制办、省政府法制办的工作部署和要求，从2007年7月开始，哈尔滨市政府开展了行政复议委员会试点工作。试点工作分为两个阶段：第一阶段从2007年7月到2009年6月，主要在市政府本级建立全新模式的行政复议委员会，按照新机制审理行政复议案件；第二阶段从2009年6月开始，在进一步完善行政复议委员会案件审理机制的基础上，实行相对集中行政复议审理权改革。10年来，哈尔滨市政府在行政复议的组织形式、受理程序、运行模式以及审理机制等方面展开积极的探索与革新，走在了全国行政复议体制改革的最前沿。

一　哈尔滨市行政复议改革总体介绍

在国务院法制办、省政府法制办的支持和指导下，哈尔滨市借鉴国内外行政复议制度经验，吸收理论界、实务界关于行政复议改革的研究成果，在探索建立行政复议委员会新机制时，主要围绕行政复议功能定位问题、行政复议委员会试点的目标问题、行政复议委员会的模式问题、关于行政复议委员会的定位问题、如何体现行政复议的政府最终决策权问题、行政复议工作的公平与效率问题、集中行政复议审理权的模式选择问题、集中复议审理权后行政应诉和行政赔偿问题、集中复议审理权后复议决定的行政责任问题、集中复议审理权后复议委员会与法定行政复议机关关系问题等十个问题进行了深入探索和研究。最终，哈尔滨市的复议改革将行政复议的功能定位为"准司法性的行政争议裁决机制"，以提高行政复议公信力为改革目标，进行了组织形式与运行程序的重新设计，建构了程序正义保证实体正义的复议新机制，遵循权力制衡、公开公正、民主决策的要求，确定了"政府搭台、社会参与、专业保障、公正裁决"的行政复议委员会模式。

一是创新行政复议组织形式。根据对行政复议委员会相关问题的研究，哈尔滨市政府于2007年批准成立了哈尔滨市政府行政复议委员会，作为议决复议案件的专门机构，委员实行聘任制，任期三年。行政复议委员会作为直接对市政府负责的行政复议案件议决机构，经市政府以规章形式授权审查议决行政复议案件，委员会不占政府的机构头数和人员编制。行政复议委员会委员主要由法律界专家学者组成，主任委员由常务副市长担任，其他48名委员主要由熟悉法律工作的人大代表、政协委员、法学教授、资深律师组成，政府以外人员占80%以上，充分体现了社会参与、专业保障的特点。

二是创新行政复议运行方式。为更好体现行政复议的准司法性，在行政复议委员会运行方式设计上，我们按照分权制衡、民主决策的理念设计了委员会的运行方式：实行立案与调查相分离，立案应诉与指导处对外挂行政复议受理办公室牌子，在市区交通便利地点设立市行政复议受理中心，集中受理全市范围内的行政复议申请，受理后的市政府管辖案件，转案件调查处调查，实现立审分离；实行调查与议决相分离，调查职责配置给复议机构—市政府法制办，议决职责配置给行政复议委员会，其中，适用简易程序案件由行政复议委员会办公室进行审理；一般程序案件，能够调解的调解结案，调解未果的案件全部呈请委员会议决；复议委员会每半月左右召开一次案件议决会议，会议按照委员名单顺序和与案件业务研究范围有关联委员优先原则，选择5～9名（单数）委员参会。委员在听取案件调查情况并就有关问题提问后，对案件的法律问题和处理进行讨论磋商，讨论结束后各自填写表决票，现场统计，以少数服从多数原则确定每起案件的议决意见，行政复议委员会办公室按照委员会议决意见形成复议决定书文稿报委员会主任(常务副市长)签发。

三是创新行政复议管辖体制。2009年6月，哈尔滨市按照国务院法制办和省政府法制办的要求，在2007年原有行政复议委员会试点的基础上，继续深化改革，探索相对集中行政复议审理权工作。此次深化改革工作，我们在组织形式上进一步创新，在复议委员会原有35名个人委员的基础上，将50个具有行政复议权的部门增设为单位委员，议决部门为法定复议机关的案件时，法定复议机关作为单位委员参与议决，与其他委员同样具有一票表决权。具体做法是："三集中一分散"（集中受理、集中调查、集中议决、分散决定）。行政复议受理中心集中统一受理全市范围内的复议申请，市政府工作部门不再受理复议申请。市政府和市政府部门为法定复议机关的案件，均由市政府法制办统一组织进行案件调查。所有需要作出决定的案件全部由复议委员会集中统一议决，议决后，分别以法定复议机关名义作出复议决定。

四是创新行政复议受理方式。针对当事人申请复议不方便和复议机关有案不受等问题，哈尔滨市人民政府法制办公室将2007年设立的市行政复议受理中心集中接收转送案件的方式变为直接集中受理方式，集中接收处理应由市政府和市政府工作部门受理的行政复议申请，市政府工作部门不再单独接收行政复议申请。市行政复议受理办公室统一刻制各法定行政复议机关行政复议专用章，由市行政复议委员会办公室主任签字后，以法定行政复议机关名义受理全市的行政复议申请。全市各级行政执法机关在具体行政行为的法律文书上，必须明确告知市行政复议受理中心的地点和电话。由于创新了工作制度，疏通了进口，敞开了大门，避免了随意不受理复议案件的情况出现。

五是创新复议案件办理机制。为提升行政复议工作质量，哈尔滨市人民政府法制办公室建立了听证、合议、咨询、调解四项工作机制：建立听证机制，保证办案的准确性。通过听证会，更有利于查明事实，了解当事人的具体诉求，让申请人感到"有地方说理"，让行政机关感到每一个被复议的具体行政行为都要"暴露在阳光下"，2016年经听证案件比例达90%以上，在听证组织、程序安排上，均衡保障各方权利，确保听证不走过场，有效预判和防范了社会风险。建立合议机制，保证办案的公正性。借鉴司法审判的形式，通过合议的方式办理复议案件。每个案件不但要经过合议组合议，还要经过处务会集体讨论，避免案件处理上的个人专断。建立咨询机制，保证办案的正确性。成立行政复议咨询专家库，吸收法律专业以外的各专门领域专家学者参与政府决策，对重大、疑难和专业性较强的案件提供专家咨询，借助"外脑"的作用做好复议工作。建立调解机制，保证纠纷解决的有效性。为提高纠纷解决的有效性，哈尔滨市人民政府法制办公室建立了调解机制，通过调解方式处理案件，更有利于定纷止争。

复议机构和人员编制方面：哈尔滨市政府法制办现有行政复议调查处、立案与应诉处两个处，专职复议人员10名，立案人员2名，其中，全日制硕士研究生2名,在职研究生2名,本科学历8名,均为法律专业毕业,有9人通过律师资格考试或司法统一考试。

复议物质保障方面:市政府除正常的复议工作经费外,每年额外拨付复议委员会专项议决经费39万元;同时,还为复议调查处提供了3间办公用房、一间专用听证庭、一间复议受理接待室,并配置了适应工作需要的电脑、视频监控等办案设备。

复议配套制度方面:为推进复议工作规范化,市政府以规章的形式出台了《哈尔滨市行政复议规定》,确定了行政复议委员会组织形式和工作模式,设定了行政复议一般程序、简易程序、听证程序和议决程序;配套制定了《行政复议委员会工作规则》、《行政复议听证规则》等规范性文件,市政府法制办还与市监察局联合制定了《行政复议确认执法责任案件移送追究责任办法》,建立了行政复议案件移送问责制度。

二 项目获奖后至今发展情况

哈尔滨市的行政复议改革,在探索建立行政复议委员会机制中,较好地解决了行政复议工作中长期存在的公信力不强、机构不独立、人员不专业、内部办案、受干扰多等普遍性问题,对行政复议的功能定位、委员会组织形式和运行程序等一系列问题都在理论和实践上给出了系统、明确的回答。目前已有20多个省、市的政府法制部门来到哈尔滨市考察,《人民日报》、《光明日报》、《法制日报》、人民网、新华网、新浪网等媒体对哈尔滨市的复议改革工作都做了报道。

哈尔滨市的行政复议改革走到今天,可以说,付出了巨大的努力,经历了改革的阵痛,收获了成功的经验,取得了较好的效果。

（一）运行顺畅，实际操作效果较好

行政复议委员会试点工作可操作性比较强，保证了复议机构的独立性、专业性和公正性。市政府受理的案件中，除调解结案和适用简易程序审理的案件外，需要作出决定的案件，经过204次委员会议决全部结案。市政府领导高度信任和充分支持，十年来的实践中，市政府领导非常放心，市长没有否决过一次委员会的议决意见。另外，复议委员会不仅解决了大量的个案纠纷，也针对个案中反映出的普遍性问题，通过下发《行政意见书》的形式，敦促和警示相关部门合法合理行政，从而使行政复议的议决发挥了依法行政的样板和典范作用。

（二）社会反映良好，公信力明显提高

行政复议改革使政府行政复议公信力明显增强，树立了社会的公平正义感。2006年，哈尔滨市复议案件仅为167件，到试点当年2007年的216件，到2016年，哈尔滨市行政复议案件为1034件。在畅通行政复议渠道方面，一是拓宽了行政复议受案范围，将以往不予受理的一些案件，纳入受案范围，尽可能把行政争议化解在行政程序中，如针对公务员考录行为的复议申请、针对医疗保险待遇及养老保险待遇的复议申请等。对不予受理的案件，均依法予以告知。二是加大了行政复议宣传力度，利用行政复议受理窗口，主动为当事人提供法律咨询服务。2016年，共计为5000多人次义务提供了涉及人事、刑事、信访等诸多方面的法律咨询。三是完善了便民利民措施，对以邮寄方式提交的行政复议申请，符合条件的及时予以登记立案；缺少申请要件的，允许申请人通过微信等通讯手段予以补充，为申请人提供便利条件。行政复议更加取信于民，群众更希望通过行政复议法律途径解决问题。

（三）复议委员会运行顺畅，审理案件专业性进一步提高

哈尔滨市行政复议委员会成立之前，就先期进行了充分调研，召开

了多次座谈会，深入征求基层意见和建议，广泛进行了宣传，得到了市直部门的理解、认同和支持。试点工作启动时，市政府召开了全市行政复议委员会试点工作动员大会，市长进行了动员讲话，强调了行政复议委员会试点工作的意义和作用，对各部门提出了明确的要求。从2007年7月开始，已经运行近10年，委员会进行了三次换届，召开案件议决会议共204次，议决案件1100余件。同时，坚持重大疑难案件专家咨询论证制度，对规划、土地等专业性较强的案件，征收、拆迁等涉及人数较多的群体性案件，以及涉访、涉法等重大复杂疑难案件，一律组织专家咨询论证，让案件审理更具专业底气，切实做到了"提高质量、控制风险、依法办案、不留隐患"。目前行政复议委员会试点工作衔接比较到位，推进顺利。

（四）解决了普遍性问题，对复议改革有借鉴意义

哈尔滨市的行政复议改革，在探索建立行政复议委员会机制中，较好地解决了行政复议工作中长期存在的公信力不强、机构不独立、人员不专业、内部办案、受干扰多等普遍性问题，对行政复议的功能定位、委员会组织形式和运行程序等一系列问题都在理论和实践上给出了系统的明确的回答。更为重要的是，哈尔滨的改革试点，为《行政复议法》的修改提供了充分的素材和依据，一些成熟的改革举措已经被立法部门吸收和采纳，并直接体现在修法草案当中。

（五）提供了行政改革的模式，具有示范推广作用

哈尔滨市的行政复议改革，通过优化行政组织结构，优化民主决策程序，使人民主权思想和民主政治理念真正体现到政府工作中来，达到了形式正义和程序正义对实体正义的最大保障，使民主、科学和依法决策落到实处，树立了社会的公平正义感，既汇集了舆情，倾听了民意，又使政府工作进一步取得了社会的理解和支持，更符合行政改革的方向

和理念，具有一定的示范推广效应，这一新机制被市委、市政府评为2007年度振兴哈尔滨优秀创意奖。

改革没有终点。党的十八大提出要用"法治思维"和"法治方式"深化改革、推动发展、化解矛盾、维护稳定。未来的改革之路依然任重道远，哈尔滨市人民政府法制办公室将继续努力，为厉行法治和群众福祉作出更多有益的探索。

中共北京市委北京市政府信访办公室创办信访矛盾分析研究中心

中共北京市委北京市政府信访办公室

一 基本情况

为了做好新形势下的首都信访工作，在国家信访局及北京市委市政府的指导与支持下，2009年11月25日，北京市信访办成立了"北京市信访矛盾分析研究中心"（以下简称"研究中心"）。2010年3月18日，经市委市政府批准，"中心"举行了揭牌仪式。北京市信访矛盾分析研究中心作为全国信访系统成立的第一个专业的理论研究机构，成立近7年来深入贯彻落实党的十八大及十八届三中、四中、五中全会精神，以习近平总书记系列重要讲话和指示精神为指导，在信访办党组的正确领导下，紧紧围绕信访工作制度改革，以推进新型智库建设为主线，紧跟形势、站位全局、瞄准时代前沿，不断拓展理论研究的广度和深度，加强理念和方法创新，推动信访工作由原来的"推动化解"单翼运行模式转变为"源头预防与推动化解"双翼驱动运行新模式，使信访工作向着标本兼治的方向迈进。

目前，研究中心有25名工作人员，设办公室、理论研究部、专题研究部、政策法规研究部、编辑部、数据资料部、交流合作部等7个部门。研究中心聘任21名知名专家学者担任中心的指导专家，聘任4名著名社会学、政治学专家担任中心理论期刊的学术顾问。

研究中心成立以来,首先明确信访所涉及的学术领域以及开展信访研究的界限范围。一是信访基础理论研究,主要解决"信访是什么"的问题,主要涉及信访的概念、属性和功能;二是信访认识论研究,主要解决"信访为什么"的问题,主要涉及信访的价值观念和未来走向;三是信访矛盾理论研究,主要解决"信访干什么"的问题,主要涉及信访的工作实践。5年来,研究中心从这三个方面深入开展研究,取得了一定的成果,填补了国内相关领域空白。

几年来,研究中心自身开展课题研究70余项,并积极参与国家重大项目研究13项(国家重大项目受国家重视,为国家决策服务),其中国家社科基金重大项目6项,国家社科基金特别委托项目1项,国家部委委托项目6项,信访立法课题研究成果获得北京市哲学社会科学优秀成果二等奖(此奖项在京国家机关、驻京部队、在京高校、北京市各级部门均参评,获奖成果共200余项,北京市各级部门仅10项);完成专题、思考建议等研究报告90余篇;公开出版学术著作42部,且全部被国家图书馆收藏,全国首套信访与社会矛盾冲突管理方向硕士研究生教材更是结束了我国信访高等教育没有专业教材的历史;连续6年定期公开出版信访理论期刊;连续5年持续监测政府公共政策制定执行情况、社会矛盾基本情况、群体性事件发生情况,并形成年度报告。上述成果的文字量达到1800余万字。这些研究成果得到各级领导的高度重视,共获得省部级以上领导重要批示142次。

由于研究中心长期关注社会矛盾和社会问题研究,并提出一系列创新理念,社会各界对中心的关注度和认可度显著提升。2015年,研究中心被国务院新闻办公室和国家互联网信息办公室领导下的国家重点新闻网站——中国网认定成为与中央党校、国家行政学院、中国社会科学院、国务院发展研究中心等机构齐名的91个国家级官方智库之一。研究中心也是91个国家级官方智库中唯一的省级以下机构。由于研究中心的快速发展、研究深入和积极推动，研究中心在2016年进入中国智库500强，并成为2016年度中国105家最具影响力智库之一。

二　重要创新

研究中心7年来有8项创新成果具有突破性，填补了国内相关领域空白。

一是推动并积极参与国家信访立法研究工作。2013年接受国家信访局委托开展信访立法研究，组建了我国第一个专门的信访立法专家委员会；精心起草了两部《信访法专家建议稿》；首次在全国公开出版发行信访立法著作。目前，信访立法已成为国家意志，被国务院列入2016年立法工作计划。2014年，研究中心因其在推进信访立法工作中的贡献而获得第三届中国法治政府奖。郭金龙同志、王安顺同志就此作了重要批示，肯定研究中心的工作。研究中心申报的信访立法课题，成功中标2014年国家社科基金重大项目。目前，信访立法工作正在积极推进中。

二是积极构建信访大数据平台。研究中心充分认识到大数据平台建设是国家治理体系下信访制度创新发展的重要方向。创建了全国首个"信访数据资料采集与统合利用系统"，建立了20个专业性数据库，储存数据文献量达15.5亿条，其中极端行为事件数据库和群体性事件数据库在全国范围内极有特色。在此基础上，研究中心新建了"信访与社会矛盾综合研究工作平台"，开发了"信访数据深度挖掘与决策支持系统"以及"研究中心门户网站工作平台与信息资源支撑系统"。利用统计分析、数据整理、多媒体演示等技术，对相关信息进行深度挖掘，并在此基础上进行高度概括、分析和综合，为政府提供精准、快速的决策支持。目前，研究中心已经就上述系统向国家专利局提出三项发明专利申请，并全部被受理。

三是创新开展社会矛盾指数研究，填补国家乃至国际领域空白。研究中心从 2010 年起在全国率先进行"社会矛盾指数研究"。该研究致力于社会矛盾的治理，为推动社会矛盾由"事后应对"走向"事前预防"，为增强国家治理效度提供咨询建议。经过 7 年的持续研究已取得重大成果，成为研究中心的重要品牌。中国科学院第三方评估研究中心 2016 年对"社会矛盾指数研究"进行认真评估认为，该项研究是我国信访与社会矛盾治理领域的一项重大创新，是促进社会矛盾预防化解工作与量化科学研究紧密结合、实现持续监测的有效途径，它开启了我国政府部门量化监控社会矛盾的新篇章。郭金龙同志曾多次在讲话和批示中引用"社会矛盾指数研究"的成果。

四是推动信访及社会矛盾领域高等教育事业的创新发展。研究中心 2015 年与中国政法大学合作设置了我国第一个信访博士培养方向——信访与政策量化分析，为全国首创，这在我国高等教育史上具有里程碑的意义。研究中心还推动中国政法大学、北京城市学院和北京联合大学分别设置了信访硕士培养方向，并推动全国 12 所高校成立了"全国信访高等教育联盟"，中南财经政法大学、西北政法大学等多所高校在本科、研究生教学中开设了与信访相关的课程。目前，这些高校已为国家培养了 60 多名信访方向研究生。

此外，研究中心还与中国政法大学合作共同推进设置信访学专业，2015 年 12 月，国务院学位办已通过信访学科设置的公示。

五是编辑并公开出版全国第一份，也是唯一一份从信访角度研究社会矛盾和社会问题的理论刊物《信访与社会矛盾问题研究》，填补国家相关领域空白。该期刊为双月刊，得到国家信访局、全国 30 个省、自治区、直辖市相关部门以及学界的广泛关注，已成为信访和社会矛盾领域的权威期刊。2015 年 9 月，该期刊荣获中国民主法制出版社"2015 年度学术精品书刊优秀编辑奖和图书畅销奖"。

六是为积极推介具有中国特色的信访制度，并进一步推动智库建设，研究中心创设了"社会矛盾预防与应对国际论坛"、"社会公共治理亚洲论坛"、"中国法国西班牙人民权益保护制度论坛"三个国际性、常设性高端论坛。这三个国际论坛有效地提升了我国信访制度在国际上的影响力,也为世界各国化解社会矛盾提供了启示和经验。在2016年6月召开的"全国信访宣传舆论引导暨理论研究工作会议"上,国家信访局对此给予充分肯定。

七是首创全国"信访制度理论与实践"研讨会。首届研讨会于2016年4月举行,来自北京大学、清华大学、中国人民大学、中国政法大学等全国20多所大学及研究机构的知名专家学者和天津、湖南、浙江、湖北、河南、广西、黑龙江、贵州、安徽、广州市、济南市、深圳市等20多个省、区、市信访局的领导及信访工作者出席了首届研讨会。第二届研讨会于2017年4月举行,规模进一步扩大。今后该研讨会将每年召开一次,为全国信访理论研究和推动实务工作改革创新搭建交流平台。

八是推动"中国法学会行政法学研究会信访法治化专业委员会"的成立。2015年11月30日,中国法学会党组正式批准成立"中国法学会行政法学研究会信访法治化专业委员会"。该委员会是第一个正式官方认定的全国性的信访法治化专业机构,填补了国内没有信访法治化专业研究机构的空白,推动了信访制度的法治化建设。

三 交流合作

7年来,研究中心充分整合利用外部智力资源,逐步形成了立足北京、辐射国内、面向国际的战略格局,形成了"1+X"的研究机制。

研究中心先后在中南财经政法大学、北京工业大学、天津大学、北京城市学院、北京行政学院、零点研究咨询集团、北京市社科院、中国政法大学、广东外语外贸大学、西南大学、西北政法大学、中山大学、西南政法大学、华东政法大学、深圳大学等高校和机构建立了 15 个分中心、两个研究所。2013 年以来，研究中心积极参与国家"2011 协同创新计划"，成为北京大学、中国人民大学、中国政法大学三个国家级协同创新组织的成员，并成为国家司法文明协同创新中心的研究基地。

中心还与意大利比萨圣安娜大学、奥地利维也纳大学、法国巴黎高等社会科学学院、新加坡南洋理工大学、澳大利亚迪肯大学、韩国水原市政研究院签订合作协议，建立了深度合作关系。

此外，中心还与德国明斯特大学、德国法兰克福大学、英国诺丁汉大学、英国约克大学、法国巴黎第十一大学、新加坡国立大学东亚研究所、澳大利亚悉尼大学、新加坡公共服务学院以及香港理工大学、香港亚太研究所、澳门理工学院、澳门法制研究会、法中环境协会等境外知名大学和科研机构实现了交流与合作。

作为信访制度国际交流的"窗口"，7 年来，研究中心开展国际交流 80 余次，国家信访局也充分利用研究中心对外交流的窗口，加强国际交流与合作。意大利驻华大使、丹麦驻华大使、新加坡驻华大使馆官员、美国驻华大使馆官员都曾访问过研究中心。由商务部和教育部对发展中国家实施人力资源援助的重要项目——中山大学发展中国家公共管理硕士项目班每年都会就信访制度到研究中心交流学习。

研究中心在与国内、国际研究机构进行合作交流的同时，非常注重宣传推介我国信访制度作为国家治理体系重要组成部分所发挥的作用。

四 示范效应

研究中心成立后，示范带动效应比较明显。国家信访局多次在全国性会议中推荐研究中心的做法。国务院副秘书长、国家信访局局长舒晓琴同志 2014 年 6 月专程到研究中心调研，并先后多次对中心成果做出重要批示。舒晓琴同志强调，研究中心在全国一枝独秀，在信访理论研究方面取得了丰硕的成果，填补了国家层面信访理论研究的空白，具有非常重要的意义，为推动信访工作做出了贡献，为信访实务的创新发展提供了重要支撑。2015年4月10日，舒晓琴同志再次莅临研究中心，出席"国家信访局信访理论研究基地"揭牌仪式。在舒晓琴秘书长的高度重视下，研究中心成为国家信访局在全国设立的第一个理论研究基地。

2016年12月，国家信访局副局长李皋同志到研究中心调研时指出："中国信访制度现在是呼唤理论支撑。这个任务从目前情况看，北京市信访矛盾分析研究中心应该有这个勇气和担当，也具有做好这项工作的前提和基础。一般的实务部门，承担不了这个责任。"

多个国家部委及兄弟省份的信访部门到研究中心实地调研。新华社、《半月谈》、《光明日报》、《南方周末》、《人民信访》均对研究中心做了专版专题报道。中央电视台、《中国日报》、北京电视台、《大公报》、新华网、人民网、中央政府门户网等媒体也对中心给予高度关注。

中心的成立不仅开创了全国信访系统深入分析信访与社会矛盾的先河，而且打破了传统信访"重用轻学"的经验主义倾向。具体而言，主要解决了以下几个问题。一是有利于领导科学决策。信访是社会发展的晴雨表，政策的制定、执行、协调过程中出现的问题大多会通过信访渠道反映出来，"中心"通过对公众反映的信访问题进行整理、归类、分析、研判，以数字反映矛盾规律，以规律促进科学决策，通过信访这个独特的视角为党委政府了解社会动态、掌握社会矛盾、完善各项政策、调节发展速度、调整发展模式、维护社会稳定、推动和谐社会建设服务。二是促进了信访工作历史性的转变。传统以"办信接访、个案解决"为重心的信访工作模式已经难以适应经济社会的深刻变化，信访矛盾越来越体现出多元化、群体化倾向，个人利益诉求逐渐演变为群体利益、阶层利益诉求。"中心"的成立促使首都信访工作正在发生三个转变，即从表层汇总型向深层剖析性转变、从实务操作型向理论研究型转变、从参与保障型向参与决策型转变，这也正是现阶段信访部门自身的意义和价值所在。三是增强了公民参与决策的有效性。信访是公民参与、民主监督的重要渠道，传统的"办信接访"程序更加倚重转送、交办的功能，只有涉及社会稳定的信访事项才会以个案形式上报决策层。"中心"更加注重研究源头性、基础性、普遍性的问题，不仅分析公众的诉求，也分析相应的公共政策，不仅实现了政策与民意的有效衔接，还实现了决策者与民众的有效互动。四是有助于从源头预防矛盾，维护社会稳定。"中心"通过对社会突出问题、社会公众心理、社会风险评估与预警、社会矛盾化解等问题的深入研究，把信访工作的第一道关口前移到源头预防上。通过分析信访问题，结合调查研究，促进了政策制定从群众的根本利益出发，做到以民为本，以民为先，最大限度地从源头上预防和减少了矛盾的发生，维护了社会的和谐稳定。

完善地方政府行政问责体系，建设金山区探索实施行政问责新机制

上海市金山区人民政府法制办公室

上海市金山区地处上海市西南部，南濒杭州湾，西与浙江省平湖市、嘉善县交界，总面积586平方公里，全区辖9个镇、1个街道、2个工业区，人口约80万。2012年4月，金山区委、区政府为贯彻落实《关于实行党政领导干部问责的暂行规定》、《国务院关于加强法治政府建设的意见》的精神，进一步强化对权力的制约和监督，探索对不作为乱作为、懒政怠政、失职渎职实施问责全覆盖，制定实施了《金山区区管干部和机关工作人员有错与无为行为问责办法（试行）》(以下简称《问责办法》)，率先在上海市探索建立了干部问责工作机制。经过两年多的实践，金山区的干部问责工作新机制有力地促进了全区行政机关普遍形成"法定职责必须为，法无授权不可为"的理念，行政机关工作人员的工作作风更加务实、主动，在创业金山、宜居金山、和谐金山建设中发挥了较好的服务保障作用。

一 金山区问责体系建设的基本情况

（一）探索问责体系建设的动因和背景

1. 加强干部队伍建设，必须细致深化问责制度

2009年，中共中央办公厅、国务院办公厅印发了《关于实行党政领导干部问责的暂行规定》，对党政领导干部问责的范围、方式和程序作了

规定，是第一部中央层面针对党政官员问责的专门法规，标志着问责工作逐步走向制度化、规范化。但是，暂行规定只对领导干部较严重的"有错行为"的问责作规定，而机关一般工作人员以及"无为行为"问责则未涉及，省、直辖市、自治区层面这方面也基本空白。暂行规定的操作性有待细化，规范功能不易发挥。因此，为了以更大力度、更严措施填补问责监督的空白，金山区制定实施了《问责办法》及配套制定。

2. 适应经济社会发展新形势，必须细致深化问责制度

当前，金山区正处于加快发展的机遇期和转型发展的关键期，保持经济追赶式增长态势，需要一支敢于担当、勇于创新、善抓落实的干部队伍。通过健全实施《问责办法》，积极探索问责的新方法、新路径，对问责工作进行深化与拓展，为打造适应新形势的队伍提供了良性的制度保障，从而推动金山区改革发展稳定各项工作的顺利开展。

3. 贯彻落实群众路线，必须细致深化问责制度

做好新形势下的群众工作，需要一支为民、务实、清廉的干部队伍。开展"有错"与"无为"行为问责，向"有错行为"与"无为行为"宣战，能够积极回应群众对建立法治政府的新期待、新要求，解决政府公信力所面临的新情况、新问题，提振群众对政府自身建设的信心，进一步密切党群、干群关系，增强金山区各项事业建设的凝聚力。

（二）金山区探索问责体系建设的主体和问责体系的发展过程

为进一步强化对权力的制约和监督，探索对不作为乱作为、懒政怠政、失职渎职实施问责全覆盖，2011年初，金山区委、区政府酝酿提出建立干部问责工作机制的思路。2011年下半年，外出考察学习，结合本区干部队伍实际，形成初步工作方案。2012年初，区委常委会审议通过《金山区区管干部和机关工作人员有错与无为行为问责办法（试行）》（以下简称《问责办法》）。2012年4月，颁布实施了《问责办法》，率先在上海市探索建立了干部问责工作机制。

2014年6月，在《问责办法》试行2年后，区委、区政府又及时提出了修订《问责办法》的要求。区问责办在深入调研和广泛征求意见的基础上，围绕细化概念定义、问责情形和责任区分等重点，对试行《问责办法》中122处内容进行了认真修改。特别是对原来的10种问责情形进行了较大的调整和充实，既区分了有错问责情形和无为问责情形，又细化量化了各种问责情形的把握标准。修订后的《问责办法》中问责情形由原来的10种增加到了31种，既促进各级干部自我约束，也便于查处案件的对照把握。经过三年多的实践，金山区的干部问责工作新机制，有力地促进了全区行政机关普遍形成"法定职责必须为，法无授权不可为"的理念，行政机关工作人员的工作作风更加务实、主动，在创业金山、宜居金山、和谐金山建设上发挥了较好的服务保障作用。

（三）金山区问责体系建设的主要内容

1. 制度先行

在完善问责体系方面，金山区人民政府注重坚持制度先行，充分发挥制度的引领和推动作用，抓住提高制度质量这个关键。金山区制定的《问责办法》以《关于实行党政领导干部问责的暂行规定》、《中华人民共和国行政监察法》、《中华人民共和国公务员法》等法律法规和制度为依据，紧密结合了金山区实际。《问责办法》共有五章二十二条。一是明确了"向谁问"的问题。规定了问责范围为全区区管干部和机关工作人员。二是明确了"问什么"的问题。《问责办法》清晰界定了"有错行为"与"无错行为"，设计了问责的三十一种情形。三是明确了"怎么问"的问题。《问责办法》对问责的方式与适用、问责的启动、救济措施等作了详细规定。四是明确了问责结果的运用。《问责办法》将问责结果作为年度绩效考核、干部任用奖惩的依据。

2. 构建工作网络

在区层面成立问责处理工作领导小组及办公室的同时，在全区65家部门和单位也成立问责处理工作领导小组，问责工作办公室统一设在组织纪检部门，形成了覆盖全区的问责工作网络。同时，为完善落实《问责办法》，结合工作需要，金山区还配套制定了加强问责案件查处指导意见、问责工作考核办法等六项制度，对相关内容作出了更加具体、详细的规定，切实增强问责工作的针对性、规范性和操作性。

3．问责全覆盖

在推行干部问责工作中，金山区人民政府始终坚持"有错是过、无为也是过，有错要问责、无为也要问责"的理念，注重对有错行为和无为行为问责并重，引导各级干部自觉克服一杯茶、一张报、图安逸、当太平官的行政不作为行为，积极营造形成"干多干少有差别，干好干坏不一样"的氛围，厚积干部干事创业的正能量，为实现金山经济社会发展目标奠定坚实的组织基础。

二　金山区问责体系建设过程中克服的困难和阻力

（一）建设过程中存在的困难和阻力

1．思想认识存在误区，问责工作发展不够平衡

一些干部把推行问责工作机制误解为是跟干部过不去，捆住了做事的手脚；还有的干部感到，现在大家工作都很难做、待遇又不高，出点小问题在所难免，何必这样顶真？少数领导干部也认为党纪、政纪都有了，再搞问责工作是多余的。思想认识上的差错直接导致了问责工作上的被动，有的地区和部门问责工作出现了推一推动一动的现象，有的干部履职标准定格在只要过得去不求过得硬、只要不出事哪怕不做事的状态。

2．问责查案缺乏主动性，应有作用没有得到充分发挥

有的单位和领导干部把对问责情形的追究查处看成得罪人、丢选票的事，采取躲避、拖延、推诿的态度。有的单位和部门在查处问责案件上配合不够主动，处理具体问题时不讲原则说情，专门做减法，缺乏应有的立场和责任。还有的单位和部门对查处的问责案件讨论研究人为设定范围、处理结果遮遮掩掩，找被问责人谈话含含糊糊，做老好人、和事佬。

（二）克服困难和阻力的工作举措

1. 引导干部正确认识重要意义，进一步增强开展问责工作的主动性

要求全区各级党政组织高度重视本地区、本部门、本单位的问责工作，既要加强对干部的教育引导，主动适应干部监督管理新机制的要求，自觉用《问责办法》规范自己的履职行为，又要把问责工作摆上议事日程，做到常抓常议常关心，要把问责工作作为重点工作、重要任务、重大项目的重要推力，促进干部自觉担当、积极作为，保障各项决策决议有效落实。

2. 积极查处问责案件，进一步激发各级干部履职尽责的自觉性

金山区开展问责工作的出发点和落脚点就是要在明责、履责、考责、追责上建立起严密的管理体系，形成在位就要担责、担责就要尽责、违责就要追责的良性机制。在问责工作上，要求各级党政组织都要有鲜明的态度和积极的行动，要配强配好问责工作部门力量，提供良好的工作环境；要积极创造条件，帮助问责工作部门开拓案源；要支持和指导问责查案工作，做到有案必查，并注重问责案件查处工作的程序规范和实体规范。

3. 不断探索创新，进一步加强问责工作的科学性

一是准确界定问责情形，确保科学性。确定问责情形要紧紧抓住保障服务中心工作开展、符合干部队伍建设实际、激发履职尽责热情三个方面，力求准确、全面、适当。同时，要坚持问题导向，不断调整和充实问责情形。二是研究方式方法，提升有效性。从案源开拓、查案问责和警示教育等环节研究做好问责工作的方式方法,特别要注重研究问责案件线索移送、交办、督查和问责案例选择、编写、教育等办法,形成一系列问责工作有效机制,提升问责工作规范化水平。三是注重总结推广,增强指导性。区问责办要注重总结全区问责工作的经验做法,指导各单位和各部门将好的做法、机制提炼出来,在全区宣传推广,不断提高全区问责工作水平。

三　金山区问责体系建设解决的问题及受益人群

2012年4月制定实施问责制度三年多来(截至2016年底),全区共有176人次受到问责处理,其中,处级干部14名,科级以下干部162名;受到问责处理的集体20个,其中,处级单位5个,科级以下单位15个。在查处问责案件的同时,各单位、各部门十分注重问责案件的教育警示作用,特别是对严重和典型的问责案件采取案例剖析、书面通报、集中讲评等方法,教育干部引以为戒,积极履职作为。通过对有错与无为问题的问责处理,收到了问责一个人、教育一大批的良好效果。从5年多的实践来看,干部队伍中庸懒散拖、推诿扯皮的现象少了,主动担当、敢于担责的人多了;办事凭经验、拍胸脯、随性子的现象少了,敬业尽职、精细工作的人多了;不作为、乱作为、慢作为的现象少了,争先创优、积极奉献的人多了。

(一)干部精神状态和工作作风得到改善

通过问责制度的实施及问责案件的查处,金山区被问责干部受到了教育与触动,其他干部也得以对照与反思。问责工作取得了查处一人、教育一片的成效,庸懒散的不良风气得到了整改,干部抓落实、促发展的热情得到了激发,责任政府的形象得到了良好的维护。

（二）政府的管理水平得到显著提升

通过"有错行为"与"无为行为"问责这一载体，党员干部真正从思想上认识到群众路线是生命线，精神不振、能力不足、脱离群众的现象进一步消除。在政府加强服务管理、改进作风建设中，群众切身利益得到了优质高效维护，违法行为得到了应有的处罚，经济社会的发展得到了有力的保障。

（三）权力运行更加规范

通过一系列的问责，各级行政机关及其工作人员依法办事的能力得到显著提升，法治思维逐渐养成，重大决策、财政资金的运用和分配、政府投资、政府采购等一系列权力运行得到有力的制约。同时，通过严肃问责，推动了各级各部门干部的执行力，提升了党政机关的工作效能，窗口单位的服务形象更加优化，进一步提升了金山区的投资发展环境。

四　创新之处

（一）各级领导高度重视，摆上议事日程持续推进

区委、区政府不仅率先在全市创设并推行问责工作机制，走出一条干部监督管理的新路子，而且对问责工作一直予以高度重视和指导推进，保证问责工作机制健康发展。区委书记碰头会、区委常委会每年要听取问责工作情况的专题汇报，区委、区政府年度工作要点，都要对问责工作作出部署和要求。在群众路线教育实践活动、"三严三实"专题教育、区工作讲评会和街镇（工业区）班子年度工作绩效考核等重点工作中，都要听取区问责部门意见，并把问责工作机制作为重要的保障措施。

（二）问责指向具体实在，为干部履行职责明确方向

问责事项的指向就像打仗的突破口，选得正确与否直接决定着成效和结果。在推出问责工作机制时，区委、区政府就明确提出有错是过、无为也是过，有错要问责、无为也要问责的思想，直截了当地把问责事项指向了有错和无为两个方面，使全体干部明确有错履职和无为履职同属问责之列，在履行工作职责时，既要积极防止发生错误，又要自觉克服磨洋工、混日子、图安逸、当太平官的不作为行为。应当特别指出的是，金山区把无为行为列入问责范畴的做法，一方面符合党的十八大精神，拓宽了问责工作的范围；另一方面切中了当前少数干部中存在的得过且过、安于现状等懒政思维和慵政、怠政现象，有利于在广大干部中集聚干多干少有差别、干好干坏不一样、厚积干事勤创业的正能量。

（三）上下合力查处问责案件，形成履职尽责良好氛围

全区各级党政组织和问责工作部门充分发挥问责工作机制在惩处有错无为行为，引导敢担当、勤作为、优履职方面的作用，按照《问责办法》相关要求和职责分工，着力在拓展案源、查案问责、警示防范上下力气。区问责办通过建立监督员队伍、设立监督电话、建立联席会议制度、参与重大事（案）件调查、跟踪重大实事项目进展等方法，开拓问责案源。各街镇（工业区）也主动把问责工作引入本地区重大决策、重大工程和重点工作中，并通过问责部门参与、跟踪监督等方法，及时掌握干部队伍作风和履职情况。全区各级问责工作部门在党委、政府的领导下，认真担负起查处问责案件的重任。在查案工作中严格按照《问责办法》规定的问责情形、查处程序和问责方式，做到重事实、重证据，确保每一起问责案件的质量和效果。

（四）探索实践勇于创新，问责工作不断规范

作为一项创新性的工作，金山区人民政府在制定《问责办法》的基础上，还先后制定了《关于加强问责案件查处工作的指导意见》、《金山区有错与无为行为问责工作考核办法》等制度，区问责办还在工作中推出了问责事项交办、问责建议和问责案件回访等措施，近期还在酝酿制定《金山区有错与无为行为问责线索移送管理办法》。这些制度和方法，一方面有效地解决了问责案件线索发现难、部门之间线索移送不积极、基层问责工作发展不平衡等问题；另一方面较好地解决了问责工作缺失依据、缺少办法、缺乏经验的问题，为问责工作规范化建设提供了制度保障，也为全区问责工作深入发展奠定了扎实的基础。

五　成功的原因和推广的意义

（一）探索落实问责新机制是推动行政问责体系进一步完善的重要实践，回应了群众的需求坚持有错必纠、有责必问，是法治政府应有之义

金山区通过实施问责新制度，立足于从根本上解决干部管理失之于宽、失之于软、失之于散的问题，从单纯追究"有过"向既追究"有过"又追究"无为"转变，不仅对发生的重大事故问责，而且对行政做出的错误决策问责；不仅对滥用职权的行政作为问责，而且对故意拖延、推诿、扯皮等行政不作为问责；不仅对犯了法、有了错要问责，而且对能力不足、履职不力、施政不佳、执政不力、行政不作为、乱作为等方面也要问责，从而构建起了比较完整的行政问责体系，形成了问责的合力。

（二）探索落实问责制度是建设法治政府的重要保障和法治政府的应有之义

依法行政是法治政府的根本，而依法行政必须以问责制为保障，将问责作为权利的紧箍咒，从而督促干部自觉运用法律管理经济社会事务，真正做到有权必有责，用权受监督。金山区运用问责制度查处了一批违法问责案件。如，2012年6月3日水污染事件发生后，对辖区环境质量负有主体责任的吕巷镇人民政府和作为职能部门负有相应责任的区环保局予以了通报批评；2012年6月14日"盛瀛爆燃"生产安全事故发生后，除对负有管理责任、领导责任的人员进行了行政处分之外，对在行政管理中存在不作为的其他行政机关工作人员也进行了行政问责。一桩桩典型的问责案件，使问责制度成为悬挂在金山区干部头顶上的达摩克利斯之剑，时刻警示领导干部及机关工作人员依法行政，增强廉洁奉公、勤勉敬业的自觉性、坚定性，有力地推动了法治政府建设。

发挥跨区法院独特优势，大力推进法治政府建设

北京市第四中级人民法院

一 项目总体介绍

北京市第四中级人民法院（以下简称"四中院"）作为全国首批跨行政区划法院和全市首批整建制综合改革试点法院，集中管辖审理以北京市16个区政府为被告的一审行政案件，同时审理以区政府和市政府作为共同被告的"复议双被告"一审行政案件。市、区两级政府的依法行政水平和能力如何，对于构建责任、诚信、法治政府和落实依法治国基本方略，举足轻重。自2014年12月30日挂牌履职以来，四中院立足于跨行政区划法院的职能定位，积极发挥跨行政区划法院在摆脱地方保护和行政干预等方面的独特优势，在依法审理行政案件的同时，创新多项举措，构建科学模式，巩固、延伸和强化行政审判在推进依法行政、协同推进法治政府建设方面的积极作用，为后续改革探索提供了具有典型意义的可复制可借鉴的经验。

（一）严格落实立案登记制改革，切实畅通行政诉讼救济渠道

四中院自履职以来即率先推行立案登记制改革，畅通诉讼救济渠道，方便规范当事人诉权行使，配套出台了《登记立案实施办法》《关于一审

行政案件登记立案的工作指南》以及《登记立案释明规则》，两年中立案释明20000余人次，行政案件当场登记立案率达90%以上，收案数量大幅提升。2015年，共受理以区政府为被告的一审行政案件1397件，比2014年全市法院受理的该类案件总量上升了600%。在立案大厅引入法律援助工作站，由专职律师为当事人当场提供免费法律咨询服务，当事人满意度达98.59%。

（二）严格行政诉讼司法审查标准，公正高效审理案件

伴随着吴在存院长敲响的四中院审判第一槌，院庭长带头审理重大疑难复杂案件，建院两年来，院庭长办案率达61%，充分发挥院庭长作为资深法官审判经验丰富的优势。四中院严格司法审查标准，切实加大合法性审查力度，纠错效果明显。2015年，四中院判决行政机关败诉案件占全部实体判决案件的比例达25%，比2014年全市一审案件行政机关败诉率上升13个百分点。新《行政诉讼法》实施一年间，行政机关实体败诉率达到32%，司法监督更加有力、有效。追求案结事了，在对行政行为合法性的审查过程中，关注争议实质内容，多种途径推进行政争议的实质化解，切实维护行政相对人的合法权益，人民群众在行政审判中的"获得感"明显增强。

（三）发挥司法服务保障功能，促进法治政府建设

围绕中心，服务大局，就法治政府建设开展前瞻性调研，为党委政府重大决策及规范性文件制定超前提供法律建议，从源头上预防法律风险。为北京新机场建设、城市副中心建设、京津冀协同发展、疏解非首都核心功能、非京籍生入学、规制惩戒违法建设等重点项目和重大举措的依法实施提供建设性意见建议，从源头上避免和减少行政争议。

发布行政审判白皮书和典型案例，并创造性地为16区政府发布司法审查分报告及建设法治政府建议书共32份，发挥个性化"法治体检表"

的积极作用。建立司法建议督促反馈机制，两年来共针对行政执法中的共性问题发送司法建议23份，促进规范执法。

成立全国首家司法服务办公室，打造司法与行政互动的"隔离墙"。承担重大决策性调研、与政府联络沟通、服务代表委员、与媒体良性互动等十个方面的工作职责。在推动法治政府建设方面，司法服务办公室成立后，在加强与各级政府的沟通联络、与政府法制部门建立常态化沟通联络机制上下功夫，围绕北京市重点工作开展前瞻性司法调研，积极参与政府重大决策事项、规范性文件制定、重点工程建设等重大事项的法律咨询、法律论证，更好地服务法治政府建设。

（四）创新多项举措，着力构建良好法治环境

以"谁执法谁普法"为原则，创新多项举措，将"走出去"与"请进来"相结合，着力构建良好法治环境。

1. 落实负责人出庭应诉制度

四中院严格贯彻落实新行政诉讼法的要求，创新多项举措，积极推进行政机关负责人出庭应诉工作落实。第一，积极与各区政府法制部门沟通协调，宣讲法律政策对行政机关负责人出庭应诉的明确要求和该项制度的重大意义；第二，通过逐案发送《行政机关负责人出庭应诉通知书》等方式进行督促落实；第三，注重选取典型案件，以区政府主要负责人出庭应诉为契机，积极组织领导干部和一线执法人员旁听案件庭审进行法制教育，以更直观、鲜活的方式宣传法制，切实提高其行政执法水平和应诉能力。

2. 建立常务会议讲法机制

"走出去"，围绕法治政府建设、行政诉讼法修改、新行政诉讼法实施等主题以及行政执法活动和应诉工作中存在的共性问题，数十名行政法官应邀为国家部委、各区政府常务会议、市级机关办公会议讲法，受众达4000余人。通过提升行政机关领导干部这一"关键少数"的法治意识和一线执法人员这一"关键多数"的法治能力，切实推动行政机关决

策方式和执法方式的转变。

3. 把每次庭审当成一次普法课

"请进来",承担中央党校、市委党校、市直机关工委党校依法行政的现场教学职能,设立依法行政教育基地。两年来,超过3000名公务人员,2000余名厅局级领导干部,走进四中院旁听庭审,依法行政教育基地示范作用,得到突出体现。在常态化的旁听行政案件庭审之后积极开展座谈交流活动,介绍案件审判的相关背景,帮助旁听人员详细了解案件情况,深刻剖析案件所反映出的法治问题,解答旁听人员的问题,切实增强案件旁听的法制宣传效果。

4. 深入推进与法学高等院校、科研机构合作共建

先后与国家行政学院、中国政法大学、北京师范大学、中国人民大学等高等院校、科研院所签订战略合作协议,共同开展法制教育,推进法学教育与司法实践深入结合,实现理论与实践的优势互补。

5. 加强与人大代表、政协委员、律师协会的沟通联络

主动接受代表委员监督,邀请人大代表、政协委员走进行政审判法庭,听取意见建议。加强律师执业保障,在全市法院率先出台《关于充分保障律师执业权利共同维护司法公正的若干规定》,建立律师参与诉讼"绿色通道",开设律师工作室、律师更衣室。行政诉讼中,原告方律师代理比例达38%,被告方律师代理比例达65%。

6. 运用传统媒体新媒体加大宣传引导

四中院推进法治政府建设工作,受到40余家中央、市属媒体常态化关注,召开新闻发布会16场,报道2000余篇,100余万字,构建法治政府的宣传影响力稳步提升。

四中院各项措施促进了行政机关运用法治思维和法治方式依法办事的能力和水平进一步提升;行政机关依法行政带动整体法治环境改善的引领示范作用进一步凸显;行政机关按照新行政诉讼法规定积极做好应诉工作的意识进一步加强;行政机关从源头上防范和化解行政争议的主

动性和积极性进一步增强。项目整体实施效果良好，从参评的66个项目中脱颖而出，荣获第四届中国法治政府奖。

二 项目获奖后发展情况

"发挥跨区法院独特优势，大力推进法治政府建设"项目获奖后，四中院继续深化落实项目措施，不断探索建立新机制、新方式，推进项目持续健康发展，同时加大项目经验的推广和传播，增强项目的社会影响力。

（一）继续深化落实立案登记制改革，强化源头多元解纠力度

2016年以来，四中院继续严格按照相关法律和司法解释规定的受案范围和法定程序受理行政案件，切实维护行政相对人合法权益，行政诉讼救济渠道更加畅通，行政案件数量呈现逐年大幅攀升的态势。2016年，四中院共有一审行政案件2893件，占全院案件总数的76.3%，是2015年四中院行政案件总数1397件的2.07倍。

畅通救济渠道、保障诉权的同时，深化对立案登记制改革的认识，积极引导当事人理性、合法、规范行使诉权，严格规制滥用诉权行为，坚决防范和治理恶意诉讼，对不符合立案条件的依法裁定不予立案，对少数扰乱立案秩序行为依法制裁。在全部案件中，有1363件案件因不符合行政诉讼法明确规定的立案条件而被裁定不予立案，登记立案1530件。

在积极支持和保障人民群众依法理性表达利益诉求的同时，注重加大释明引导和多元化解行政争议力度。尝试在立案阶段引入人民调解、行政调解与行业调解，完善多头调解联动工作体系，建立防范和化解行政争议的综合协调机制，积极推进行政争议多元化解、提前化解、实质化解。

（二）进一步加大司法审查力度，纠错效果逐步显现

四中院继续依据新行政诉讼法的各项要求，严格司法审查的范围和深度，对行政机关作出的行政行为进行合法性审查和一定限度的合理性审查，首次出现适用"明显不当"裁判标准判决撤销行政行为的案件，纠错效果明显，败诉率呈现先升后降的趋势。2016年，四中院审结的一审行政案件中，判决行政机关败诉案件79件，占全部实体判决案件的14.3%，较2015年同比有所下降，表明行政机关依法行政水平进一步提升，司法审查的纠错效果开始逐步显现。

（三）公正高效审结大量行政案件，强化司法服务保障功能

围绕首都城市战略定位、疏解非首都核心功能、行政副中心建设、京津冀协同发展国家战略实施、加快建设国际一流的和谐宜居之都等方面，更好地发挥四中院作为跨区法院的服务保障职能。通过依法审理行政案件，更好地服务经济发展，促进发展质量和效益的提高。积极服务保障供给侧结构性改革，通过妥善审理涉及政府职能转变、简政放权、产权流转等方面的新类型案件，保障"去产能、去库存、去杠杆、降成本、补短板"深入推进；通过依法妥善审理因棚户区改造、老旧小区综合整治等重点工程和重点领域发生的征收拆迁、环境整治等涉及面广、影响力大的行政案件，依法维护了公民、法人及其他组织的合法利益，保障了首都经济社会发展；通过依法公正审理行政协议案件，促进法治政府和政务诚信建设；通过依法妥善审理政府信息公开、村务公开、行政复议等案件，有效地维护了群众的知情权、参与权、表达权和监督权；通过依法妥善审理公房管理、土地登记等涉及人民群众生产生活的案件，有效地维护了人民群众正常的生产、生活秩序。创新完善繁简分流工作机制，探索建立行政案件速裁机制，努力实现"繁案精审、简案快审"，行政一审案件平均审理用时仅为93天，比6个月的法定审限缩

短了近一半。

（四）依法公正审理财产征收征用案件，加大棚户区改造房屋征收拆迁司法保障力度

棚户区改造等重点工程项目实施是民生工程，体现了以人民为中心的新发展理念。涉及棚户区改造项目的房屋征收拆迁补偿案件，涉及面广，直接关系民生，关系区域经济发展。自四中院挂牌履职以来，共受理房屋征收与补偿类案件320余件，在已经审结的该类案件中，裁定驳回原告起诉118件，占比57%；判决驳回原告诉讼请求62件，占比30%；原告主动撤诉20件，占比10%，因被诉补偿决定未充分保障被征收人选择权、未尽到审慎核查义务、行政行为明显不当、送达程序违法等违法情形被判决撤销7件，占比3%，切实维护群众利益，促进房屋征收拆迁法治化、规范化。四中院在审理此类案件过程中，在严格依法办案的前提下，坚持快立、快审、快结，缩短审理周期，提高审判效率。加强征收拆迁矛盾纠纷的协调和解力度，遵循及时合理补偿原则，对房屋征收拆迁补偿标准明显偏低的，综合运用多种方式进行公平合理补偿，切实维护被征收人合法权益，促进棚改房屋征收拆迁补偿纠纷实质性解决，依法保障棚户区改造重点工程项目顺利推进。

（五）加大绿色发展司法保障力度，促进生态环境建设

坚持用绿色发展理念引领环境资源类行政案件审判工作，利用跨区法院职能优势，以环境司法工作为抓手，充分运用司法手段改善、减轻和消除破坏环境、污染环境的危害行为，着力化解与生态环境相关的行政争议，着力提高环境资源行政案件的专业化审判水平。如四中院受理的因某区政府关停某水泥厂引发的环境资源行政案件，考虑到案件涉及京津冀生态环境保护和产业结构调整转型及企业数百名职工就业生计等问题，法院摒弃就案办案方式，先后十余次组织涉案各方当事人及有关

方面进行面对面的实质性协商，在利益衡平和有效维护社会公共利益的基础上，最终促使区政府及有关方面与涉诉企业达成补偿协议，有效实现了行政争议的实质性解决，也有效避免了涉众群体访等次生问题的发生，有力保障了绿色发展理念落地生根。

（六）切实加强产权司法保护，促进经济社会健康持续发展

产权制度是社会主义市场经济的基石，保护产权是坚持社会主义基本经济制度的必然要求。依法公正审理行政协议案件，依法妥善处理历史形成的产权案件，促进法治政府和政务诚信建设。对因招商引资、政府与社会资本合作等活动引发的纠纷，认真审查协议不能履行的原因和违约责任，切实维护行政相对人的合法权益。对政府违反承诺，特别是仅因政府换届、领导人员更替等原因违约毁约的，要坚决依法支持行政相对人的合理诉求。对确因国家利益、公共利益或者其他法定事由改变政府承诺的，要依法判令补偿财产损失。如四中院在审理某公司诉某区政府履行招商引资行政协议案件中，准确界定涉案协议为行政协议，明确某区政府在行政协议履行中的义务，通过多方调解，促成双方达成和解协议，某公司向法院申请撤诉，从而实质性解决行政争议。

（七）抓住"关键少数"以上率下作用，带动区域整体法治水平提升

行政机关负责人出庭应诉制度作为新行政诉讼法的一个重要制度创新，有助于提升行政机关依法行政的意识和能力、促进行政争议的实质性化解、树立行政机关良好的法治形象。2016年在四中院审理案件中行政机关负责人出庭应诉的自觉性、主动性不断提升，改变过去"告官不见官"的状况，行政机关工作人员出庭应诉率100%，区政府负责人出庭覆盖率100%。西城、海淀、朝阳、通州、顺义、昌平、石景山、大兴、门头沟等多个区政府一把手作为行政机关负责人在四中院出庭应诉行政

案件，1300余名一线执法人员旁听庭审，促进了依法行政水平的整体提升。7名法官十余次应邀赴16区向区政府常务会议，进行会前讲法并释法答疑，充分展现了"关键少数"在全面依法治国中以上率下的引领示范作用，有力地带动了区域整体法治水平提升，树立了法治政府良好形象。

（八）坚持司法公开，推进阳光司法

通过邀请人大代表、政协委员旁听行政案件，互联网全程直播庭审等方式，增进人大、政协对行政审判的了解、理解与支持，自觉接受社会各界监督。通过网络、电视、报纸和"北京四中院"微信公众号等形式向社会发布典型案例、工作动态、经验成果，发挥行政审判的规则引领作用，拓展司法裁判示范功能。通过"12368"电话语音系统、手机短信、电子触摸屏等现代信息技术平台，公开审判流程信息。在各立案窗口免费提供诉讼指南资料，引导当事人正确行使诉权。2016年发布各类宣传稿件1000余篇，组织新闻发布会7次，组织媒体记者进法院采访报道200余人次。四中院依托常态化庭审公开着力打造依法行政教育基地，全年共有包括国家行政学院、市委党校等3000余名局级以上公务员、一线行政执法人员在内的社会各界群众参加庭审观摩活动并座谈交流，把公开庭审打造成全民共享的法治公开课。注重建立健全裁判文书上网情况检查通报制度，行政案件裁判文书上网率达99%以上。

（九）发挥跨区法院独特职能优势，人民群众获得感明显增强

探索设立跨区法院的目的在于消除地方保护和行政干预形成的诉讼"主客场"问题。在建院之初严格司法监督下，行政机关依法行政的能力和水平大幅提升，尊法、学法、守法、用法意识明显增强。以严格司法监督换来依法行政提速增质，2016年是四中院作为跨区法院履职的第二年，区政府负责人出庭应诉主动性、自觉性明显增强，依法决策、科学决策、民主决策加强，行政行为规范化程度提升，行政机关实体败诉率同比下

降近 11 个百分点。率先在全市建立首家驻院法律援助工作站，引入执业律师等第三方力量合力化解行政争议，当事人满意度达 98.6%。以建设智慧法院为依托，通过网上立案、巡回审判等方式，更好地方便群众诉讼，为履行跨区法院职能提供科技支撑。人民群众在行政诉讼中的获得感、认同感和满意度明显增强，人民群众依法理性维护自身权益意识明显增强，出现了"三降一升"，即上诉率、改判发回率、申诉率下降，服判息诉率上升的良好发展势头。

（十）积极延伸审判职能，深化依法行政与公正司法的良性互动机制

为加强各种资源力量整合及协调联动，四中院率先成立全国首家司法服务办公室，统筹对接两级政府法制部门等，建立常态化的沟通联络机制，采取巡回走访座谈方式，遍访北京 16 区政府法制部门，对症下药帮助解决各区政府在推进依法行政工作中遇到的相关疑难问题。继续发挥司法建议和行政审判白皮书功能作用，在整体发布行政案件年度审查报告及典型案例的基础上，创新发布针对每个区的行政案件司法审查分报告，为各区依法行政提供个性化"体检报告"。坚持紧紧围绕影响首都经济社会发展的重大问题进行前瞻性调研，针对棚改征收拆迁、拆除违法建设、行政副中心建设、疏解非首都功能、京津冀协同发展等开展法律风险评估及政策应对专项调研，有针对性地提出有效防范法律风险、超前预防行政争议发生的相关意见建议，为党委政府决策提供参考，协同推进法治政府建设。

全面依法治国是新的历史条件下治国理政总方略的重要内容，法治政府建设是行政机关和人民法院共同的历史使命。四中院着眼"四个全面"战略布局，依托跨区法院的独特制度优势，立足行政审判职能发挥，凭借十余项改革创新举措，以更加奋发有为的精神状态，推动法治政府建设一步一个脚印向前迈进，为促进依法行政、构建法治中国首善之区做出扎扎实实的贡献！

公平、公正、公开的全方位行政复议改革

广东省珠海市人民政府法制局

行政复议是化解行政争议、维护群众权益、推动行政机关依法行政、实现社会公平正义的法定途径，是行政机关内部层级监督的重要制度，具有高效、公正、免费、便民、可救济的特点和优势。但在实施过程中，现行复议体制存在亟待改进和完善之处，主要有行政复议机构缺乏独立性、办案程序相对封闭、复议资源分散、审查标准不统一、行政复议的公正性和公信力有待进一步提升等。以珠海市为例，自2008年至2013年，受理案件数量一直在百余件，纠错率长期处于低位，人民群众对行政复议制度缺乏了解，发生行政争议时较少通过复议渠道解决，行政复议影响力较弱，与国务院确定的成为解决行政争议主渠道的既定目标差距较大。

2006年9月，中共中央办公厅、国务院办公厅联合下发《关于预防和化解行政争议健全行政争议解决机制的意见》，明确提出要"积极探索符合行政复议工作特点的机制和方法"；2008年10月，国务院法制办下发《关于在部分省、直辖市开展行政复议委员会试点工作的通知》，将广东省纳入相对集中行政复议权即行政复议委员会试点工作范围，省内部分市县先后开展了行政复议委员会试点工作。2012年10月，广东省政府批准珠海市为行政复议委员会试点单位。为创新复议体制机制，促进严格规范公正文明执法，推动法治政府建设，珠海市法制局充分调研和深入论证，经过一年多的筹备，珠海市行政复议委员会试点改革于2013年12月正式启动。

珠海行政复议改革启动三年来，积极践行党的十八届三中全会提出的"改革行政复议体制，健全行政复议案件审理机制，纠正违法和不当行政行为"，以及十八届四中全会提出的"健全社会矛盾纠纷预防化解机制，完善调解、仲裁、行政裁决、行政复议、诉讼等有机衔接、相互协调的多元化纠纷解决机制"的要求，不断探索提高行政复议工作质量的新方式、新举措，改革行政复议体制，完善行政复议制度。行政复议全方位综合改革取得显著成效，行政复议成为化解行政争议的主渠道，行政复议的公正性、公信力和影响力进一步提升，有力地促进了珠海依法行政进程，推动了法治政府建设，也为国家和省行政复议改革积累了有益经验。

一　主要改革举措

（一）立法先行，保障改革更权威

为确保行政复议改革在法治框架内进行，珠海市运用其特区立法权优势，在改革之初即颁布出台《珠海市人民政府行政复议规定》（市政府97号令）。通过发挥立法的引领和推动作用，破解了行政复议委员会试点改革目前在行政复议法律、法规中尚无明确依据的难题，确立了珠海市行政复议委员会的各项基本制度，为改革提供了坚实的法律保障。

（二）打破条条限制，集中复议权更广泛

1999年的《行政复议法》确定了"块块管辖为主，条条管辖为辅"的选择管辖模式，即对县级以上地方各级政府工作部门的具体行政行为不服的，申请人可选择向该部门的本级政府或上一级主管部门申请复议。珠海市从市一级政府对各职能部门监管更为有效的实际出发，突破现行复议管辖模式的限制，由市行政复议委员会集中行使分散于市政府各部

门的行政复议权,分步骤将原属市直部门的行政复议权收归市政府统一行使,即市政府除受理以各区政府和市直各部门为被申请人的复议案件外,还受理以区各部门为被申请人的行政复议案件。这一复议体制改革,打破了上级行政机关受理下级行政机关的"条条管辖"模式的限制,有利于整合复议资源,统一复议标准,增强行政复议的公正性。

(三)实行"三统一"模式,复议机制更顺畅

各地通常采用的"统一受理、审理、分别决定"或"统一受理、分别审理、统一决定"两种模式,实践中易出现程序繁琐、应诉主体混乱、权责不清的弊端。珠海市在此基础上进一步优化工作机制,采用"统一受理、统一审理、统一决定"的"三统一"的模式,即一个窗口对外、一个标准办案、一个主体决定,做到了程序简洁明了、运行高效流畅、权责清晰统一。

(四)直接采纳议决结果,复议决定更公正

不同于全国绝大部分试点城市将委员意见作为参考的做法,珠海市对符合法定情形的重大、疑难、复杂案件实行议决制。采用议决程序审理案件,从社会各界人士中遴选的非常任委员应当占参会委员的半数以上,并直接采纳议决结果制作复议决定书报市政府批准。这一程序打破"关门办案"的局限,充分发挥了委员的专业优势,增强了复议的中立性与公正性。复议委员会在构成上的开放性以及所采取的议决机制,极大地增强了行政复议案件审理的公正性。截至2016年底,共55件案件由复议委员会议决,纠错率为47%。

(五)率先开庭审理,复议过程更公开

根据《广东省行政复议案件庭审办法(试行)》,珠海市提前筹备,在硬件和软件上加快建设,做好充分准备,从2015年5月1日办法施行

之日起即推行开庭审理。我们认为，开庭审理相比原听证制度，程序更加规范和完备，例如实行回避制度、质证、调查、辩论环节，庭审笔录作为审理案件的依据、庭审对公众开放等，便于双方有针对性地进行质证和辩论，能够更有效地保障申请人的程序权利。截至2016年底，共对80件案件进行了开庭审理，并多次邀请人大代表、政协委员、市民和新闻媒体观摩、旁听庭审。复议案件开庭审理制度的实施，极大地增强了行政复议的公开性和透明度。同时，就案件审理方式推行"繁简分流"，对案情简单的书面审理快速决定，对争议较大的开庭审理，对重大疑难的案件必须开庭审理并交行政复议委员会议决，从而兼顾了效率与公平，并避免了行政复议与行政诉讼的同质化。

（六）复议全程网上公开，公众参与更便捷

2014年10月在珠海市法制局网站开通复议案件网上受理窗口，2016年11月在珠海市政府"一门一网"政务服务平台开设复议申请入口，公民、法人和其他组织对具体行政行为不服的，可足不出户直接进入网上"行政复议大厅"，提出复议申请。从2014年起，在珠海法制局门户网站每年全面完整公布行政复议统计数据及分析报告。从2016年起，不论作为被申请人的行政机关"胜诉"与否，除涉及国家机密、商业秘密、个人隐私、未成年人等不宜公开的情形外，行政复议决定书都一律在网上公开。

出于尊重当事人和保护隐私的考虑，网上公开行政复议决定书均会在申请之时征得申请人同意，并采取保密化处理。行政复议决定书网上公开，改变了仅限于当事人知悉案件情况的现状，让复议机关和行政机关更好地接受监督。行政相对人也可通过查阅已审结案件的行政复议决定书，了解同类型案件的处理情况，以便更好地通过复议渠道反映诉求和主张权利。信息化、网络化的便民措施，使人民群众可在线了解行政复议法律指引、提交行政复议申请，并通过接收提醒短信掌握案件办理进度和结果。

二 实施全面保障

珠海市政府高度重视行政复议工作，从制度、人员、场地等方面为行政复议试点改革工作提供全面保障。

一是制度保障。除了市政府于2013年12月颁行政府规章《珠海市人民政府行政复议规定》，保障改革于法有据外，市行政复议委员会相继制定了《珠海市行政复议委员会工作规则》《珠海市行政复议委员会非常任委员选任办法》《珠海市行政复议工作激励办法》《珠海市行政复议委员会案件开庭审理工作规程》《珠海市行政复议委员会行政复议案件网上受理工作规程》《珠海市行政复议委员会行政复议决定书网上公开工作规则》六部配套制度，保证了行政复议委员会的规范运作，促进了开庭审理和网上公开的规范化、制度化。

二是人员保障。2013年12月改革启动时珠海法制局将原有的行政复议科分设为行政复议立案科和审理科，在原来的3个行政编基础上新增2个行政编和1个工勤编。2016年12月，为承接公安移交的复议权和应对因复议共同被告新增的行政诉讼案件，增设行政应诉科，新增5个行政执法专项编。目前共有从事行政复议和应诉的科室3个，在编人员11人。另外，推行开庭审理后，市编办批准珠海法制局通过政府购买服务方式聘请6名书记员、办案助理等辅助人员。除增配人手外，还注重加大对现有复议人员的培训力度，多次邀请全国知名教授专家为行政复议工作人员讲解新的法律法规，进行政策解读等。

三是场地保障。珠海市政府在法制局办公场所之外，专门配备开庭审理场地。该场地三层共计建筑面积约600平方米，配有设置规范、功能齐全的专用开庭审理室2间，另有议决会议室、受理室、档案室等。

四是信息化保障。珠海市法制局开发"行政复议综合管理系统"，实时生成各项数据，实现案件办理全过程电子化流转，严控答复、办理、送达等时限，便于掌握案件动态，提高工作效率。

珠海市行政复议工作开展以来，改革工作成绩显著，受到上级部门的肯定。在2015年广东省政府开展的依法行政考评中，珠海市被评为优秀等次，其中行政复议工作因改革力度大、成效好，获得加分。2015年底，珠海市人大专项审议市政府行政复议工作情况，并给予充分肯定。同时，珠海市复议工作受到社会各方面的广泛关注和好评，《南方日报》作为典型经验予以报道，南方网、人民网、新浪新闻、网易新闻多次对珠海市行政复议工作成效和开庭审理工作予以报道。2016年12月，在中国政法大学主办的第四届中国法治政府奖评选中，珠海市以"公平、公正、公开的全方位行政复议综合改革"项目获奖，评选委员会对珠海市的行政复议试点改革工作的评价是："行政复议改革是当下法治政府建设的一大热点，珠海市选择了体制机制一起抓、全面综合改革之路。在体制上打破条条限制、集中复议权，直接采纳复议委员会议决结果；在机制上实行受理、审理、决定三统一；在全国率先开庭审理复议案件，更将复议全程网上公开、接受社会监督。在全国上下探索行政复议改革的浪潮中，珠海勇立潮头。"2017年3月28日，广东省行政复议应诉工作座谈会在珠海市召开，省法制办及各兄弟地市的领导实地考察了珠海市行政复议开庭审理场地建设情况，珠海市在会上介绍了行政复议体制机制综合改革的先进经验。

三 改革主要成效

（一）解决行政争议的良性生态基本形成

行政复议主渠道作用发挥显著，更多的行政争议首先选择并且通过行政复议得到解决。试点改革以来，其一，全市行政复议案件数量从2012年位居全省的第9位、2013年的第7位跃居2015年的第5位；

2014~2016年，市政府受理的行政复议案件连年增长，年均增长30%。其二，三年来全市行政复议案件年均600余件，而全市发生一审行政应诉案件年均260件，直接通过行政复议解决行政争议和直接通过行政诉讼解决行政争议的比例达3.5:1，高于全国的2:1。其三，经复议后提起诉讼的比例控制在低位，三年经复议后又提起行政诉讼的案件为278件，仅占复议案件的14.4%，即有超过八成的行政争议通过行政复议得到根本解决。通过将大量行政争议引入复议渠道解决，大幅减轻了各级政府和行政执法部门的应诉、应访工作压力，节省了司法资源和社会成本，保障了社会稳定。

（二）化解社会矛盾纠纷的功能进一步发挥

在越来越多行政纠纷纳入复议渠道解决的同时，我们采取多项措施，促进社会矛盾的有效化解。其一，注重调解结案，对行政赔偿、补偿以及涉及自由裁量权的案件，充分运用法律赋予的调解权，以调解决定书的形式结案。其二，注重和解结案。针对明显违法或不当的执法行为引起的复议案件，督促行政机关自行改正、取得申请人谅解并自愿撤回；注重对当事人的答疑释理工作，争取申请人在理解和接受的基础上主动撤回行政复议申请。三年来，经和解以终止结案的案件为238件，和解率达22.6%。其三，注重沟通协调。主动就行政复议案件审理标准、行政执法标准等与法院沟通，以司法标准作为行政复议和行政执法监督的标准，统一尺度，从源头上减少行政争议。

（三）监督和指导行政执法的力度进一步增强

珠海市各级复议机关着力创新行政复议审理方式，增强案件审理的公开性、透明度和公正性，提高办案质量，加大纠错力度。其一，三年来，复议委员会通过直接纠正行政机关决定、被申请人主动改变行政行为后申请人撤回这两种方式化解行政争议的比例达21.3%。其二，发挥行政复议意见书、建议书的延伸监督作用，对行政机关执法中存在的问题予以指导，提升行政机关固定和保存证据的能力和水平，规范处理投诉举报的程序、正确适用自由裁量权等，促进行政机关严格规范文明执法。

四 改革对实现法治政府建设目标的意义

党的十八届四中全会通过的《中共中央关于全面推进依法治国若干重大问题的决定》，对"深入推进依法行政、加快建设法治政府"做出了总体部署，确立了建设职能科学、权责法定、执法严明、公开公正、廉洁高效、守法诚信的法治政府的目标。行政复议作为内部层级监督的一项重要法律制度，是建设法治政府的重大课题。珠海先行先试，为完善行政复议制度、充分发挥行政复议在化解行政争议中的主渠道作用提供了有益探索。

（一）开展行政复议体制机制改革，是推进依法行政的有效路径

行政机关是国家权力的执行机关，其执法水平直接关系人民群众的切身利益，直接关系党和政府的公信力。深入推进依法行政，要求各级政府切实做到严格执法和带头守法，全面提升政府工作的法治化水平。开展行政复议委员会改革，建立政府主导、专业保障、社会参与的行政复议工作机制，一是促进政府依法全面履行职责，通过行政复议案件倒逼行政机关严守"法定职权必须为，法无授权不可为"的底线，促使行政机关各司其职、各负其责、各尽其能；二是促进严格规范公正文明执法，通过行政复议审理及时发现、解决和有效预防执法中的不严格、不规范、不公正、不文明等问题，有效规范执法活动；三是强化对行政权力的监督和制约，改进政府内部层级监督，形成科学有效的权力制约和监督体系，从而第一时间有效化解行政纠纷。

（二）开展行政复议体制机制改革，是维护社会公平正义的客观需要

公平正义是法治的生命线。随着我国经济社会的不断发展，民主法治建设不断推进，人民群众的公平意识、民主意识、权利意识不断增强，对社会公平正义的要求越来越迫切。现有行政复议"条块结合"、"多头共管"的格局，存在"地方保护"、"部门保护"的弊端，其公正性和权威性受到质疑。开展行政复议委员会改革，设立统一、独立的市行政复议委员会，代表市政府受理、审理行政复议案件，打破了"条条管辖"的限制。以市政府的名义作出行政复议决定，提高了内部监督的层级，提升了行政复议公信力。特别是行政诉讼法"共同被告"新规实施以来，市政府作为复议机关加大对复议案件的审查力度，从而有效平衡利益关系、解决利益冲突、消除社会不公、促进社会公平正义。

（三）开展行政复议体制机制改革，是先行先试创新工作机制的重要探索

《法治政府建设实施纲要（2015-2020）》提出，要"完善行政复议制度，改革行政复议体制，积极探索整合地方行政复议职责"。目前，《行政复议法》的修订工作正在进行，据了解，相对集中行政复议权是本次修法的重要思路，旨在把行政复议打造成为解决行政纠纷的主渠道，从而使更多的矛盾纠纷能够通过行政复议来解决，解决不了的再到法院寻求司法最终救济。珠海市在推动行政复议委员会试点改革过程中，紧紧围绕法治政府建设的核心目标开展改革创新，使行政复议化解行政争议主渠道作用进一步凸显，行政复议公信力和权威性进一步提升，行政复议解决行政争议的质量和效率进一步提高，监督行政执法力度进一步增强，从而为完善行政复议法律制度积累了经验。

五　改革存在的不足和下一步举措

珠海市的行政复议改革在取得显著成效的同时，也存在一些有待改进和加强之处，主要是：行政复议在化解行政争议格局中的作用和影响力有待进一步加强，行政复议委员会的专业结构有待进一步优化，办案人员职业化离中央关于行政复议人员应当具有统一法律职业资格的要求还有差距，复议工作规范化有待进一步提高。

改革行政复议工作，完善复议体制机制，提高复议工作质量，是加快法治政府建设，强化对行政权力制约和监督的具体要求。在新形势下，党和群众对行政复议工作提出了更高要求。珠海市将按照中央和省《法治政府建设实施纲要》对复议工作的最新要求，以及省办关于每万人口行政诉讼发案率攻坚任务的要求，在以下方面继续改革探索：一是放宽立案条件，探索将"立案审查制"过渡到"立案登记制"，防止行政争议案件因行政复议申请未受理而进入诉讼程序；二是进一步探索案件繁简分流，对案情相对简单、争议不大的案件适用简易程序快速处理，对重大、复杂或者事实争议较大的案件进行开庭审理，提高办案效率；三是落实《关于完善国家统一法律职业资格制度的意见》，提升行政复议人员的职业素养和职业能力，从而提高行政复议工作水平；四是根据复议工作中发现的行政执法中存在的普遍性问题，有针对性地加强执法人员培训，提高依法行政水平，力争从源头上减少行政争议；五是更多贯彻《行政处罚法》中处罚与教育相结合的原则，更多运用和解、调解等方式，指导部门人性化执法。

设立实体复议机构行政复议局

浙江省义乌市人民政府行政复议局

义乌开展的"设立实体复议机构行政复议局"行政复议体制改革是在全面深化改革、全面推进依法治国大背景下开展对行政管理体制的有益探索。在浙江省法制办的正确领导、大力支持和帮助下，2015年8月中旬，浙江省政府批准义乌率先开展行政复议体制改革试点，以全国首创的设立行政复议局这一实体机构模式来相对、集中审理行政复议案件。义乌市政府行政复议局正式运行，至目前运行情况良好，也呈现出一些特点。现就行政复议体制改革基本情况及具体做法汇报如下。

一 改革背景

一是中央、省对复议工作越来越重视。行政复议制度设立初衷，就被赋予了政府内部的"免疫系统"的功能，旨在通过上下级监督，及时化解行政争议，促进社会稳定。2006年9月，中央《关于预防和化解行政争议健全行政争议解决机制的意见》中，强调要加强和改进行政复议工作，努力把行政争议主要化解在基层、化解在初发阶段、化解在行政系统内部。十八大以来，中央提出了全面深化改革和全面推进依法治国的战略目标，明确改革行政复议体制、加强行政复议工作的要求。省委十三届六次全会提出探索开展行政复议体制改革试点，加强行政复议能力建设。时任省长的李强同志在《关于行政复议体制改革的分析报告》

中批示，由义乌市承担行政复议体制改革县级试点任务。

二是复议工作形势越来越严峻。随着群众法治意识不断增强、复议渠道进一步畅通、信访依法处理等工作的开展，越来越多的矛盾纠纷通过行政复议渠道来解决。2011年以前义乌市政府年均收到复议申请40件左右，2012年、2013年两年年均增长到60件，2014年收到行政复议案件141件，逐步超过了同级法院同期收案数。此外，上级对复议案件的审理程序要求进一步严格和规范，明确要求复议机关办理的50%以上复议案件必须采用公开听证方式审理。再加上新行政诉讼法立案登记制、复议维持共同原告等制度的实施，使法制工作人员应诉压力不断加大，仍旧沿用原有模式办理复议案件，无法应对复议应诉案件办理需要。

三是原先复议体制在实践中需要改进。实践中县、市基层复议机关过多，工作资源较为分散的情况，"有机关、无机构"、"有案没人办"和"有人没案办"等问题比较突出。除义乌市政府外，义乌市部门近年来年均办理的复议案件共只有8件，上级30余个政府部门年均办理的以义乌部门为被申请人的复议案件总数与义乌市政府受理的复议案件总数持平，过于分散的复议职能和复议机构，使得行政复议力量分散，复议经费、场地、设备等保障不够；"条条管辖"缺乏中立性和便民性，上下级部门有业务关联，不够中立，影响复议纠错率；有的复杂案件可能涉及多个行政部门，需要分别申请复议，也可能出现复议机关各自为政，群众找不对门，就容易导致走信访或诉讼渠道。

二 改革的具体思路

一是整合行政复议职能，集中行政复议职权。对以义乌市政府相关部门为被申请人的行政复议申请，原则上由义乌市政府统一受理；义乌市政府相关部门的行政复议职能，由义乌市政府统一行使。涉及海关、金融、国税、外汇管理等实行垂直领导的行政机关和国家安全机关的行政复议案件，按行政复议法有关规定处理。

二是健全行政复议机构，设立实体复议机构行政复议局。在义乌市政府法制办增挂义乌市政府行政复议局牌子，相对独立受理、审理行政复议案件。设立复议立案科、复议审理科和行政应诉科，新增行政编制7名专职办理复议、应诉案件。

三 改革的主要做法

（一）以为民服务为导向，优化复议受理机制

化解行政争议是行政复议制度的一个重要功能，在行政复议体制改革中，义乌采取多项措施促使行政争议通过行政复议途径来化解，以复议为民为落脚点，积极构建行政复议受理前、审理中、决定后不同层次的服务模式，实现了工作方式的转变。

一是归并复议职能。改变以往法制机构兼职复议工作的局面，以行政复议局的名义，"一个口子"对外负责30余个上级部门和6个本级部门的复议机关职能，新增人员全部专职办理复议应诉工作。

二是实行多渠道受理。设立立案接待室，行政复议办案人员每周轮流负责复议申请的接待、咨询和受理，为群众提供法律咨询、快速立案和案件查询等服务。同时，在政务服务网和市政府门户网站设置行政复议网上申请专栏，实现来人来信申请与网上申请多渠道受理。

三是强化部门引导。健全复议与信访、纪检监察、96150、义乌市市长信箱等有机衔接机制，引导当事人通过行政复议等法定途径解决诉求，向社会公布行政复议局立案接待室的电话和传真号码。复议局成立至今，共承接部门引导群众998批次。

四是加强宣传引导。在人民日报、人民网、浙江日报、澎湃新闻、搜狐新闻等主流媒体报道行政复议改革、复议功能、办事程序等，不断提升复议的社会认知度。

通过上述措施，群众表达诉求通道进一步畅通，群众死缠滥访、越级上访等情况得到明显改观。2015年，全市信访案件数从上年度的4500件下降至2600件，同比下降43%；行政复议案件收案数同比上升100%，是法院同期行政案件数的1.5倍。2016年，义乌市行政复议局收到行政复议申请703件，较2015年同期增长234%，同级法院同期行政案件收案数250件，是同级法院同期行政案件收案数的2.8倍，信访案件数也相应比2015年同期减少10%，矛盾纠纷向复议渠道流入趋势明显。

（二）以案件审理为中心，优化复议审理机制

争议调处成本低、速度快、化解率高是行政复议区别于其他争议解决手段的重要特征。义乌以案结事了为目标，通过健全复议各项工作机制，进一步提升行政争议化解效率。

一是听证审理常态化。专设两个复议案件听证审理室，配备全程录音录像、听证记录仪等数字化设备，由原先的书面审理为主，转变为简易案件书面审理、重大复杂案件听证审理两手并重的审理方式。明确规定涉及人数众多或者群体性利益的、具有涉外因素或者涉及港澳台地区的、社会影响较大的、案件事实和法律关系较复杂的、有实质诉请的、申请人书面提出听证申请等情形下，行政复议局原则上组织听证。同时，规定被申请人的行政机关负责人应该参加听证，不能参加听证的，应当向行政复议局说明理由，并委托至少一名行政机关的工作人员参加听证。目前义乌市行政复议局采取听证方式审理的案件已由原先不到10%上升到50%以上。

二是集体讨论常态化。每周由省委省政府下派义乌"百人计划"中的学者专家及复议局全体工作人员共同开展案件集体讨论会，明确疑难

复杂案件的审理思路,保障同类型案件法律适用的统一。每季度召开重大行政复议讨论会,邀请本地法院、上级法院、上级法制办以及知名法律专家学者参加座谈,就阶段内新类型、社会影响较大、疑难的行政复议案件受理、办理、法律适用等方面进行探讨、座谈,吸收外智,开阔视野,为行政复议与行政诉讼有效衔接搭建桥梁,有利于行政复议办理更好实现社会效果和法律效果的统一。积极参加金华市级的复议论坛、省行政复议与行政审判联席会议,结合义乌市场经济活跃、新型行政案件较多的特点,及时归纳总结,作好整理汇报反馈工作。特别重大疑难的行政复议案件实行重大行政复议案件集体会审。重大行政复议案件集体会审召开前,案件承办人归纳案件事实、争议焦点、承办人意见等,形成书面材料。重大行政复议案件集体会审制作会议笔录,由参加人员签字。行政复议案件会审会议笔录内容包括:主持人及参加人名单、申请人和被申请人的基本情况、案由、讨论时间、各参加人发表的意见和讨论结论等。讨论结束后,笔录交所有参加人核对、签名,并附卷存档,参加人员有保留意见的应记录在案。目前已开展集体讨论45次,明确了147项审理意见。

三是适用调解常态化。专设行政复议案件调解室,行政复议局结合不同案情,采用案前、案中和案外等多种形式的调解办法,坚持调解优先,调判结合的原则,加大调解力度,提高办案人员的调解能力和调解技巧。对行政机关有自由裁量权的案件实行每案必调,减少矛盾对立。针对群众更愿意接受和风细雨式的调解纠纷解决方式,义乌市行政复议局结合案件实际,召开申请人和相应部门参加的行政调解会。如台湾同胞朱耀明三兄弟诉义乌市国土资源局不履行不动产更正登记案,为更好化解纠纷,行政复议局在受理后,除了向复议当事人发放调解通知书外,还向与案情相关的义乌市福田街道办事处发放了调解通知书。在调解会议中,各方你来我往,即围绕案件,又超越案件,针对申请人的实质诉求进行事实和法律上的陈述、分析,最终虽然朱耀明三兄弟的诉求没有得到解决,但行政机关的做法也得到朱耀明三兄弟的理解，在调解会结束后其即自行撤回了行政复议申请。2016年行政复议局已结案件中，调解、和解成功122件，行政复议局实质化解纠纷的能力逐步增强，复议公信力逐步提高。

四是指导基层执法常态化。在强化行政复议纠错功能的基础上，行政复议局进一步加大针对重点、热点执法领域的监督力度，对行政复议期间发现的有关行政机关的违法行政行为及法律实施过程中的普遍性问题，以行政复议意见书、建议书的形式进行指导规范。如向义乌市国土资源局发出行政复议意见书，指出其在处理政府信息公开申请时，应严格按照《中华人民共和国政府信息公开条例》第二十一条第（四）项之规定，对申请内容不明确的，告知申请人作出更改、补充；并且基于高效便民原则，采取适当指导、制作申请笔录、补正笔录等方式，以更快、更好地明确当事人的申请内容。向义乌市交警大队发出行政复议意见书，建议其实施行政处罚应兼顾合法性与合理性、进一步强化执法规范化建设。建议道路运输管理局加强行政执法规范化建设、强化行政执法程序正当意识、合理运用自由裁量权。建议综合行政执法局加强对当事人陈述申辩意见的复核、规范运用自由裁量权。

（三）以办理效率为抓手，探索案件繁简分流机制

实行简案快审、繁案精审，做到简易案件月内审结、重大复杂案件及时审结，复议决定书审批时间从原先3～4天缩短到2天以内。

一是简易案件快速审结。2016年，为着力提升城市品位和城市形象，义乌市开展人行道停车严管示范区创建活动，随着创建活动开展，行政复议局受理公安交通管理简易程序处罚决定案件同比攀升显著，2016年已受理对公安交通管理简易程序处罚决定不服的行政复议案件110件（其中交警大队39件，综合行政执法局71件）。在对此类公安交通管理简易程序处罚决定案件审理过程中，义乌市行政复议局推行简易案件快速审结，公安交通管理建议程序处罚类案件原则上在一个月内审结。

二是解决矛盾的中止审理。在行政复议局审理过程中，当行政复议局办案人员发现被申请人作出的具体行政行为存在程序违法、适用法律法规有较大瑕疵，而此类案件又关系公共利益或重点工程建设等，为保障重点工程推进、从源头化解矛盾纠纷，行政复议局在申请人书面提出"中止案件审理"申请的情况下，经行政复议局负责人同意，可以决定中止审理案件，给申请人被申请人一段沟通化解、善后处理的时间，在时间的消耗中消耗矛盾，在时间的缓和中缓和冲突，为保障公共利益、重点工程建设等赢得宝贵的时间。同时，申请人可随时申请恢复行政复议的审理程序。中止审理的时间不计算入审理期限。

（四）以统一复议思路、标准和尺度为实践，为基层依法行政作出政策性指引

成立行政复议局后，随着案件数量的飙升，类似的案件被分到不同的办案人员手里，由于个人的理解不同，在一段时间内，出现了同类案不同判的现象。行政复议局通过案情研讨、案件评析、合议听证、邀请相关行政机关座谈、复议决定公开等做法，对同类案情精准切脉，统一案件的复议思路、审查标准和法律适用尺度，为基层依法行政作出政策性指引。

2014年，最高人民法院在司法解释中确认了"知假买假者"的法律地位，且因金华市市场监管局不再受理义乌市市场监管局的复议案件，2016年，义乌市行政复议局受理市场监督管理局举报投诉类案件迎来爆发式增长，达到288件。因原工商、质监、食药监总局各有一套处理投诉举报的规章，且对管辖权、时限的规定各不相同，受原系统影响，各执法人员办案处理各不统一。义乌市行政复议局在审理中发现问题后，先后两次邀请中院、义乌法院、上级法制办、专家学者等共同对此类案件进行评析,对审理的热点难点问题提出处理意见。同时,完善信息互通渠道,做到"整体有协调机制,个案有沟通渠道",指导基层执法人员依法应对。

近年来,举报投诉类行政复议案件的举报热点从食品标签标注不规范、"三无"产品等传统热点向虚假广告和使用绝对化语言的趋势转变。在受理职业举报人关于网店页面使用"最佳、最好"等顶级用语举报案件时,如按照《广告法》对当事人处以 20 万元以上罚款,执行难度非常大,如果贸然按照法律 5 万元、20 万元的处罚将违背法律本意,也给基层执法带来难度。行政复议局一方面建议基层执法部门要做到谨慎定性,另一方面建议其可以根据《行政处罚法》第二十七条第二款"违法行为轻微并及时纠正,没有造成危害后果的,不予行政处罚"的规定,在当事人主动消除违法行为后,不予行政处罚,但将该当事人列为重点巡查对象,加强巡查频率,达到教育与处罚并重的效果。

(五)以诚实信用原则为基石,对滥用复议权规制进行有益探索

《最高人民法院公报》2015 年第 11 期(总第 229 期)刊载了《陆红霞诉南通市发展和改革委员会政府信息公开案》,最高院公报之裁判摘要明确,"当事人反复多次提起琐碎的、轻率的、相同的或类似的诉讼请求,或者明知无正当理由而反复提起诉讼,人民法院应对其起诉严格依法审查,对于缺乏诉的利益、目的不当、有悖诚信的起诉行为,因违背了诉权行使的必要性,丧失了权利行使的正当性,应认定构成滥用诉权行为"。

借鉴《陆红霞诉南通市发展和改革委员会政府信息公开案》,2016 年,义乌市行政复议局在应对类似突出案件中,对滥用诉权规制进行了一些探索。2016 年 6 月,义乌市行政复议局收到王某对义乌市财政局、监察局、公安局等部门作出的政府信息公开答复不服的复议申请案件 30 件,其中有 13 件政府信息公开行政复议案件的内容指向行政机关的特定工作人员,申请内容明显构成人身攻击,存在降低特定工作人员社会评价的恶意。如要求公开吴某"嫖娼"、"收受礼物"、"赌博"、"送礼"、"办理人情案"、"包养情妇"情况等。义乌市行政复议局经集体讨论评审认为,虽然王某形式上通过申请政府信息公开主张获取政府信息,实质上则是对吴某发泄不满且具有恶意,背离了权利正当行使的本旨,超越了权利不得损害他人的界限。纵观涉及吴某内容的13件信息公开案,均构成明显的权利滥用,违背《中华人民共和国政府信息公开条例》、《中华人民共和国行政复议法》的立法本意。

事实上,2013年10月至2016年12月期间,王某以知情权、监督权等为由,分别向十几个单位共提起至少175件政府信息公开申请,至少提起行政复议申请72件、提起行政诉讼86件。但在现行法律规范尚未对滥用获取政府信息权、滥用行政复议申请权进行明确规制的情形下,义乌市行政复议局根据《中华人民共和国政府信息公开条例》、《中华人民共和国行政复议法》的立法应有之义,在借鉴《陆红霞诉南通市发展和改革委员会政府信息公开案》的基础上,提出对申请人对涉及吴某政府信息公开内容这一特定事项不作实体审查,根据《〈中华人民共和国行政复议法〉实施条例》第四十八条第一款第(二)项之规定,驳回王某的13件行政复议申请。对王某的另17件行政复议申请,则依法予以审查并根据案件情况作出相应的行政复议决定。王某对13件驳回行政复议申请均向金华中院起诉,后均自愿撤回申请。

义乌市行政复议局对滥用复议权行为规制,从特定内容和事项着手,在现行法律规范的背景下,有效地进行了探索,既彰显了法律的严肃性,震慑了申请人有悖社会公德行为,同时,也尊重申请人其他案件中依法正当获取政府信息、提起诉讼权利,初步显示了成效。

(六)以铸强团队为理念,整体提升行政复议办案水平

一是建立法律顾问制度。2016年,义乌市政府聘请中国行政法学会荣誉会长应松年、会长马怀德以及杨立新、胡建淼等9名国内著名法学

专家为市政府法律顾问,为深化改革和法治政府建设提供智力支持。二是加大工作经费保障。2016年,复议专项经费由原先10万元增加至200万元,专项用于复议改革试点等相关工作。三是健全复议会商机制。邀请省、金华市法制办、金华中院及义乌法院行政庭有关负责人,以及浙江大学、省社科院相关法学专家就义乌行政复议工作中出现的新情况和新问题进行会审7次,促进依法行政。四是打造学习型团队。行政复议局为每位办案人员订阅了《人民法院报》等报刊,在日常中不定期地开展案例学习、案例研讨等,形成积极向上的工作风貌和严谨的工作态度。

四 改革的成效

(一)行政复议解决行政争议的主渠道功能进一步显现

行政复议局成立后,通过宣传引导、部门引导、成效引导,行政复议的社会知晓率大幅提升,行政复议解决争议的渠道功能进一步显现。尤其是行政复议局采取了一系列措施保障群众门好进、事好询、案好立,如行政复议局接待人员向群众提供行政复议申请书格式予以参考、群众可以免费在接待室复印证据材料等,让群众能当场快速提起行政复议,感受到行政复议程序的公正性和便利性,使群众产生"复议易"的观念。大量的行政争议不再涌向信访局,而是通过行政复议的途径提出。2016年,义乌开展城市人行道停车严管示范区创建活动,许多群众没有良好的停车习惯,一旦收到违法停车告知单时却怨气满腹,经过信访局、96150等疏导、指引后,最后都汇总到行政复议局。行政复议局接待人员对违法事实简单清楚的案件,会简单向申请人说明相关法律规定,并请申请人等拿到行政处罚决定书再前来申请行政复议。不少群众在接待人员说理告知后,缓解了心中疑虑,提升了对行政处罚的认可度。2016年,行政复议局接待交通违章简易程序行政处罚案件群众来访320件，受理交通违章简易程序行政处罚类案件有110件，不少行政争议在行政复议接待过程中化解。2016年，义乌市行政复议局受理案件数达到了703件，行政复议解决行政争议主渠道功能进一步显现。

（二）行政复议化解行政争议的缓冲能力进一步增强

2016年，义乌市行政复议局在受理各类案件中，加大各方面协调力度，充分发挥了行政复议"减压阀、消防栓、灭火器"的作用，行政复议化解行政争议的疏导能力进一步增强，服务中心工作、引导规范执法、促进中小企业发展等方面的功能进一步提升。行政复议局严格、高效、便民的受理程序，保证申请人能快速收到受理通知书，产生对复议机关的信任，为接下去的两个月内与行政复议机关的沟通打下良好基础。同时，行政复议局规范的听证、调解会的召开等均对纠纷的化解起到了有效的缓冲作用。如苏溪镇的孙某房屋拆除案，孙某新房已建好入住，却始终不肯按协议拆除旧房，后苏溪镇组织拆除了孙某旧房，孙某认为行政机关在拆除其房屋时未让其清点财物，导致其物品遗失，刚来行政复议局时矛盾非常尖锐，甚至表示要上访到底。在处理该案中，行政复议局组织召开听证会，在听证的过程中，行政复议局向苏溪镇释明房屋拆除中应当遵循相关程序，同时，也向孙某指出其行为不当之处，听证结束时，孙某就撤回了行政复议申请。

（三）行政复议服务经济社会发展综合效益不断显现

2016年，义乌市开展精品城市创建活动，执法严格程度、执法力度和强度与以往相比明显强势。行政复议局一方面在复议决定书中，对申请人不按车位停车、在店铺门前堆放物品等日常习以为常的违法行为进行劝导与说理，另一方面，对执法部门的执法过当行为也进行合理性审查，要求执法部门的行政行为符合比例原则，在一定程度上平衡了执法和创建的社会效果。在市场监管举报投诉类案件中，对于蜂拥而至的网店页面使用绝对化用语的举报投诉，行政复议局结合案情，考虑到大多数网店的经营者并没有突出使用绝对化用语，因此建议市场监督管理局可以根据《行政处罚法》第二十七条第二款"违法行为轻微并及时纠正，没有造成危害后果的，不予行政处罚"的规定，在当事人主动消除违法行为后，不予行政处罚，但将该当事人列为重点巡查对象，也在一定程度上平衡了执法和经营的社会效果。行政复议局的集中审理，更有利于统一和平衡执法标准、尺度，行政复议局从单打独斗到团队协作，在应对纷繁复杂案件时，通过案件评审会层层剖析，能更准确运用法律规范解释案件事实、评价当事人行为，在申请人和被申请人质疑时，能把事实认定和法律适用等理由讲得更加清楚细致，让申请人、被申请人均认同、接受行政复议决定，行政复议服务经济社会发展综合效益不断显现。

（四）行政复议倒逼部门依法行政功能不断增强

实行政府层级监督、促进依法行政，是行政复议制度的又一重要功能。行政复议局在复议改革中通过各项措施，倒逼行政机关规范行政行为。一是对复议案件审理中发现的普遍性依法行政问题，通过召开培训会、制定规范工作流程等及时纠正，提高部门依法行政水平。目前，已召开培训会23次，制定相关规范6件。二是对行政复议期间发现的有关行政机关的违法行政行为及法律实施过程中的普遍性问题，以行政复议意见书、建议书的形式进行指导规范。三是建立复议案件全市通报制度，开展季度行政复议和行政应诉情况通报，向市政府负责人汇报，并下发各部门和镇街。四是加大复议结果考核运用。将法治建设考核在全市考核中的比重从4分增加到20分。在此影响下，镇街和部门均建立健全工作流程、细化行政自由裁量权、加强行政行为合法性审查，促进依法行政水平的提高。

五　几点体会

（一）领导重视是基础

全面建设法治国家，需要抓住"领导干部"这个关键少数，同样的，推进行政复议体制改革，也需要得到领导重视，只有这样才能迅速、有效地开展此项改革。义乌的复议改革就是得到了浙江省、金华市以及义乌市各级政府及部门主要领导的重视和支持。2014年6月，省法制办在大量调研的基础上，就浙江省行政复议体制改革向省政府作了报告，建议在义乌市先行开展改革试点。当时李强省长作出重要批示，同意在义乌开展试点，并请省法制办作好指导。之后，义乌市主要领导多次赴省法制办汇报工作，并批示全力做好试点筹备。随后，在省法制办的带领下，义乌法制办多次赴山东等地开展调研，学习外地复议工作先进经验。在2015年省政府工作报告中，李强省长再次提到要开展行政复议体制改革试点。2015年上半年省政府与省高院召集召开的府院联席会议中，当时袁家军常务副省长又明确提出要推进义乌行政复议体制改革试点进程。2015年3月义乌市将行政复议体制改革试点方案报省政府后，省法制办立即着手召集省级各部门、金华市级各部门的意见征求座谈会，并进一步征求了省编委办、省高院意见，并对复议方案进行了修改完善。2015年7月，省法制办孙志丹主任亲自赴金华市政府，就改革方案的具体内容进行最后论证。最终，2015年8月20日，省政府批复义乌改革方案，义乌正式开展行政复议体制改革。方案批复后，义乌市主要领导要求尽快落实运行，并在人员、场所、资金等各方面给予大力支持，使得义乌市政府行政复议局在省政府批复后20日内迅速完成各项筹备工作，正式运行。行政复议局运行以来，案件数量急剧增加，纠纷解决任务繁重，协调压力与日俱增,仍然十分需要各级领导的重视和帮助、支持,为行政复议局优质发展保驾护航。

(二)专业化发展是趋势

法学理论认为,为体现裁决的公正性和权威性,纠纷裁决机构应具有相对独立的地位,朝着专业化方向发展。目前在实践中,除了司法机关外,民商事仲裁机构、劳动争议仲裁机构也都已实行专业化独立设置。而行政复议法规定的由政府和部门的法制机构(法制科室)承担行政复议职责,没有赋予复议机构相对独立性,作为行政机关的内设机构或科室,受制于行政管理工作的庞杂性和编制数量的有限性,这些复议工作人员又往往兼职其他工作,复议机构的非独立性和复议人员的兼职性,使得推动行政复议队伍建设职业化、专业化要求无法得到落实,进而影响了复议工作公信力的提升。义乌复议改革后,原先复议应诉科一个科室承担的复议相关工作职能,被分解为由复议受理科、复议审理科、行政应诉科等三个科室来承担,同时,明确8名复议人员专职办理复议应诉工作,通过定期组织开展行政法以及民商事等相关法律培训,行政复议队伍整体水平得到较大提升。通过完善立案室、听证室、调解室等办公办案场所,强化了办公、接待、听证、调解、会议等工作场所和信息化建设方面保障。探索复议案件集体讨论制度,由复议局负责人牵头,每周集中半天时间,对近期案件审理中发现的新情况、新问题进行集体讨论和分析,明确审理思路。进一步规范案件办理流程,制定行政复议案件办案规则、规范性法律文书样本,强化行政复议决定的说理性,要求对复议申请人的每项诉求都有所回应。实行行政复议决定书的全部上网公开,主动接受社会公众对行政复议工作的监督。通过各项措施,提升了复议工作的规范性、专业性、权威性和公信力。

(三)舆论宣传贯始终

改革前,由于复议工作独立性、专业性、复议力量及硬件配置等方面存在不足，再加上政府自身对行政复议工作缺乏足够重视，社会宣传不够，复议制度的社会认知度不高，复议功能一直未能有效发挥。这次复议改革，国家、省、金华市及义乌本地媒体对此进行了大力宣传报道，人民日报头版刊登了题为《透明公平不护短，真凭实据面对面——义乌首设行政复议局》的报道，作为"深化改革"系列报道中打头阵的基层创新篇章，受到了广泛关注与好评。浙江日报、今日浙江也头版刊登义乌改革情况，澎湃、搜狐、腾讯、凤凰、杭州日报等多家新闻媒体对此宣传报道，形成了舆论媒体对复议改革强大的正面引导，义乌本地媒体也就复议具体情况及"解决纠纷快、复议成本低"等特点多次向本地群众进行介绍，使群众在传统的信访、司法救济之外，直观感受到还有一条更为便捷、高效的专门解决行政争议的途径，从而引导群众通过复议途径解决争议，这也是复议改革后信访数量、行政诉讼收案数减少的重要原因，极大帮助推进了法治政府建设。

行政复议改革是对现有行政管理体制进行完善的有益探索，基于各种原因，改革过程中也必然会出现这样那样的问题。由于对法律理解和现实情况掌握程度不同，行政争议的处置效率还有提升空间。这些都是需要我们在今后改革推进过程中去思考和解决的。然而，正是发现了这些困难和问题，并不断地解决，才能进一步促进改革的发展，也正是不断对改革进行评估和完善，才能最终保障改革结果的成熟。义乌将进一步畅通复议渠道，规范复议运行程序，在行政争议化解率等方面下功夫，确立复议作为化解行政争议主渠道的地位，提升行政复议公信力，及时评估总结试点工作，为纵深推进复议改革作出进一步努力。

项目介绍

五 机构改革与职能转变

简政强镇事权改革

广东省佛山市人民政府

2012年以来，佛山市以党的十八大及十八届三中、四中、五中、六中全会精神为指导，贯彻落实习近平总书记关于"三个定位、两个率先""四个坚持、三个支撑、两个走在前列"重要批示精神，进一步深化简政强镇改革，推动镇街实地制宜差异化发展，健全组织架构，理顺事权关系，提升民生服务，不断夯实党在基层执政的基石、推动镇街治理能力进一步提升。

一、进一步优化镇街组织架构。佛山市严格执行省的规定，镇街综合性办事机构设置9～11个，区级派驻双重管理机构在3个以内，全市镇街机构的名称基本统一。为加强与区级大部制改革紧密衔接，佛山市在区大部门对应的镇街统筹机构加挂牌子，确保镇街机构与区级大部门基本对应、衔接顺畅。在工商、质监属地管理改革中，佛山市将镇街工商所由区级管理调整为镇街管理，在工商所、食品药品监管分局基础上率先组建镇街市场监管分局，作为区市场监管局的派出机构，实行双重管理、镇街为主，各镇（街道）的市场监管力量大大充实了，个别镇（街）的行政（执法）编制增加了七成以上。同时，佛山市也在探索将质量监管关口前移到镇街，进一步加强基层监管和执法力量。加强镇街人大建设，明确镇人大设专职主席1人，街道人大工作委员会设专职主任1人。进一步明确司法、人民武装、工青妇等按有关规定和章程设置。通过有效整合优化机构，解决镇街七所八站、条块分割、运转低效等问题，同时配足配强镇街力量，确保了上下衔接到位、事权稳妥落地。

二、扩大镇街事权，激发镇街活力。一是加强市级统筹指导。佛山市政府专门印发了《区向镇（街）下放行政管理事项的指导目录》，明确镇街扩权范围，确保依法依规下放权限。对综合指数在400以上的特大镇（街）依法赋予其县级经济社会管理权限。如外商投资3000万美元以下的企业投资项目，镇街即可审批，这对工业园缓解"投资项目审批难"，提升招商引资的效率裨益颇多。二是实施"一镇一策"，持续向镇街下放管理权限。与以往"一刀切"不同的是，各区采取"一镇一策"，充分考虑镇街的实际情况、承受能力，由镇街按需选择，区级按单放权，先易后难、分批下放。如，南海区平均下放镇街事权260项，高明区平均下放170项，三水区向5个较大镇街平均下放了210项行政审批（管理）事权。三是在下放事权的同时，我们开展业务轮训，明确有权必有责，加强执法、廉政和效能监察，建立以行政首长和工作主管为重点的行政问责制度、行政过错责任追究制度等，保障依法行政。通过市向区、区向镇街多轮下放行政管理事权，目前除涉及城乡规划、土地总体利用、跨区管理、重大建设和监管事项、需综合平衡的民生事项等五大类事项由市级统筹外，其余85%以上的审批服务事项和90%以上的业务均下沉到区和镇街办理。

三、编制镇街权责清单，探索区镇权责异构。佛山市在三水区试点编制镇街权责清单通用目录，梳理出镇街各内设机构、双管机构承担的法律授权、上级委托、上级服务前移、上级改变内部管理权限（下放派出机构）等类型的职权平均2479项。省编办在三水区各镇街权责清单基础上编制赋予经济发达镇的县级事权目录。为进一步理顺区与镇街的事权关系，顺德区开展区镇权责异构改革，进一步强化区级对全区性、行业性经济社会发展战略、规划和政策的研究编制、指导实施执行以及评估检讨、完善提升的统筹作用，强化区级对具有引领性、带动性的园区和平台建设，以及招商引资、产业布局的统筹作用，对于专业要求高、技术性强、发生量少或涉及重大公共安全的职能事项，原则上由区级负责执行；减少区镇两级共审事项，实行"一个审批事项一级政府负责"。

直接面向社区、企业和市民,由基层管理更方便有效的公共安全、市场秩序、企业服务、社会工作、社区管理、民生服务等经济社会管理服务事项,主要由镇(街道)负责和履行,实行属地管理并负主要责任。凡操作简单、标准明确、指引清晰、量大面广的审批项目,一律下放镇(街道)行使。

四、搭建服务体系,提升镇街治理能力。佛山市在所有镇街、村居建立了784个行政服务中心,实现服务全覆盖、管理标准化,建成行政服务15分钟办事圈。在全省率先将网上办事大厅延伸到镇街、村居,并铺设自助服务终端,构建起一网一端一中心的办事体系。率先在镇街探索"一门式一网式"政务服务模式改革,全面实施"一门式一网式"政务服务模式改革,推行"综合服务、受审分离""一表登记、联合审批""两厅融合、同城通办",大力推进数据共享,全方位改善服务环境,提高办事效率。这项改革获得全省推广,中央编办专门在佛山市召开互联网+审批研讨会,组织各省市学习借鉴佛山市经验。镇街改革有力地打通服务群众"最后一公里",群众基本做到小事不出村、大事不出镇,也切身感受到了镇街改革带来的变化。

五、扩大镇(街道)公共事务社会参与,构建多元共治格局。一是在镇街开展"社会治理网格化"工作,通过大数据、物联网等技术创新,构建"互联网+"网格化服务管理模式,逐步实现城市管理、社会管理、居民服务精细化。禅城区在镇街实施一门式综合执法改革,建设社会治理云平台。南海区在里水镇试点基础上,全区镇街推行网格化管理,建设社会治理网格化信息平台,整合建立包括人口、经济、环境、地图等七个方面的基础信息数据库,共享公安、民政、卫生、计生、流管、城管等部门社会服务管理的信息资源,将网格内的人、地、物、事、组织等信息全部纳入数据库管理,供镇街网格员使用。二是加强镇(街道)政务公开,完善政府信息公开制度和平台建设。镇政府(街道办事处)要完善决策流程,充分发挥党代表、人大代表、政协委员、决策咨询委员在公共事务决策的作用，积极开展广泛多层的制度化决策协商。三是进一步完善镇（街道）决策咨询制度，各镇（街道）建立了公共决策咨询委员会，加强公共决策的制度化、规范化、程序化建设，建立起反馈民意、吸纳民智、参与决策、监督执行的机制。一些镇（街道）探索建立市民定期评议会制度，就镇（街道）公共事务直接咨询市民代表意见，接受社会评议和监督。

六、积极推进全国经济发达镇改革试点，为全国镇域体制改革探索经验。佛山市南海区狮山镇是全国经济发达地区的改革试点，2013年以来，狮山镇积极推动"园镇融合"改革，取得良好成效。一是进行区划调整，将罗村街道与狮山镇合并组成新的狮山镇。二是推动"园镇融合"，实施高新区管委会与狮山镇融合发展改革，高新区管委会与狮山镇实行"一套人马、两块牌子"：高新区管委会办公室与镇党委办、高新区党群工作局与镇组织工作办公室、高新区监察局（审计局）与区政务监察和审计局狮山镇分局、高新区国土规划和城市建设局与镇国土城建和水务局、高新区投资促进局与镇经济促进局、高新区财政局与镇财政局等部门合署办公，实现"两套牌子一套人马"的运作。狮山镇充分利用国家级高新区这一发展平台，站在更高层面上谋划、推动区域经济发展和城市规划建设。三是推动社会管理职能下移，加强社会事务管理。在佛山高新区管理委员会设置官窑、小塘、罗村、大圃4个社会管理处，作为高新区的直属行政单位。狮山镇按"能放则放、能放尽放"的原则，将与基层群众密切相关的事项能下放的全部下放到各管理处。四是下放区直机构，明晰区镇职能划分。将南海区派驻到狮山镇的机构如区人力资源和社会保障局基层分局、区环境运输和城市管理局基层分局、国土资源管理所、水务管理所、交通管理所、司法所等下放到镇管理，实行区、镇双管。五是积极争取市级权限，力争"办事不出狮山镇"。高新区管委会承接了首批54项市级经济管理权限，实现了市、区、镇三级审批一站办结。2015年狮山镇受理行政审批件为62.34万件，群众评价满意度达99.9%。

社区协商：基层治理法治化的新探索

江苏省张家港市人民政府

党的十八届四中全会提出，"坚持依法治国、依法执政、依法行政共同推进，坚持法治国家、法治政府、法治社会一体建设""推进基层治理法治化"，明确了基层治理是国家治理、政府治理、社会治理的重要组成部分。关于如何推进基层治理法治化的课题，江苏省张家港市抓住社区协商这个突破口，进行了富有特色、富有成效的实践和探索。张家港市政府通过建设社区协商制度、健全社区协商机制、规范社区协商程序、引导社区协商解决社会矛盾等工作积极推进基层治理法治化，激发法治政府、法治社会建设的原动力，使法治政府、法治社会建设拥有更好的外部环境、更扎实的基层基础和更高的社会认可度，探索出一条法治政府与法治社会一体建设的新路径。

一 项目背景

张家港通过社区协商推进基层治理法治化的探索，既源于社会转型的客观现实需要，也是积极推进地方法治战略的重要举措，更是张家港谋求率先基本建成法治政府的自我加压。

当前，我国改革已经进入攻坚期，全社会正经历转型的阵痛。特别是在经济发展新常态下，现有利益结构的重大调整导致许多深层次矛盾日益凸显，群体性、突发性事件呈现多发高发态势，贫富分化、道德失范、信用危机考验着基层政府的社会治理能力,传统以政府为核心的管理模式难以应对日益复杂繁重的社会事务。通过提高基层民主协商水平、优化基层社会治理能力进而实现法治国家、法治政府和法治社会一体建设,是党的十八大和十八届三中、四中全会提出的重要改革目标和战略构想。2015年2月起,中共中央、中办、国办、江苏省相继印发了《关于加强社会主义协商民主建设的意见》等系列文件,对稳步推进基层协商作出了明确部署。为此,地方法治建设必须及时作出积极回应。

近年来,张家港市积极推进城乡一体化建设,撤村建居、农民变市民的城市化、现代化进程加快,城市制度结构和社会结构加速转型,城市基层治理日益复杂、任务更重,而基层治理组织体系不适应性日益突出,村(居)民参与基层治理的积极性不高,基层社会矛盾和不稳定因素层出不穷,法治型、服务型政府建设面临新的挑战。张家港市通过社区协商推进基层治理法治化,通过引导社会协同、促进公众参与,激活社区力量,解决发生在基层的大量社会矛盾和问题,实现基层社会的长治久安。

张家港市把法治政府建设作为打造城市软实力、低廉高效的政务环境的重要保障,特别是2013年以来,在转变政府职能、优化决策机制、改进制度建设、规范执法行为、强化监督问责、调处社会矛盾等方面进行了积极有效的探索,市政府及部门获评省级依法行政示范点。同时,张家港市位居全国县域经济第一方阵,是首批国家文明城市,也是国家卫生城市、平安城市,法治社会建设同样具有较好的基础。为贯彻落实法治政府和法治社会一体推进的战略部署,在市政府所在地——经开区(杨舍镇)先行先试,积极探索社区协商机制,以更好地推动基层治理规范化、制度化,促进政府与社会有序互动、法治与文明协同发展。

二 主要做法

张家港市政府按照社会治理"党委领导、政府主导、社会协同、公众参与、法治保障"的总体要求,通过顶层设计、制度规范和环境营造,构建了完善、有效、顺畅的社区协商运行机制。一是完善社区协商的顶层设计,为基层治理法治化奠定坚实的组织基础。针对村(居)委会行政化倾向严重、村(居)民参与自治不足的情况,张家港市搭建议事会新平台,构建了"党组织领导—议事会民主协商—村(居)民会议(或代表会议)民主决策—村(居)民委员会具体实施—各类社会组织参与协助—村务监督委员会(社区居民代表)民主监督"的村(社区)基层治理新模式。二是拟定社区协商的自治规范,为基层治理法治化奠定扎实的法理基础。张家港市在法律法规框架内,出台村(社区)自治系列指导文件,帮助各村(社区)制定了具有"软法"意蕴的自治章程及其《实施细则》、村规民约,经镇(区)法制机构合法性审核把关,由村(居)民大会表决通过,为社区协商提供制度保障。三是厘清社区协商的职能边界,镇(区)政府梳理出《村委会协助政府工作清单》《村民自治清单》《村民议事会清单》三份指导性清单,推动性行政性事务和村民自治事务脱钩,同时,将原先集中于村(社区)党委、村(居)委的权力转入议事会民主协商议事程序。四是营造社区协商的文化氛围,为基层治理法治化奠定坚实的环境基础。张家港市以"乡土文化与城市文明水乳交融"为指导思想,引导各村(社区)挖掘地方"善""福""义"等文化资源,充分弘扬中华传统美德,以道德滋养法治精神,为社区协商提供了良好的软环境。

其中:议事会作为村(社区)民主协商议事机构,主要履行村(居)务管理、民主议事协商、民情民意收集等职能。议事会成员由村(居)

民代表会议民主"海选"产生，人数视各村（社区）人口规模而定，一般为7~15人。议事流程按照一般事项"建议、提议、决议、备案、公开、实施"、重大事项"建议、提议、审议、决议、决议公开、实施结果公开"的"六步工作法"进行。议事会职责、成员产生、工作程序均固化到村（居）民自治章程当中。

张家港以社区协商作为切入点，努力提升张家港法治政府建设水平。一是公众参与行政程序，在政府重大行政决策和规范性文件制定、执法机构评议、重大行政许可审批等工作中，将议事会作为对象和平台，征求群众意见和建议并对采纳情况予以反馈，通过社区协商修正行政管理活动。二是完善公共服务方式，对道路修建、环卫设施兴建等基础建设项目，加强民意调查和民意征询，围绕村（居）民需求，合理确定政府提供公共服务的项目、提供对象和提供方式。在界定政府与村（社区）职能的基础上，政府购买的服务项目通过社区协商进行充分讨论，确定项目的承办机构、办理方式及分配等事项，并由村（居）委具体落实。三是健全监管执法手段。对农村土地承包经营权确权登记地权不符、小区内毁绿种菜、广场舞扰民等政府监管空白、执法无力的情况，发挥村（居）民监督和议事会协商的功能，妥善解决问题。政府管理、公共服务与基层自我管理、自我服务形成了有机衔接互动。

三 项目成效

2014年，张家港开展前期理论研究、实地考察、制度设计等相关工作；2015年，在经开区（杨舍镇）具有代表性的8个村以及9个社区试点探索推进社区协商；2015年10月，经总结经验做法，在经开区（杨舍镇）全面铺开；2016年，作为江苏省社区治理和服务创新试验区，在全市37个村（社区）开展试点；2017年，作为全国村民自治试点，成立工作指导小组，制定实施方案，出台指导意见，召开座谈会、组织业务培训会，将社区协商作为村民自治的重要组成部分加以推进，计划于2018年8月完成全市试点工作。开展社区协商以来，张家港推进基层治理法治化的改革取得了积极成效，广大人民群众、基层人民政府及县域治理者都从中获益，为张家港率先基本建成法治政府奠定了坚实的基础。

一是完善了依法行政工作。项目实施前，政府对村（社区）事务指导不足、干涉有余，项目实施后，以三张清单厘清了政府的职能边界，政府、村（居）委、村（居）民各司其职。村（居）民、议事会对政府重大行政决策、规范性文件的广泛参与，使政府能够根据意见建议及时调整决策、文件内容、方法和适用范围，推动了重大行政决策、规范性文件制定的民主科学化。通过项目实施加强了村（居）民对涉及切身利益事项的关注和参与，如对村（居）委会决策执行、政府行政权力行使、环境污染等违法行为的监督，及与相关违法主体进行整改、补偿谈判等等，有效地弥补了政府监管力量、监管范围和监管手段的不足。

二是提高了基层人民政府的服务能力。项目实施后，信访数量呈减少趋势，镇政府/办事处从村（社区）的各项繁杂事务、矛盾纠纷中解脱出来，公共服务的精力更加集中；改变了"提供—接受"的单向模式，公共服务要不要做、怎样做、做的效果怎么样都可以通过社区协商进行互动，公共服务的效果大有提升；从村居事务的"参与者"到"指导者"，如不再参与资产分红方案的具体制定，而是指导村（居）民进行社区协商确定，提高了方案的认可度，减少了群众和政府的对立，公共服务的形象更加公正。

三是锤炼了县域治理者的治理能力。法治建设从政府"单打独斗"到"多元共治"，政府内因动力和社会土壤环境共同作用，实现了治理思维的转变；从"行政管理"到"社会治理"，以社区协商等形式广泛引入公众参与，如列入市政府重大行政决策根据公众意见建议进行修改，有"生活垃圾、建筑垃圾及一般工业固废规范化处置终端建设"等三个决策因实施条件不成熟而暂缓或停止实施,实现了治理方式的转变;从"领导满意"到"群众满意",摒弃陈旧的政绩观,行政活动以民意为出发点和落脚点,近几年来法治建设群众满意度90%以上,实现了治理效果的转变。

四是激活了村(社区)依法自治功能。村居议事会成立伊始就围绕环境整治、民生改善、福利发放、纠纷化解等事项开展了卓有成效的议事活动,并涌现出了"三三三工作法"、"七步流程法"、"六议工作法"等极富浓郁乡土气息的议事模式,使基层社会治理改革始终贴近人民群众的现实需求。社区协商项目实施后,善港村将分散的个体农业集中经营,村民经土地流转和务工就业,收入再上台阶;南庄村等议事会收集民意、多次商讨,出台措施解决停车难、乱停车问题,村居生活更有序;西闸村窄路拓宽及健身设施投放、横河社区集体资产分红方案确定、仓基社区集体资产股权固化等问题上,议事会协助村(居)民决策和监督,初步形成了"村情民知、村官民选、村策民决、村事民定、村财民管、村务民督、村绩民评、村利民享"的村居自治格局,提高了村(居)民参与治理的积极性、获得感和公民意识。以村(居)民自治章程等,弥补了法律法规的抽象性、滞后性等诸多不足,形成了"有法依法、有规依规,无法无规、村民自治"的自治规则,养成了村(居)民办事依法、遇事找法、解决问题用法、化解矛盾靠法的行为习惯。

五是推动了法治政府与法治社会一体建设。坚持政府和社会的法治建设统筹规划、整体推进、协调发展,避免法治国家建设缺基础、法治政府建设无动力、法治社会建设被忽视。以政府依法行政、依法决策、依法办事树立起宪法和法律权威,带动社会公众人人守法、事事讲法,营造法治文明的社会环境;以社会公众参与行政决策过程、发挥社会监督功能,形成了培养政府法治的土壤,又对政府法治形成倒逼,提升法治政府建设水平。通过法治政府和法治社会的良性互动,以最合理的资源投入产生最大的法治建设成效,实现"科学立法、严格执法、公正司法、全民守法"的最终目标。

通过两年多的实践，张家港的社区协商模式日益受到基层干部群众的普遍欢迎，也得到了上级领导和社会各界的高度肯定，《江苏法制报》、《光明日报》、《法制日报》、《长安》、《紫光阁》等媒体还给予了大篇幅的宣传报道。我们坚信，只要坚持践行法治精神，法治政府与法治社会建设必将相辅相成、一体提升，必将开启张家港市现代化建设的新篇章。

全国试点项目《深圳市网络交易合同规则》

广东省深圳市市场和质量监督管理委员会

一 全国试点项目《深圳市网络交易合同规则》总体情况介绍

(一)《深圳市网络交易合同规则》发起的动因和背景

2012年8月国家发改委正式批复了深圳市市场监管局组织申报的国家电子合同标准研制及应用试点项目(发改办高技〔2012〕2218),由国家质检总局依托深圳市市场监管局开展政策试点,为国家出台电子商务相关政策法规及标准并推广应用先行探路。该项目的顶层设计就是要制定《深圳市网络交易合同规则》(以下简称《规则》)。《规则》是该项目的纲,"标准研制(108个)及应用试点"是目,纲举则目张。

《规则》作为"国家电子商务示范城市试点项目",将对电子(网络交易)合同在线订立的基本原则、订立主体的身份要求、在线订立系统的功能要求、在线订立的流程规范、电子合同的备案和查询要求、保密与安全要求等方面进行综合系统规范。

根据国家发改委批复要求,《规则》须于2013年8月报送深圳市法制办审查发布,由于种种原因截至2012年12月中旬尚未落实该项目的牵头单位。2012年12月25日,市场规范处秉持"一寸丹心为报国,为官避事平生耻"的担当精神,在时间紧(临近春节且只剩八个月时间)、任务重（该领域监管法律法规基本处于一片空白）、人手少（市场规范处只有两个人负责全市合同行政监管工作）的情况下，临危受命承担了《规则》的牵头角色，并迅速成立了项目组，由吴红艳副局长任组长，市场规范处端木卉调研员、标准院王大为副院长任副组长，成员有贺振华、潘建珊、靳丽娟、李宇、杜佳、陈胜、吴进云。在局领导班子的大力支持下，明确了《规则》由"市场规范处牵头组织承办，市标准院及众信中心协办"。标准院及众信中心分别向市场规范处发来《承诺函》，明确承诺"在市场规范处的指导下，组建《规则》项目团队，安排相关具体事项并承担相关费用"。

市场规范处合同监管组紧急处理了本处应急业务后，牵头于2013年3月5日正式启动该项目，王建青处长参加了启动仪式。项目组副组长端木卉调研员主持召开了若干次《规则》的征求意见会、座谈会、论证会、理论研讨会等，邀请深圳市政府法制办、深圳大学港澳法研究中心和深圳市市局法规处、电子商务处、消保处、消委会（包括消委会律师志愿者）、标准院、计量院、众信中心及相关电商企业等部门电子商务和法律界专家就《规则》进行充分讨论酝酿并反复修改。国家发改委等13部委电子商务专家委委员、中国电子商务协会政策法律委副主任阿拉木斯（2013年5月8日上午专程从北京来深参加《规则》研讨会）及项目组组长吴红艳副局长（2013年8月21日下午）亲自参加相关会议并作重要指示。

2013年7月4日，市场规范处端木卉调研员、市标准院王大为副院长率《规则》项目组成员专题参加国家质检总局在重庆召开的全国质检系统电子商务试点项目中期检查及工作研讨会。中国标准化研究院、青岛市技术监督科技信息所、重庆市标准化研究院、深圳市计量质量检测研究院（《规则》原申报单位）、深圳市检验检疫科学研究院五家全国电子商务试点单位的承办机构代表先后就"国家电子商务示范城市试点项目"的阶段成果及进展情况进行了汇报，并对2013年度预申请立项的全国质检系统电子商务试点项目的试点途径和设计思路进行了研讨。国家质检总局有关领导在听取了深圳等地相关情况汇报后，对"国家电子商务示范城市试点项目"五大试点单位的项目进展情况表示充分肯定，认为项目进展顺利，阶段性成果丰硕，希望各地项目组再接再厉，进一步加快项目建设的进度，发挥试点作用，为总局制定全国电子商务政策及标准并推广应用打下坚实基础。

会后，项目组副组长端木卉调研员率项目组成员分别赴重庆、武汉、杭州市工商局及淘宝、阿里巴巴、武汉江团网络科技等相关电子商务企业调研电子商务发展及监管情况。

8月29日，项目组结合调研情况，将吸收了系统内外相关修改意见的《规则》（送审稿）报送市局法规处进行规范性文件审查并获通过。

9月17日，徐友军局长主持召开2013年第十一次局务会审议了《规则》（送审稿）。端木卉调研员代表项目组向局务会汇报了《规则》（送审稿）出台的背景、过程以及主要内容和创新特点。法规处、市场规范处、电子商务处、消委会、标准院、众信中心等单位负责人和项目组成员列席了会议。经局领导审定，局务会同意对《规则》（送审稿）个别条款做进一步明确后，提交市法制办审查发布。

深圳市政府法制办高度重视该全国试点项目，在深圳市市局送请审查发布前就派汪伟同志提前介入项目组的相关调研及相关论证座谈，并及时给予政策指导；2013年10月12日，根据市法制办石岗副主任指示，经济法规处曾正宏处长主持召开专题会议审议《规则》（送审稿）。端木卉调研员代表项目组向审议会汇报了《规则》（送审稿）出台的背景、过程以及主要内容和创新特点。曾正宏处长、李新策副处长、汪伟等一起对《规则》（送审稿）进行了认真审议并修改完善。

2013年10月29日，市局以深市监规〔2013〕18号文正式发布《规则》。深圳市人民政府公报［2013年第43期（总第859期）］刊载了该《规则》，并在深圳市人民政府网站上全文发布。

该全国试点项目还得到了深圳市电子商务可信交易环境建设分管领

导郭驰副主任的大力支持，多次听取项目组的有关汇报并给予指导。市政府法制办、深圳大学港澳法研究中心、市局法规处、电子商务处、消保处、消委会（包括消委会律师志愿者）、标准院、计量院、众信中心及中国电子商务网、中国制造网、走秀网、一达通、华强电子网、移商网、戴维尼、赛格网、网通电商、中国自动化网等均给予项目组极大的支持和帮助。《规则》是集体智慧的结晶。

（二）《规则》主要内容简述

全国试点项目《规则》包括总则、网络交易合同订立和履行、网络交易合同安全保障、附则四个章节，以网络交易合同为核心，以网络交易合同的订立为线索，围绕网络交易合同各方权利义务的明确和细化展开，整合进电子签名、电子证据、第三方存储、信息披露、隐私保护、信用管理等相关方面的标准和要求，以实现通过规范促进电子商务行业发展的目的。它具有以下主要特点。

（1）条款内容明晰化。《规则》率先明晰网络交易合同格式条款的内容。一方面列出示范性条款，明确网络交易合同必须具备当事人名称（或姓名）和住所、标的、数量、质量、价款（或报酬）、履行期限及地点和方式、配送信息、违约责任、解决争议方法等九个方面的基本内容，预防因基本条款内容缺失而产生的争议；另一方面依法列出禁止性条款，防止网络交易中利用格式合同、霸王条款侵犯另一方合法权益现象的出现。

（2）监管思路创新化。《规则》突破了传统实体合同的规范机制，引入政府主导的第三方存储机构。第三方存储机构是独立于合同当事人各方且能够提供网络交易合同数据信息加密保存的服务机构。第三方存储机构客观、公正地保存真实完整的网络交易合同信息，可为解决争议提供电子证据。

（3）纠纷处理便捷化。《规则》针对小额简单的网络交易纠纷，引入了政府主导的网上第三方调解，允许政府主导的第三方存储机构在当事人协商一致接受调解的情况下进行争议调解。政府主导的第三方存储机构因独立于合同当事人各方而性质中立，其公信力要大大强于卖方网站或交易平台自行主导的纠纷调解，从而提高争议解决的效率，并降低消费者的维权成本。

（4）个人信息保密化。《规则》明确规定网络经营者（卖方网站或交易平台）在收集、使用当事人个人信息应遵循合法、正当、必要的原则；明示收集使用信息的目的、方式和范围；公开收集使用信息的规则；不得违反法律法规及双方约定收集使用信息。与政府主导的第三方存储机构的相关信息保密规定一起，对当事人个人信息形成完整的保护机制。

（5）交易信息透明化。交易信息透明机制主要包括：交易主体信息披露的规范，可保障其身份、地址的真实和唯一性；征集、使用个人信息的目的、方式、范围、规则等的公示规范，可有效保护消费者的个人信息；交易产品及提供服务信息披露的规范，可保障其所提供的产品或服务信息真实、可靠、全面、完整，不遗漏项目，不隐瞒瑕疵。

（三）《规则》的应用试点及成效

国家电子商务试点专项工作由国家十三部委共同组织实施，得到了国家相关部委领导及深圳市委市政府的高度重视和支持，国家发改委财政经费拨款资助800万元，地方发改委财政配套资金450万元，自筹资金1250万元，合计2500万元资金支持，直接由众信中心按应用试点进度列支。

市众信中心研制的108个标准基本涵盖了消费者关注度比较高的产品及服务领域。可避免标准缺失情况下交易双方对产品或服务信息理解上的歧义而产生的交易纠纷。2013年12月1日《规则》正式实施以来，项目应用试点工作持续推进，在电子商务企业、第三方机构、政府部门的应用逐步深入，试点行业范围陆续扩展，其成效也逐步显现。在商贸流通、跨境领域的基础上，试点工作已成功延伸至互联网金融领域。充分说明《规则》的制度设计科学合理且具实操性。

1. 电子商务企业应用

在商贸流通、跨境领域选择 B2B、B2C、O2O 等不同类型企业开展电子合同应用试点，如深圳市中网彩网络技术有限公司（爱彩网）、深圳铜道电子商务有限公司（铜道网）、深圳市乐活天下股份有限公司、深圳思萨科技股份有限公司等；并选择华强电子网、信捷网、深商e天下、品尚汇、苏宁易购、淘金地、优链、思萨股份、倍棒等9家中小微企业平台开展电子合同及凭证保全应用试点。互联网金融领域，选择网贷东方开展电子合同应用试点。

2. 第三方机构应用

选择众信电子商务交易保障促进中心、广东瑞霆律师事务所等第三方机构开展电子合同应用以及证据保全、在线纠纷解决维权服务等业务试点，推出众信签等电子合同在线服务平台，可提供电子合同模板、起草、签署、管理，以及凭证保全、司法鉴定、在线调解及云上仲裁等电子合同一站式服务。截至目前，已保存电子凭证超过293000条；已存储中小微企业平台的4892份交易合同及6975份交易凭证；跨境领域已签电子合同的存证保全已达1000余份；已获消费者授权并处理在线电子商务纠纷3000余起。

3. 政府部门电子政务应用

联合深圳市交委开展电子合同签订与管理应用试点，构建深圳市交通运输委员会在线签订即管理平台，目前平台已完成与交委OA系统对接，可面向交委全部处室实现合同拟定电子化、合同签订电子化、合同管理信息化以及用户管理信息化等功能，推进交委电子政务智能化建设，提高合同签订和管理效率，加强合同签订流程规范，为构建责任政府、诚信政府、法治政府提供应用示范。

此外，积极在试点应用过程中探索创新，例如，鉴于ODC具有数字证书功能并加载统一社会信用代码信息，可实现电子合同的在线签名、身份验证等功能特性，推动组织机构代码与ODC数字证书在电子合同中的应用，面向约38万的ODC数字证书用户提供服务支撑；同时，探索与评鉴事务机构等合作研究电子数据鉴定等，共同保障合同内容安全等。

（四）《规则》对于实现法治政府建设目标的意义

《规则》是全国第一份专门规制网络交易合同的规范性文件，首次尝试政府在虚拟市场中对网络交易合同民事法律关系进行适度调整，并首次尝试将政府主导的第三方存储机构引入合同行政监管及纠纷在线调解，转变了政府职能，推动了"放管服"改革，寓行政监管于公共服务、技术支撑和安全保障之中，促进了现代服务型法治政府建设。

（五）《规则》的社会反响及荣誉介绍

《规则》发布后，广东省"两建办"、深圳市"两建办"专门刊发了题为"深圳在全国率先出台网络交易合同规则"的简报；国家质检总局信息化工作领导小组办公室、国家工商总局市场规范司专门刊发了题为"全国第一份专门规制网络交易合同的规范性文件《深圳市网络交易合同规则》出台"的工作简报；工商总局办公厅《昨日简况》总第591期等对《规则》的出台予以高度评价；《深圳市市场和质量监督管理委员会关于推进大市场监管职能转变及监管方式创新的意见》（深市质委〔2014〕53号）对《规则》的改革创新予以充分肯定。人民网、凤凰网、南方网、深圳特区报、深圳商报、新浪网、腾讯网、深圳新闻网等多家媒体进行了相关报道，引起了广泛的社会影响。2015年10月，《规则》入选广东省政协征编，人民出版社出版的《敢为人先——改革开放广东一千个率先》，成为改革开放以来广东省在全国具有开创性和率先示范作用的一千个重要标志性事件之一。

"填补了法律法规在网络交易合同监管中的空白，为国家电子商务立法、立标探路，营造了电子商务可信交易环境，促进电商行业的快速发展,为网络交易纠纷解决提供证据支持,维护经营者和消费者的合法权益,深圳市市场和质量监管委这一探索生动地诠释了转变政府职能,建设服务型政府的现代法治理念。"

在2016年12月10日第四届中国法治政府奖颁奖典礼上,全国人大常委会原副秘书长周成奎代表组委会对我委申报获提名奖的项目《规则》给予高度评价。

这是本届评选中深圳市以及全国市场监管系统唯一获此殊荣的项目。

二 项目获奖至今的发展情况

(一)《规则》的受益者及其受益的情况简介

《规则》的直接受益者就是电商平台的消费者,间接受益的就是电商企业。对于网络交易合同来说,由于我国相关法律法规的缺失,导致行业发展中存在比较突出的问题。一是电子商务交易一旦发生纠纷,涉及当事各方权利时,解决的关键都在于证据,即证明交易行为及内容的电子文件作为证据是否合格。目前各类网络交易合同或订单都是由电子商务平台或卖家主导制定,其有效性缺乏法律依据,这就造成消费者不易拿到具有法律效力的凭证,维权难度大。二是各网站自行制定各类网络交易合同或订单,大多存在信息内容不完整、不准确、不公正、霸王条款等情况,影响了网上交易的公平性。三是网络交易合同或订单的易改动性和安全性缺乏防护保障措施,影响其广泛应用和在线交易市场的健康发展。四是从长远来看,网络交易合同取代传统合同是电子商务发展的趋势之一,核心的问题就在于如何规范。因此特别需要出台一部规范,对网络交易合同民事法律关系进行适度调整。其目的就是规范电子商务的交易规则,包括交易主体信息披露规范、交易产品信息披露规范、交易规则的规范,保障交易的公平安全等,并推广电子签名在网络交易合同中的应用，保障缔约双方身份的真实可靠性，促进网络交易市场的健康快速发展。

深圳是全国电子商务最为活跃的区域之一，辐射全国的网络交易平台众多。制定《规则》可从源头上为全国消费者筑起一道安全消费的防火墙。

2016年12月28日，以《规则》为顶层设计的"国家电子合同标准研制及应用试点"项目顺利通过质检总局等专家组的考核验收。全国电商及全国消费者都将受益。

2017年6月6日，以《规则》为顶层设计的"国家电子合同标准研制及应用试点"项目作为2016年深圳市市场和质量监管委的两个改革创新典型案例之一（另一个为商事登记改革）上报深圳市委改革办（政研室）。深圳电商及深圳消费者将首先受益。

（二）《规则》的社会价值

（1）填补空白。全国人大常委会《电子商务法》立法专家组召集人阿拉木斯评价："深圳出台了《深圳市网络交易合同规则》等重要的地方法规，弥补了国内立法在这方面的空白，取得了很好的成绩，也得到了全国人大和各相关部委的高度认可。为此全国人大要求深圳在总结提炼实践经验的基础上，充分发挥各种优势，开展《数据电文和电子合同》立法研究，为全国电子商务立法提供技术支撑"。

2014年初，全国人大委托深圳市人大并由深圳市市局承办的国家《电子商务法》中的三个研究课题，深圳市市局市场规范处合同监管组再次成为三个课题之一的《数据电文和电子合同》课题组成员，并多次参与课题相关内容的研讨和修订工作。

2016年12月20日亮相的《电子商务法（草案）》吸收了《规则》及《数据电文和电子合同》的部分立法理念。

（2）推进市场监管领域的职能整合。《规则》率先全国整合了工商部门的合同行政监管、电子商务、消费维权和质检部门的标准化职能，推进了市场监管领域的职能整合。

（3）先行探路的同时促进市合同行政监管体系的形成。《规则》为国家电子商务立法先行探路的同时也为加强市电子商务的合同行政监管提供了强有力的抓手。它与原市场规范处牵头组织修订的《深圳经济特区合同格式条款条例》及《深圳经济特区合同格式条款备案办法》率先全国构建了较为完备的深圳市实体及虚拟市场合同行政监管体系。

（4）促进政府职能转变。《深圳市市场和质量监督管理委员会关于推进大市场监管职能转变及监管方式创新的意见》（深市质委〔2014〕53号）对《规则》的改革创新予以充分肯定。《规则》促进了政府职能转变，推动了"放管服"改革，寓行政监管于公共服务、技术支撑和安全保障之中。

（5）规范引导促发展。《规则》通过规范引导，吸引众多电子商务企业落户深圳并促进电商行业飞速健康发展。《2016年深圳电子商务发展白皮书》显示，深圳电商交易总额已达20348亿元，占全国的7.8%，同比增长17.87%。在全国副省级以上城市中处领先地位。

（三）《规则》的申报核查终评及宣传推广

（1）委局领导大力支持《规则》项目。法规处分管领导郭驰副主任要求法规处积极统筹审核深圳市场和质量监委会《规则》的申报工作；委副主任、项目组组长吴红艳高度关注《规则》的宣传推广工作并给予大力支持。在年底全委预算基本支出完毕的情况下，要求委财审处调剂专项经费支持《规则》的宣传推广；市场处分管局领导夏昆山副局长不仅积极支持《规则》的申报工作，并要求市场处及众信中心积极配合牵头陈述单位终评陈述材料的准备工作，使深圳市场和质量监委会终评陈述PPT内容更加充实完善。

（2）《规则》的实地核查。2016年7月30日，深圳市场和质量监委会申报的全国试点项目《规则》入选第四届中国法治政府奖评审25个入围项目。2016年8月31日,第四届中国法治政府奖核查组到深圳市场和质量监委会开展入围项目实地核查,委局领导高度重视,秦世杰副局长亲自出席了实地核查座谈会。核查组林鸿潮副教授一行,深圳市法制办、市交委、市仲裁委、委相关单位、课题组成员、电商协会及应用试点电商企业代表参加了会议,均对《规则》给予了高度评价。相关电商企业负责人均表示《规则》对电商行业产生了重大利好。秦世杰副局长在会上作了重要指示,要求项目组认真听取林教授和参会人员的意见和建议,有的放矢,进一步完善终评陈述汇报材料,突出项目对转变政府职能、建设法治政府、促进产业发展工作的推动作用。

（3）《规则》的网络投票环节。2016年11月,本委接第四届中国法治政府奖评委会通知,11月26日至12月9日期间将对入围项目开展网络投票。本委第一时间在全系统下发书面通知,引导鼓励系统人员积极投票,同时通过"深圳发布"、"深圳市场和质量监管"微信公众号及"今日头条"推送投票链接和二维码,鼓励全社会参与投票,支持法治政府建设。在多方努力下,最终本委《规则》网络投票获得了较好成绩,得票数为17401票,排名第12位。

（4）《规则》的终评陈述。根据委局领导指示,深圳市场和质量监委会明确由项目组副组长端木卉调研员率市场综合处许劲草、市场处李宇及众信中心杜佳（因故未参加）赴北京参加第四届中国法治政府奖现场终评陈述及现场领奖,由中国政法大学终身教授、中国行政法学研究会名誉会长、中国行政法学届泰斗应松年等17位法学界专家参加评审。端木卉调研员条理清晰、铿锵流畅、极具感染力的PPT陈述,获得全场热烈掌声。本委《规则》项目获得组委会高度评价,最终以得票排位第11名荣获"提名奖"。

（5）全方位多渠道宣传推广《规则》。《规则》入围后,深圳市场和质量监委会积极向市委宣传部和市法制办进行了汇报,市委宣传部和市法制办对深圳市场和质量监委会为深圳市争得荣誉的《规则》项目给予了高度赞扬，并要求全市各大媒体对深圳市场和质量监委会入围项目《规则》进行大力度宣传报道，进一步提升社会影响力。市法制办通过其门户网站深圳政府法制新闻网专门通报了深圳市场和质量监委会获奖项目情况；深圳特区报、深圳商报、深圳晚报、晶报等报纸分别对深圳市场和质量监委会《规则》项目进行了系列报道；深圳电视台在黄金时段播出了深圳市场和质量监委会获奖项目《规则》。深圳市场和质量监委会还与新媒体"今日头条"合作推出《为网络交易撑一把安全伞——全国试点项目〈深圳市网络交易合同规则〉入围第四届法治政府奖》；在"深圳发布"、"深圳市场和质量监管"微信公众号上推送了《规则》获奖情况；在工商总局、省工商局网站及《昨日简况》和质检总局、省质检局网站及《质检动态》广泛宣传《规则》；《中国质量报》头版以"深圳通过规则加标准解决电商发展难题"为标题进一步加大了《规则》的宣传力度，总体宣传受众超过千万人次。

项目介绍

六 制度建设

厦门市行政规范性文件管理机制创新

福建省厦门市法制局

厦门市自2007年以来，不断完善行政规范性文件管理制度，建立起以政府法制机构审查为核心，涵盖规范性文件起草、公众参与、审查、审议、发布、清理、责任追究等各个环节的一系列管理机制。

机制创新 制度先行

行政规范性文件（俗称"红头文件"），以其数量众多，使用范围广泛，成为政府及其工作部门履行经济调节、市场监管、社会管理、公共服务职能的重要依据。

厦门市通过不断实践，积极探索适合本市实际的行政规范性文件管理新机制，于2000年制定出台了《厦门市行政机关执法责任制暂行规定》，加强对"红头文件"备案审查工作进行管理。2007年9月，针对市政府部门"红头文件"普遍存在的合法率、报备率不高的问题，修订了《厦门市行政执法责任制规定》，明确建立对市政府部门规范性文件实行前置审查制度。同年12月，市政府制定出台了《厦门市行政机关规范性文件管理办法》（厦府〔2007〕454号），对"红头文件"的管理进一步规范。

2010年12月，厦门市总结以往经验，创新思维，深化对规范性文件管理创新，通过立法，以市政府令第141号颁布了规章《厦门市行政机关规范性文件管理办法》，对规范性文件管理制度进行了全面总结提升。从此，厦门市行政规范性文件管理全面纳入法制化轨道。

前置审查把关"红头文件"

一 目前国内规范性文件管理现状及问题

从目前行政规范性文件的监督机制看，大多采用备案审查制度。作为一种事后监督方式，法律法规并没有明确规定备案机关的主动审查职责，备案审查的期限和备案机关的审查责任等也不明确。因而，对行政规范性文件的管理基本处于放任的状态，"制而忘备"甚至"制而不备"现象较多，备案率低；同时，"备而难审"、"审也难纠"的尴尬被动局面也普遍存在，监督效果不明显。

二 厦门寻求解决问题对策

为防止行政规范性文件制定的无序和行政权力的滥用，加强行政规范性文件的监督管理，厦门市从2007年开始不断进行探索、建立对市政府部门行政规范性文件的前置审查制度。

在前置审查制度设计中，首先明确前置审查的范围。通过对规范性文件的概念进行定义，具体列举属于规范性文件的情形。这样，实践中普遍觉得困扰和模糊的"关于什么是规范性文件"的问题有了具体的标准。

其次，明确前置审查的内容。规定既包括规范性文件的实体内容，也包括规范性文件的制定程序。具体执行中细化并完善了审查程序和流程：

1. 是否经过部门领导集体讨论同意后盖章报送；
2. 报送时是否有行政机关内设负责法制工作的机构的法律审查意见；

3. 多部门联合发文的，报送时是否有各部门领导会签；

4. 涉及公民、法人和其他组织重大利益或在本行业有重大影响的是否有充分的公众参与；

5. 政府法制机构统一收件，统一编号，审查采用统一的审查表和统一的审查函号；

6. 政府法制机构进行合法性审查和合理性；

7. 审核同意后，政府法制机构出具审查函，交有关部门，有关部门据此才可发文。

经过上述严格的审核程序，保证了出台的规范性文件的合法性和质量。

再次，明确规范性文件审查效力。为确保政府法制机构前置审查规范性文件的效力，通过地方政府规章明确规定：

一是未经政府法制机构合法性审查的规范性文件不得发布施行；

二是经政府法制机构前置审查但未被审查通过的行政规范性文件不得发布施行；

三是擅自发布未经政府法制机构审查或审查未通过的规范性文件，不得作为行政管理的依据。

三 前置审查制度实施的效果

对行政规范性文件的前置审查，是将政府法制机构监督的关口前移，在行政规范性文件发布之前进行审查，有利于提高行政规范性文件的质量。从厦门实施前置审查制度的几年情况看，每年通过前置审查纠正的存在合法性问题的规范性文件约占送审总量的25%左右，有效解决行政违法和滥用职权问题，而且纠错的成本低、效率高。同时，这些制度的实施，还大大提高了文件报审率和备案率，部门规范性文件总的报送审查率都保持在95%以上。

文件有身份有时效

行政规范性文件前置审查制度作为强化行政监督、建设法治政府的一项重要工作，影响广泛，如何使该项制度得到科学合理的实施，在规范政府行为，建设法治政府工作中真正发挥实效，还需配套建立完善相关机制，保障前置审查制度的真正落实。为此，厦门建立了如下机制。

一 建立统一登记、统一编号和统一发布平台

1.政府法制机构对部门规范性文件进行统一收件登记编号及审查函号的统一编序，使每一个规范性文件在政府法制机构都有对应的唯一的"身份"；

2.有关部门按政府法制机构审查通过函予以发文后15日内，须将正式文件再报政府法制机构备案；

3.政府法制机构经核对后，在市政府公报、市政府网站刊载，统一录入厦门市规范性文件数据库。

通过实施上述程序，保证规范性文件在统一平台统一刊载，统一进入规范性文件数据库，即为行政规范性文件明确"身份"。这样有效地规范了规范性文件的公布程序，控制了规范性文件的"出口"，从源头上防止了违法或者不当的规范性文件出台，增加了规范性文件公布的透明度，促进了以前置审查为核心的规范性文件管理制度的贯彻落实，实现规范性文件全面、统一的管理，强化前置审查的效力保障。

二 建立规范性文件数据库

厦门市经过探索，建立全市统一的规范性文件数据检索库，作为统一发布电子平台，并实行动态管理，存储现行有效的行政规范性文件及

规范性文件历史数据。一方面有助于行政相对人查询，另一方面又有助于政府法制机构对规范性文件进行全面、统一的管理。具体做法如下：

一是对2010年7月1日之前未实施有效期制度的文件，在多次清理的基础上，对仍然有效的文件全部进行汇总、分类、统计、存储，作为建立规范性文件数据检索库资料入库，建立了一个文件数据相对全面完整、更加方便公众查阅和获取文件资料的规范性文件数据库，并进行定期清理；

二是2010年7月1日之后，开始实施有效期制度的文件按照立法规定的发布制度要求，即新制定的文件由政府法制机构统一安排入库，在规范性文件检索库设置有效期预警功能，在文件到期前提示，到期后自动标示失效。

三　建立规范性文件有效期制度

经过多年的实践和摸索，厦门市建立了规范性文件有效期制度，对规范性文件实行动态管理，具体做法是：

一是行政规范性文件明确有效期。行政规范性文件的有效期最长不得超过五年，暂行、试行类有效期最长为二年。有效期届满，需要继续实施的，应在期限届满前对行政规范性文件的实施情况进行评估，按规定重新发布。

二是政府法制机构在收审文件的收件登记台账设置有效期管理栏目。同时在规范性文件检索库对每个规范性文件逐一标注实施日期、失效日期和时效性，并设置有效期预警功能，在文件到期前提示，政府法制机构根据提示提醒制定部门及时处理规范性文件。规范性文件有效期届满后，检索系统将在文件时效性栏目自动标示失效。

设立文件有效期制度后，实现了规范性文件清理制度化、规范化、常规化，健全完善了规范性文件的"退出机制"，即规定的有效期届满未进行清理重新公布的，则自动失效，形成日常性的良性循环的文件清理机制。

四 严格考核监督，保障前置审查制度落实到位

为保障前置审查工作落实到位，政府法制机构采取了几项措施，建立了严格的考核办法，并不断加大执法检查力度，取得了良好效果。

第一，纳入绩效考核体系，进行严格考核。把规范性文件的合法率和报备率及未审先发情况作为市政府每年对市直部门和区政府的绩效考评的项目和内容，对未审先发的文件、审查后不合法被退回的文件、不及时报备或漏报的文件等都在每年的绩效考评中给予扣分，通过严格的考核，促使各有关部门对规范性文件报审和报备工作真正做到思想上重视、行动上落实。

第二，加大执法检查力度。在认真做好日常报备、审查、纠错等具体工作的同时，加强了对相关部门执行前置审查制度、报备审查制度的检查，把贯彻落实情况列入年度执法检查计划，由政府法制机构组织监察等部门对各单位进行检查，查找问题，提出处理意见，及时纠正，对违反规定导致严重问题的，造成严重后果的，严格按照厦门市行政执法责任的相关规定予以处理。

总结提升

厦门市通过规范性文件前置审查等机制创新，取得了以下四个方面的积极效果。

一是更新了观念，增强了规范性文件制定的民主法制意识，提升了行政决策的科学性和民主性。各行政机关在规范性文件制定过程中，通过实体和程序规定的约束，很好地践行了依法、公开、公众参与的理念，把严格按要求进行论证和征求意见变成了自觉的习惯，增强了规范性文件制定的透明性，明显提升了规范性文件的可操作性和执行力。

二是大大压缩了规范性文件的数量，提高了质量。通过前置审查等

一系列规范性文件管理措施的实行,严格控制了规范性文件的"出口",明显减少了规范性文件数量,市政府及各部门发布的规范性文件由以往每年400多件减少到现在的200件左右,规范性文件过多过滥的问题得到有效控制,同时提高了规范性文件质量。

三是增强了行政机关依法行政的意识。通过前置审查等一系列制度的开展,现在各区政府和各部门在起草文件时,都能主动咨询政府法制机构,特别是各区政府,虽然其制定的规范性文件是备案制,但大部分文件在其政府集体研究出台前都事先主动报政府法制机构进行审查,各区政府和各部门在文件实施过程中也经常就相关问题是否合法咨询政府法制机构,文件出台前合法性审查工作得以全面落实,自觉依法行政的意识有很大程度提高。

既往开来　砥砺前行

厦门市不忘初心、砥砺前行,坚持在法治政府建设和规范性管理工作中不断创新,2017年3月20日,中国社会科学院法学研究所、社会科学文献出版社在北京联合发布《中国法治发展报告(2017)(法治蓝皮书)》,对2016年政府透明度进行了测评。在较大的市排名中,厦门市政府透明度以88.15分位列全国第一。其中,规范性文件以87.40分名列各单项前列。

一　进一步完善规范性文件备案审查制度

为加快法治政府建设、推进依法行政,进一步完善行政机关规范性文件制定程序,加强规范性文件备案审查制度建设,厦门市又陆续制定出台了相关规定。

2013年8月,制定了《厦门市行政机关规范性文件管理办法实施细则》，对《厦门市行政机关规范性文件管理办法》作了进一步细化。

2014年11月，为提高规范性文件审查效率，推进规范性文件管理的信息化，制定了《厦门市行政机关规范性文件电子报审规程》。

2016年2月，为健全公民、法人和其他组织对规范性文件的建议审查制度，制定出台了《厦门市行政机关规范性文件异议审查规程》（以下简称《规程》）。《规程》明确各区政府、市政府各部门、市政府派出机关以及市级法律法规授权组织制定的规范性文件正式发布后，公民、法人和其他组织有异议的，可以通过当面递交、邮寄、传真、电子邮件等方式向市政府法制机构提出审查申请。市政府法制机构经审查，对存在与法律、法规、规章或上级规范性文件不相一致等情形的文件，认定存在合法性问题，通知制定机关停止执行、及时修正或者废止。制定机关未按照审查意见改正的，市政府法制机构可以提请市政府予以变更或者撤销。

二 创新规范性文件网上审查机制

在规范性文件的创新管理上，为提高规范性文件的审查效率，方便送审单位，提高规范性文件管理的信息化水平，开发建设了规范性文件网上审查平台，在2014年试运行的基础上，2015年正式投入运行，2015年以来所有规范性文件报送审查全部通过网上审查平台进行，提高了行政效率。2015年至今，有452件市政府部门文件、423件区政府文件的报送审查全部通过网上审查平台完成。

三 实现规范性文件动态管理

厦门市积极开展规范性文件数据库动态管理，充分利用规范性文件数据库的功能，加强对规范性文件的"电子监控"，发挥其在规范性文件发布、存储、查询、管理规范性文件的作用。对在检索系统发布的文件，逐一标注颁布日期、实施日期、失效日期、时效性、内容分类等信息，方便行政相对人查询。

为进一步做好规范性文件有效期满后工作衔接，厦门市法制局在全省率先试行厦门市规范性文件有效期届满提醒制度。一是严格执行《厦门市行政机关规范性文件管理办法》有关规范性文件有效期的规定，对每件纳入厦门市行政机关规范性文件查询检索系统的规范性文件逐一标注有效期；二是针对有效期在下一季度即将届满的市政府规范性文件，于本季度月底书面提醒实施单位，由实施单位拟定处理意见，对有效期届满文件失效无异议的，在查询检索系统标注失效，失效文件不得作为实施行政管理的依据；三是有效期届满仍需继续执行的，对其实施情况进行评估后，按照相关程序重新发布，做好有关政策的衔接工作。

完善规范性文件合法性审查机制

河北省廊坊市人民政府

一 项目介绍

1. 项目的主要内容

廊坊市建立了覆盖规范性文件合法性审查工作各个环节的制度体系，把公众参与、专家论证、风险评估、合法性审查、集体讨论决定等程序细化分解，明确岗位职责、工作目标、管理流程。为直观体现整个文件审查过程，制作了重大行政决策事项流程图、规范性文件制定流程图、行政合同审查流程图。为统一文件审查文书，制定了18个标准化文书样式，具体包括审查接受登记表、文稿批审笺、起草说明、文件草稿、制定依据、风险评估报告、部门法制机构初审意见、征求意见函、部门反馈意见、征求意见说明、咨询论证记录、文件修改花脸稿、法制机构审查意见、常务会议讨论稿、正式印发文件、文件审查跟踪记录表，之后又补充了备案报告文书。为确保每一个文件审查的全过程能够被完整记录、规范管理，按照案卷卷面、卷内目录、卷内备考表、卷内材料收集、卷内材料排列顺序、档案保管等具体要求，将18个审查文书按照顺序规范装订，做到一卷一档，科学管理。同时为适应信息化管理的需要，建立了文件审查电子档案，便于检索查阅。通过建立合法性审查标准化机制，实现用制度培养习惯，用程序规范行为，用档案检验成果，进一步推进行政行为的科学化、规范化、制度化、程序化，从而达到转变作风、规范管理、提高效能的目标。2015年11月23日，在云南省昆明市召开的全国完善规范性文件合法性审查机制座谈会上，廊坊市作为唯一市级单位进行了发言，并被国务院法制办确定为"全国规范性文件合法性审查机制试点单位"。

2. 项目发起的动因和背景

当前，廊坊市正处于经济社会发展的关键时期，京津冀协同发展已经上升到国家战略并付诸实施，廊坊市作为京津冀协同发展的先行区和示范区，要加快打造河北环京津新增长极战略突破口，实现"绿色、高端、率先、和谐"发展，就必须发挥法治的引领和保障作用，就必须弛而不息地推进依法行政，对于政府法制机构来说，就必须切实规范行政行为，转变工作作风，提升行政效能，提高工作质量。廊坊市政府历来高度重视依法行政工作，特别是本届政府成立以来，市政府主要领导对依法行政工作亲自挂帅、亲自部署、亲自调度、亲自研究措施、亲自抓好落实，所有政府决策行为、涉法事务都由市政府主要领导亲自批示法制办予以合法性审查，未经合法性审查或者经审查不合法的，不得提交政府常务会议审议或者发布。从过去法制机构定位于政府主要领导在依法行政方面的参谋、助手和法律顾问作用，到现在把政府法制机构的审查结论作为政府主要领导决策的主要遵循和依据，回首廊坊市的发展历程，依法行政已成为当下高频词语，正越发凸显着它的极端重要性。主要领导的空前重视、人民群众的无比信任以及客观形势的迫切需要，促使法制机构必须提高规范性文件、重大行政决策的质量，把每一个经手审查的文件草案个个打造成铁案，经得起历史、人民、法律的检验。

3. 项目对实现法治政府建设目标的意义

合法性审查是依法决策的重要保障。随着依法决策观念逐渐确立，行政机关出台规范性文件等决策前，将涉法事项交由法制机构进行合法性审查，已成为各地区各部门决策实践的普遍做法。但实践中仍存在着该审查的不送审、明知违法不敢言、力量薄弱难履职等突出问题。完善合法性审查机制，推进法治政府建设，是十八届三中全会部署的一项重要任务，是《法治政府建设实施纲要（2015—2020）》提出的明确要求。廊坊市通过试点工作，建立健全规范性文件合法性审查的各项工作制度，合理界定审查范围，明确审查内容和标准，细化审查流程，落实审查责任，探索形成职责清晰、审查严格、程序规范、权责一致的规范性文件审查机制，把标准化理念、程序意识全面落实、渗透到日常工作中，以点带面，抓小促大，对全国制定出台规范性文件合法性审查机制具有借鉴意义。

二　工作开展情况

（1）抓协调，统筹推进试点进度。获得试点后，廊坊市立即成立了由主管市长任组长的试点工作领导小组，统筹推动各项工作有序开展。同时，设立了专门的试点办公室，配齐配强专门人员和工作设备，形成了领导抓、专人管、能人干的工作格局。廊坊市政府主要领导和分管领导多次对试点工作作出批示，将其列入年度政府工作报告内容，并召开专题会议进行研究、调度和部署，积极推进创建工作。廊坊市政府第四十七次常务会议专题听取了试点工作情况汇报，并审议通过了《廊坊市完善规范性文件合法性审查机制试点工作方案》，确定了制度设计、规范整理、总结验收三个阶段的具体任务。廊坊市政府第五十四次常务会议又专题审议了《廊坊市规范性文件制定管理规定》等系列制度文件，要求各级各部门切实抓好规范性文件合法性审查系列制度的贯彻落实。

（2）抓创新，完善审查工作机制。按照试点方案要求，我们对现行规范性文件审查制度进行了全面梳理和修改完善，围绕国务院法制办提出的"界定审查范围、明确审查标准、规范审查流程、创新审查方式、强化审查力量"五个方面问题，逐一破题，提出关键环节的落实举措，修改完善并制定了《廊坊市规范性文件制定管理规定》、《廊坊市规范性文件制定技术规范》、《廊坊市规范性文件合法性审查办法》、《廊坊市规范性文件备案审查办法》、《廊坊市规范性文件制定和备案审查工作统计报告制度》、《廊坊市规范性文件审查建议办理办法》、《合法性审查档案管理工作规范（试行）》等十多个制度文件，并经廊坊市政府常务会议审议通过后正式印发实施。上述文件使廊坊市规范性文件的审查职责更加明晰、审查范围更加明确、审查制度更加完备、审查程序更加严格，为廊坊市规范性文件的制定和管理提供了制度保障。

（3）抓延伸，夯实基层审查基础。为了更好地检验和推广廊坊市合法性审查制度机制设计成果，确保上级关于试点工作的各项要求得到有效落实，我们坚持以试点工作为引领，深入推进廊坊市合法性审查工作向基层延伸，进一步扩大试点范围，选取大厂、香河、文安三个县和市交通运输局、市审计局、市国土资源局、市物价局、市房管局五个部门为廊坊市完善规范性文件合法性审查机制试点单位，并多次召开专题会议对试点单位进行培训和工作部署。各试点单位按照市里统一安排，积极落实各项审查制度，并结合工作实际，对合法性审查工作进行了有益创新和探索，对全市试点创建工作起到了较好地促进作用。

（4）抓队伍，着力提升审查能力。只有熟练掌握法律规定，善于把握政策精髓，才能更好地完成各项合法性审查任务，因此，我们将规范性文件合法性审查工作人员的能力建设，作为提升合法性审查工作水平的有效抓手常抓不懈。合法性审查系列制度印发后，我们及时组织全市合法性审查工作人员进行专题培训，对合法性审查系列制度进行深度讲解，使规范性文件审查人员进一步熟练掌握合法性审查的主体、范围、程序、标准等技术规范。近期，在廊坊市与中国政法大学联合举办的3期全市领导干部培训班上，也将规范性文件合法性审查制度列入了主要培训内容，以不断提高全市领导干部对合法性审查工作重要性和必要性的认识，促进廊坊市试点创建工作深入开展。

三 取得的成效

（1）合法性审查机制得到逐步完善。在国务院法制办、省法制办的悉心指导和市委市政府的高度重视下，廊坊市合法性审查工作机制逐步完善，标准化程度越来越高。一是审查范围更加明确。制定出台了《廊坊市规范性文件制定管理规定》、《廊坊市规范性文件合法性审查办法》、《关于认定规范性文件的指导意见》等规定，从规范性文件的制定主体、内容的行政性、外部性和规范性及发文形式上对规范性文件进行了界定；二是审查标准更加统一。制定出台了《廊坊市规范性文件合法性审查办法》，规定法制机构审查规范性文件首先对送审材料是否齐全完备、规范准确进行初审，符合审查要求的，进行统一登记，进入正式审查程序，重点对制定主体资格，制定的依据，制定内容的合法性、合理性、必要性、可行性，制定的程序，以及制定技术规范进行审查。三是审查程序更加流畅。为提高审查的效率和权威性，规定了规范性文件报送审查时经政府秘书长（办公室主任）签批后，政府办相关职能科室会同起草部门将报送审查审批笺和送审材料提交政府法制机构进行合法性审查。审查结束后，审查意见书呈报政府秘书长（办公室主任）进行批转。四是审查过程记录更加全面。修订完善了《合法性审查档案管理工作规范》，对审查实行全过程记录，确保每一个文件审查的全过程能够被完整记录、规范管理、有效利用。五是审查文书更加规范。以创建试点为契机，结合工作实际，进一步统一修订了合法性审查接收登记表、合法性审查跟踪记录表、起草说明、征求意见函、各单位的反馈意见、征求意见情况说明、合法性审查意见书等18个标准文书样式，不断提高合法性审查的质量和水平。

（2）规范性文件质量得到普遍提高。由于制度完善、标准统一、落实有力，廊坊市规范性文件制定质量较前有了很大提高。一是在认定上，各级行政机关能够按照廊坊市出台的指导意见进行准确认定，同时能够与党委、人大制定的规范性文件在备案审查等方面进行有效衔接。二是在程序上，起草部门能够按照立项、起草、审查、备案等各个程序要求实施，严格执行征集相关部门和公众意见、召开听证会、论证会、座谈会等步骤，规范性文件制发程序造成的隐患得到有效遏制。三是在内容上，由于对规范性文件制定内容细化了近30项审查标准，倒逼了各级行政机关在制定规范性文件时更加规范严谨，与法律、法规、规章和上级规范性文件规定相违背的内容越来越少，制定的合理性、可行性、必要性得到了有效保证。

（3）依法行政意识得到明显加强。加强规范性文件的管理是保证依法行政的源头。在行政管理过程中，采用制定和发布规范性文件的方式来管理国家事务和社会公共事务，是市政府重要的行政手段。过去，部分单位起草规范性文件草案不太重视合法性审查，要么不愿接受审查、要么敷衍应付走过场，致使政府决策存在较多法律风险。廊坊市通过开展试点工作，建立合法性审查制度机制，并加强了宣传和培训，使文件起草部门和审查部门的依法行政意识，尤其是合法性审查意识都得到有效加强，文件起草部门合法性审查工作由过去的"被动审查"向"主动申报"转变，市、县政府及部门领导能够自觉把规范性文件合法性审查作为科学决策、民主决策、依法决策的有力抓手，在重大决策出台前，都能够运用法治思维审视问题、设计制度；审查部门由过去单纯的"文来文往"向注重"全面沟通"转变，由"重视守住底线"向"注重传送思维"转变。审查社会关注度高、争议较大的问题，能够既进行合法性审查，又进行合理性、适当性审查，既指出问题，又摆出依据，还分析法律风险和法律责任，帮其澄清工作和认识上的误区。

（4）政府中心工作得到有力保障。廊坊市政府把服务依法行政、深化改革、科学决策作为合法性审查的根本目标，紧紧围绕党委政府中心工作，服务大局、体现价值。一是服务于热点难点问题的解决。为黄金佳非法集资等案件处置、三河政策性关停矿山、北京新机场融资平台、残联服务中心强制拍卖、农村产权交易等一系列重大事项进行前瞻性研究，有效防止了国有资产流失，确保了社会稳定。二是服务于推动各项改革落地生效。认真做好对简政放权、放管结合、职能转变的改革措施和相关文件的法律审核。对京津冀协同发展、国有企业改革、深化医药卫生体制改革、深化国税、地税征管体制改革实施方案进行认真审查，为政府决策提供了强有力的法律支持，有效防范了政府风险。三是服务于加快政府职能转变。注重对公民、法人和其他组织合法权益的保护和发挥其积极性、主动性、创造性，减少对经济活动的直接干预。在对简化优化公共服务流程、居住证实施办法、推广"双随机、一公开"等文件的审查中，注重去除新增各项审批、许可和减损公民、法人和其他组织权益的事项，把权力关进制度的笼子，有效保障了群众权益。

《青海省行政规范性文件制定和备案办法》

青海省人民政府法制办公室

一 项目总体介绍

长期以来,规范性文件内容违法、乱发滥发、终身使用、底数不清等问题始终是困扰青海省规范性文件监督管理的顽疾。随着依法治国基本方略的实施和社会法制意识的普遍提高,对规范性文件等抽象行政行为的监督已经摆上政府重要议事日程。十八届三中全会对"完善规范性文件合法性审查机制、健全规范性文件备案审查制度"提出了明确而具体的要求。十八届四中全会要求"加强备案审查制度和能力建设,把所有规范性文件纳入备案审查范围,依法撤销和纠正违宪违法的规范性文件,禁止地方制发带有立法性质的文件"。全会作出的重大决策,为青海省做好规范性文件监管工作指明了方向。

省委省政府高度重视规范性文件监督管理工作,及时将《青海省行政规范性文件制定和备案办法》(以下简称《办法》)列入《青海省政府2013年立法工作计划》。草案起草中,始终能够紧密结合青海省规范性文件监管实际,坚持问题导向,确保制度设计科学合理。《办法》于2013年10月25日省政府第十六次常务会议审议通过,以青海省省政府第99号令公布,2014年3月1日起正式施行。《办法》的颁布实施,对加强规范性文件监督管理,从源头上防止抽象行政行为违法,促进行政机关依法行使行政职权,维护政令畅通和法制统一,加快法治政府建设进程，推动全省经济社会又好又快发展具有十分重要的意义。《办法》实施以来，我们紧紧围绕深入推进依法行政加快建设法治政府的目标要求，严格按照《办法》确立的合法性审查、"三统一"、有效期、定期清理等制度要求，加强规范性文件制定和备案监督管理，紧盯薄弱环节不放松，狠下"猛药"治理规范性文件监管顽疾，让"红头文件"不再"任性"。

一是严格合法性审查，根治规范性文件内容违法之顽疾。从2014年3月1日《办法》实施后，凡省政府及办公厅制发的规范性文件，严格落实合法性审查制度，在省政府常务会议审议决定或者主管领导签署前，一律由省政府法制办进行合法性审查，未经合法性审查的规范性文件不得上会研究、不得签署发布。2014年至2016年三年中，省政府法制办共审查省政府规范性文件235件，对每个文件都出具了《规范性文件合法性审查意见书》，对其中82%的文件提出了实质性审查意见，共提出审查意见482条，意见均被吸收采纳。针对规范性文件合法性审查面临的新形势和省政府领导提出的新要求，积极研究探索合法性审查的新方式，建立了规范性文件复审制度，即：凡对规范性文件送审稿提出实质性合法性审查意见的，青海省法制办对意见采纳情况进行复审，确保审查中发现的问题切实得以纠正。通过严格落实合法性审查制度，为省政府规范性文件的合法性筑牢了最后一道防护网，规范性文件内容违法的问题得以纠正，文件制发质量普遍提高。

二是落实"三统一"，根治规范性文件乱发滥发之顽疾。严格落实"规范性文件正式印发前，一律送本级人民政府法制工作机构统一登记、统一编号、统一公布"的规定。未经统一登记、统一编号、统一公布的规范性文件一律无效，不得作为实施行政管理的依据。2014年至2016年，共对省政府及省直部门588件规范性文件进行了统一登记、统一编号、统一公布，统一了发布平台，规范了文件管理。全省各级政府及部门也都能严格落实"三统一"制度，未经"三统一"的文件不得作为行政管理的依据。这一制度的有效实施，为行政机关制发规范性文件设定了更高的"门槛",只有经过政府法制机构事前审查合格的文件才可能被登记、编号和发布,也只有经过统一登记、编号和发布的规范性文件才能被作为行政管理的依据。这不仅便于政府法制机构准确掌握本级政府及部门规范性文件制发的数量,也方便广大群众查阅和监督。通过严格落实"三统一"制度,做到不重要、可发可不发的文件一律不发,有效防止了文件的乱发滥发。

三是设定"有效期",根治规范性文件终身使用之顽疾。从2014年3月1日起,全省行政机关制发的所有规范性文件都要明确有效期,让已经完成历史使命的规范性文件自行失效,有效防止了清理工作不到位导致的多重文件并存的现象和规范性文件数量的攀升。同时,制定机关在规范性文件有效期届满前对规范性文件的实施效果进行评估,再决定规范性文件是否仍需继续执行,在一定程度上保证了规范性文件的质量。设定规范性文件有效期制度,对废除"红头文件"终身制,治理政府"红头文件"执行期无限的诟病,保障行政机关决策的科学性,具有十分重要的作用。

四是实行定期清理,根治规范性文件底数不清之顽疾。清理规范性文件是对现行规范性文件的"体检"和"瘦身"。2014年,省政府法制办紧紧抓住省政府第99号令贯彻落实开局之年的有利时机,按照"谁制定、谁清理,谁执行、谁负责"的原则,组织省、市州、县、乡四级政府及部门对建制以来至2014年3月1日前所有现行有效的行政规范性文件进行了全面彻底清理。共清理出现行有效的规范性文件13681件,决定废止和失效6838件,近半数规范性文件被废止或宣布失效。通过全面清理,彻底解决了长期以来行政机关规范性文件制发底数不清、失效文件底数不清、现行有效文件底数不清的"三不清"问题,有力地维护了法制统一和政令畅通。

五是坚持试点先行,充分发挥试点单位的示范引领作用。为加强行政规范性文件监督管理,推动《青海省行政规范性文件制定和备案办法》

各项制度有效落实，2014年，下发了《关于开展全省依法行政示范工作试点活动的通知》，确定海东市乐都区、海西州乌兰县为全省规范性文件监督管理工作试点单位。试点开展中，先后多次深入两个试点单位进行督查指导，现场帮助他们查找问题、整改提高。2015年5月，组成检查验收组对两个单位试点工作进行了检查验收，两个试点单位顺利通过了检查验收。2015年6月下旬，在海东市乐都区组织召开了全省行政规范性文件监督管理工作经验交流会，部分州市、县交流了工作经验，对海东市乐都区、海西州乌兰县试点工作成效进行了现场观摩。会后，及时下发了《关于在全省全面推广规范性文件监督管理工作试点经验的通知》，对试点推广工作进行了全面安排部署。2015年11月，及时下发了《关于做好市州级行政规范性文件监督管理试点工作检查验收的通知》，组成四个验收小组，采取相互学习、交叉验收的方式，对16个市州级试点进行了检查验收，并及时将检查验收情况在全省进行了通报。通过试点的示范与推广，全省各级政府及部门规范性文件监督管理工作步入规范化轨道。

二 项目获奖后的发展情况

一是加强备案审查，行政规范性文件监督管理水平显著提高。始终把强化行政规范性文件监督管理作为深入推进依法行政加快建设法治政府的重要内容，进一步加强规范性文件制定和备案审查能力建设，按照"有件必备、有备必审、有错必纠"的要求，加大备案登记、统一公布、情况通报、监督检查力度，依法纠正"问题文件"，确保政令畅通和法制统一。项目获奖后至今，共对省政府办公厅送来的45件规范性文件进行了合法性审查，提出审查意见88条，意见均被采纳。收到各市州政府及省直各部门报备的规范性文件94件，经审查，对6件报备不规范、内容不当的规范性文件发送纠错通知书进行了纠正。受理公民、法人及行政机关提出的行政规范性文件异议审查申请6件,全部按时办理答复。对省政府及各部门制发的92件规范性文件实行了统一登记、统一编号、统一公布。

二是落实通报制度,及时做好年度规范性文件备案审查监督管理情况通报。把严格落实每年两次的定期通报制度作为加强规范性文件监督管理的重要举措,认真做好规范性文件备案审查汇总与通报。2017年年初,及时对2016年度规范性文件备案审查情况进行统计汇总,向各市州政府、省政府各部门印发了《关于2016年度省政府各部门及市(州)政府规范性文件备案审查监督管理情况的通报》,总结通报了全年备案审查工作情况,肯定了成绩,指出了存在的问题,提出了下一步工作要求。按照省政府第99号令有关规定,向省政府报送了《青海省人民政府法制办公室关于对2016年市(州)政府及省政府各部门规范性文件备案审查情况的报告》,同时报送国务院法制办。

三是积极沟通协调,省级规范性文件电子管理系统建设任务圆满完成。在前期召开协调会、编制建设方案、报请立项、充分调研的基础上,协调省政府采购中心完成了省级规范性文件电子管理系统建设项目的竞争性谈判,确定了建设单位,及时与建设单位签订了合同。督促建设单位加快建设进度,严格按照《青海省政府法制办行政规范性文件监督管理系统建设方案》进行建设,先后多次对系统的修改完善进行研究,及时协调建设单位对系统进行调试安装。2017年5月,会同建设单位组织举办了行政规范性文件电子管理系统应用培训班,各市州、省直各部门约60名业务工作人员参加了培训,为系统的试运行奠定了基础。及时下发《关于省级行政规范性文件电子管理系统运行的通知》,对系统的试运行和正式运行进行了安排部署,确保省级规范性文件网上编号、网上报备、网上审核、网上查询、网上监管的目标如期实现。

四是落实清理制度,全省规范性文件第二次全面清理工作圆满完成。严格按照《法治政府建设实施纲要(2015—2020)》《青海省2016年深入推进依法行政加快建设法治政府工作任务台账》关于规范性文件清理工作的要求，组织全省各级行政机关对现行有效的行政规范性文件进行了全面清理，这是青海省组织开展的第二次全面清理工作。此次清理以2014年第一次清理结果为基数，又将2014年3月1日至2016年6月30日公布的规范性文件列入清理范围。及时起草印发《青海省人民政府法制办公室关于做好行政规范性文件清理工作的通知》，对清理工作做出安排部署。各地区各部门按照全面清理工作要求，严密组织，有序清理，于2016年12月底前全面完成了清理工作任务，并陆续将清理结果在各自门户网站进行公布，同时报青海省人民政府法制办公室备案。经过对清理结果的统计、核实和汇总，共清理出现行有效行政规范性文件7073件，决定修改336件，废止和失效2015件，保留4722件。2017年1月，及时将省政府及各部门清理目录以《青海政报》专刊进行印发公布，青海省提前一年完成了《法治政府建设实施纲要》明确的行政规范性文件清理工作任务。

五是强化学习培训，规范性文件监督管理工作人员的业务素质全面提高。2016年12月，组织举办全省行政规范性文件监督管理工作业务培训班，省政府各部门、各市（州）人民政府、县级人民政府办公室主任、法制办主任以及规范性文件监督管理业务工作人员共180余人参加了培训。重点围绕行政规范性文件管理实践、行政规范性文件界定、行政规范性文件制定、行政规范性文件异议审查、行政规范性文件清理等问题进行分析讲解。通过培训，达到了统一思想、相互交流、共同提高的目的，参训人员履行规范性文件监管职责的责任感和使命感明显增强，规范性文件制定程序法定和依法行政意识进一步提高。组织各州市法制办主任赴内地进行调研学习，学习借鉴兄弟省份规范性文件监督管理的先进经验和做法，为各市州推进依法行政加快法治政府建设拓宽了思路。2017年5月中旬，在中国政法大学组织举办了全省规范性文件监管工作业务培训班，邀请国务院法制办、国家行政学院和中国政法大学的9名专家教授进行授课，重点围绕地方政府立法、规范性文件监管等课题进行多层级、多角度讲解。参训人员普遍感到启发很大，获益匪浅，既增长了知识，又拓宽了视野，工作人员的业务素质得到进一步提高。

六是理清工作思路，扎实推进全省行政规范性文件监督管理工作深入开展。思路清、方向明，规范性文件监管工作才会有后劲。在2017年年初，我们就积极谋划年度重点工作。一是要加强督查指导，重点督查各地区各部门落实合法性审查、备案审查、异议审查、"三统一"、有效期等制度情况。二是制定出台《青海省关于认定行政规范性文件的指导意见》，切实解决青海省规范性文件界定标准不一、认识不一、缺乏制度规范等问题。三是组织开展"优秀规范性文件合法性审查意见书"评比活动，对评选出的优秀合法性审查意见书进行表彰通报，充分发挥优秀合法性审查意见书的示范引领作用。四是组织召开经验交流会，将8个市州分成2个小组，指导各小组组织开展规范性文件监督管理工作经验交流，达到取长补短、互相学习、共同提高的目的，不断提升全省行政规范性文件监管水平。

后　记

"奉法者强则国强，奉法者弱则国弱"。法治政府建设承担着法治中国建设"排头兵"的历史重任，虽筚路蓝缕，但成就非凡。中国法治政府奖见证了一百多个参评项目为推动法治政府建设所取得的成就，必将点滴进步铭记于心、载诸史册。本书的出版意在对近年来我国的法治政府建设事业做案例式的记录，以存史、资政，同时还希望能为关注这一事业的读者带来些许帮助和启迪。如果这些美好的愿望能够达成一二，便算不负初心了。

中国法治政府奖组委会始终奉行非营利、独立、公正和公开的原则，坚持以创新程度、科学价值、推广范围、法治意义作为评选标准，恪守公正科学的评选程序，接受社会各界的监督与批评。我们将竭力扩大中国法治政府奖的影响力，并使其不断深入法治政府建设基层，从而达到"以评促建"的目的。所谓"同声相应、同气相求"，能够搭成这一平台促进法治政府建设的经验交流，总算不辱"使命"。

社会科学文献出版社的编辑同志为本书付梓倾注了宝贵心血，在此谨表谢忱。

图书在版编目(CIP)数据

中国法治政府奖集萃：第一至四届 / 中国政法大学法治政府研究院编. -- 北京：社会科学文献出版社，2018.3
　ISBN 978 - 7 - 5201 - 2442 - 3

　Ⅰ.①中⋯　Ⅱ.①中⋯　Ⅲ.①国家机构 - 行政管理 - 中国 - 文集　Ⅳ.①D630.1 - 53

　中国版本图书馆 CIP 数据核字（2018）第 048660 号

中国法治政府奖集萃（第一至四届）

编　　者 / 中国政法大学法治政府研究院

出 版 人 / 谢寿光
项目统筹 / 刘骁军
责任编辑 / 关晶焱　赵瑞红

出　　版 / 社会科学文献出版社（010）59367161
　　　　　地址：北京市北三环中路甲29号院华龙大厦　邮编：100029
　　　　　网址：www.ssap.com.cn
发　　行 / 市场营销中心（010）59367081　59367018
印　　装 / 北京季蜂印刷有限公司

规　　格 / 开本：787mm × 1092mm　1/16
　　　　　印　张：19.75　字　数：263千字
版　　次 / 2018年3月第1版　2018年3月第1次印刷
书　　号 / ISBN 978 - 7 - 5201 - 2442 - 3
定　　价 / 78.00元

本书如有印装质量问题，请与读者服务中心（010 - 59367028）联系

版权所有 翻印必究